Juan

Serie «Conozca su Biblia»

Juan

por Alvin Padilla

Augsburg Fortress

MINNEAPOLIS

SERIE CONOZCA SU BIBLIA: JUAN

Todos los derechos reservados © 2011 Augsburg Fortress. Con excepción de una breve cita en artículos o análisis críticos, ninguna parte de este libro puede ser reproducida en ninguna manera sin antes obtener permiso por escrito del publicador o de quienes son dueños de los derechos de reproducción.
Este volumen es parte de un proyecto conjunto entre la casa editora, la División de Ministerios Congregacionales de la Iglesia Evangélica Luterana (ELCA) y la Asociación para la Educación Teológica Hispana (AETH), Justo L. González, Editor General.
Excepto cuando se indica lo contrario, el texto bíblico ha sido tomado de la versión Reina-Valera 1995. Copyright © Sociedades Bíblicas Unidas, 1995. Usado con permiso.

Diseño de la cubierta: Diana Running; Diseño de libro y portada: Element, llc

ISBN 978-0-8066-9729-1

El papel usado en esta publicación satisface los requisitos mínimos de la organización American National Standard for Information Sciences—Permanencia del Papel para Materiales Impresos, ANSI Z329.48-1984.

Producido en Estados Unidos de América.

SERIE CONOZCA SU BIBLIA: JUAN

Copyright © 2011 Augsburg Fortress. All rights reserved. Except for brief quotations in critical articles or reviews, no part of this book may be reproduced in any manner without prior written permission from the publisher. Visit http://www.augsburgfortress.org/copyrights/contact.asp or write to Permissions, Augsburg Fortress, Box 1209, Minneapolis, MN 55440.
This volume developed in cooperation with the Division for Congregational Ministries of the Evangelical Lutheran Church in America, which provided a financial grant, and the Asociación para la Educación Teológica Hispana, Series Editor Justo L. González.
Except when otherwise indicated, scripture quotations are taken from the Reina-Valera 1995 version. Copyright © Sociedades Bíblicas Unidas, 1995. Used by permission.

Cover design: Diana Running; Book design: Element, llc

The paper used in this publication meets the minimum requirements of American National Standard for Information Sciences—Permanence of Paper for Printed Library Materials, ANSI Z329.48-1984.

Manufactured in the U.S.A.

15   14   13   12   11   1   2   3   4   5   6   7   8   9   10

Esta serie

«¿Cómo podré entender, si alguien no me enseña?» (Hechos 8.31). Con estas palabras el etíope le expresa a Felipe una dificultad muy común entre los creyentes. Se nos dice que leamos la Biblia, que la estudiemos, que hagamos de su lectura un hábito diario. Pero se nos dice poco que pueda ayudarnos a leerla, a amarla, a comprenderla. El propósito de esta serie es responder a esa necesidad. No pretendemos decirles a nuestros lectores «lo que la Biblia dice», como si ya entonces no fuese necesario leer la Biblia misma para recibir su mensaje. Al contrario, lo que esperamos lograr es que la Biblia sea más leíble, más inteligible para el creyente típico, de modo que pueda leerla con mayor gusto, comprensión y fidelidad a su mensaje. Como el etíope, nuestro pueblo de habla hispana pide que se le enseñe, que se le explique, que se le invite a pensar y a creer. Y eso es precisamente lo que esta serie busca.

Por ello, nuestra primera advertencia, estimado lector o lectora, es que al leer esta serie tenga usted su Biblia a la mano, que la lea a la par de leer estos libros, para que su mensaje y su poder se le hagan manifiestos. No piense en modo alguno que estos libros substituyen o pretenden substituir al texto sagrado mismo. La meta no es que usted lea estos libros, sino que lea la Biblia con nueva y más profunda comprensión.

Por otra parte, la Biblia —como cualquier texto, situación o acontecimiento— se interpreta siempre dentro de un contexto. La Biblia responde a las preguntas que le hacemos, y esas preguntas dependen en buena medida de quiénes somos, cuáles son nuestras inquietudes, nuestras dificultades, nuestros sueños. Por ello, estos libros escritos en nuestra lengua, por personas que se han formado en nuestra cultura y la conocen. Gracias a Dios, durante los últimos veinte años ha surgido dentro de nuestra comunidad latina todo un cuerpo de eruditos, estudiosos de la Biblia, que no tiene nada que envidiarle a ninguna otra cultura o tradición. Tales son las personas a quienes hemos invitado a escribir para esta serie. Son personas con amplia experiencia pastoral y docente, que escriben para que se les entienda, y no para ofuscar. Son personas que a través de los años han ido descubriendo las dificultades en que algunos creyentes y estudiantes tropiezan al estudiar la Biblia —particularmente los creyentes y estudiantes latinos. Son personas que se han dedicado a buscar modos de superar esas dificultades y de facilitar el aprendizaje. Son personas que escriben, no para mostrar cuánto saben, sino para iluminar el texto sagrado y ayudarnos a todos a seguirlo.

Por tanto, este servidor, así como todos los colegas que colaboran en esta serie, le invitamos a que, junto a nosotros y desde la perspectiva latina que tenemos en común, se acerque usted a estos libros en oración, sabiendo que la oración de fe siempre recibirá respuesta.

Justo L. González
Editor General
Julio de 2005

Contenido

Esta serie	v
Introducción	1
1. Prólogo (1.1-18)	13
2. El principio del ministerio de Jesús (1.19-51)	19
3. Las señales y discursos públicos del Cristo (2.1–12.50)	29
4. Discursos de despedida (13.1–17.26)	151
5. La crucifixión (18.1–19.42)	193
6. La resurrección (20.1-29)	219
7. Epílogo (21.1-25)	233
Bibliografía selecta	241

Introducción

El Evangelio de Juan ofrece al lector una descripción única de Jesús. Juan presenta a Jesús como la luz del mundo, el camino, la verdad y la vida, la resurrección, la viña, el buen pastor, el pan de vida y sobre todo el Cristo, el Enviado de Dios. En Juan encontramos amplias narraciones seguidas por profundos discursos interpretativos. Este Evangelio se considera fundamental en su enseñanza, y consecuentemente se recomienda como ideal para neófitos en la fe; mas, al mismo tiempo, se reconoce que su profundidad es insondable, y los más eruditos entre nosotros no comprendemos completamente sus matices teológicos. El vocabulario es sencillo; la sintaxis, no muy compleja; mas la tendencia a usar palabras con más de un sentido requiere que el lector lea pausadamente, meditando en las posibilidades de significado, siempre alerta al sentido adicional. Con razón este Evangelio es el favorito de quienes que se acercan al Señor por primera vez, y el que presenta más dificultades para los estudiosos del Nuevo Testamento.

Aunque se cuenta entre los Evangelios canónicos (con Mateo, Marcos y Lucas), es tan distinto a ellos en su presentación, que frecuentemente difiere de ellos. Algunas de las historias más memorables de la vida de Jesús se encuentran solamente en Juan: el encuentro nocturno con Nicodemo, el encuentro a medio día con la mujer samaritana, la resurrección de Lázaro. Además encontramos en Juan los famosos dichos «Yo Soy», tan populares en la predicación cristiana. Sin embargo, en Juan no encontramos algunos de los acontecimientos y expresiones de Jesús más conocidas a través de los otros Evangelios: no hay historias del nacimiento, no hay paralelo alguno con el Sermón del Monte. La oración del discípulo (tradicionalmente conocida como «el Padre Nuestro»), la institución de la cena del Señor — sustituida por el lavatorio de los pies de los discípulos, los milagros de exorcismos, tan comunes en los Sinópticos, no aparecen en Juan. En este Evangelio las curaciones son limitadas (no hay curaciones de leprosos). Juan nos informa que su narración es selectiva. Por ello las señales (milagros) que se presentan en Juan son solamente siete. En el Evangelio de Juan, Jesús no enseña en parábolas. (En el capítulo 10 sí aparece la Parábola del Buen Pastor, pero su estilo y narración son muy diferentes de las parábolas que aparecen en los Sinópticos). Tampoco se cuenta la transfiguración del Señor, y no hay siquiera un discurso escatológico.

Sin embargo, el Cuarto Evangelio provee la base histórica para determinar que el ministerio terrenal de Jesús con sus discípulos duró casi tres años pues Juan ofrece información cronológica que relaciona las fiestas de los judíos y el ministerio de Jesús. Solamente Juan declara explícitamente que Jesús es el Cordero Pascual que quita el pecado del mundo (hecho anunciado por Juan el Bautista, y realizado en la crucifixión, la tarde de la víspera de la Pascua). Los dichos breves (máximas) de los Sinópticos son reemplazados por largos discursos pronunciados por Jesús. Normalmente estos discursos sirven para explicar temas teológicos presentados en uno de los milagros o "señales" que Jesús obra. Por ejemplo, la alimentación de los cinco mil conduce al discurso de Jesús sobre el pan de vida.

Juan y los Evangelios Sinópticos

Las diferencias entre los Sinópticos (Mateo, Marcos, y Lucas) y Juan son bien reconocidas hoy por los estudiosos del Nuevo Testamento (y aun en la antigüedad, pues condujeron a Clemente de Alejandría a determinar que Juan era un «evangelio espiritual», mientras los otros eran históricos). Por tanto, es necesario explorar brevemente la relación entre Juan y los Sinópticos antes de continuar con nuestro estudio.

Introducción

Algunos estudiosos sugieren que el Cuarto Evangelio se fundamenta totalmente en los primeros tres. Hasta el siglo veinte, los estudiantes del Nuevo Testamento pensaban que Juan estaba familiarizado con los Evangelios Sinópticos y decidió escribir un Evangelio complementario a ellos. Aunque esta opción todavía resulta atractiva y popular, es difícil explicar las diferencias en contenido y detalle como un mero proceso complementario.

La segunda opción considera que Juan es completamente independiente de los Sinópticos, esto es, que el autor no conoce los primeros tres Evangelios. Es importante aclarar que el decir que el autor del Cuarto Evangelio no está familiarizado con las obras literarias de los otros evangelistas no implica que el autor no conozca las historias que ellos narran. Si aceptamos la posibilidad de que el autor sea un testigo ocular, entonces, claro está, estaría familiarizado con las historias antes que hubiesen sido puestas por escrito. Pero como obras literarias no las tiene frente a él y por tanto narra la historia independientemente de los otros evangelistas.

Sugerimos que Juan escribe independientemente de los Sinópticos y que su Evangelio no es meramente un complemento a ellos, sino que ha de leerse por sí mismo. Pero, como señalaremos en nuestro estudio de la pasión del Señor Jesús, Juan reconoce también que sus lectores conocen los detalles fundamentales de la vida de Jesús —detalles que eran parte del mensaje evangélico que los discípulos anunciaron al mundo grecorromano.

Autor y fecha de composición

Todo estudiante de los Evangelios sabe que son anónimos —esto es, que su autor no se identifica a sí mismo en su obra. No obstante este anonimato, la tradición cristiana más antigua atribuye los cuatro Evangelios a Mateo, Marcos, Lucas y Juan. Aparentemente el autor de nuestro Evangelio se identifica como «el discípulo que Jesús amaba» al escribir en su conclusión: «este es el discípulo que da testimonio de estas cosas, y las escribió» (21.24). La identificación del autor de nuestro Evangelio con Juan, hijo de Zebedeo, fue generalmente aceptada, sin duda alguna, hasta fines del siglo dieciocho, cuando se introdujo el estudio crítico de los textos bíblicos. Los primeros escritos post-apostólicos le atribuyen el origen del cuarto Evangelio a Juan, hijo de Zebedeo, uno de los primeros discípulos de Jesús —aquel a quien, según este Evangelio, Jesús amaba. Según Ireneo, quien escribió alrededor del año 180, «Juan, discípulo del Señor, quien se había recostado sobre su pecho, durante su residencia en Éfeso en Asia publicó un evangelio» (*Contra las herejías*, 3.1). Otros «Padres de la Iglesia» que asignan a Juan, hijo de Zebedeo, como el autor de nuestro Evangelio incluyen a Teófilo de Antioquia (c. 165), Clemente de Alejandría (c. 220), Tertuliano (c. 230) y Taciano (c. 150). En su *Historia de la iglesia*, Eusebio escribe que Juan, el compañero de Pedro, es el autor del Cuarto Evangelio.

En el siglo diecinueve, los escritos de D. F. Strauss y F. C. Baur cuestionaron esta tradición y popularizaron la tesis de que el Evangelio de Juan no fue escrito por un testigo ocular, sino que fue compuesto mucho más tarde, según sugiere Baur, por el año 170. A pesar de su cuidadoso y meticuloso estudio de las Escrituras, en el que articulaba esta tesis, Baur no tenía más razones para defender su posición que su convicción de que la deidad de Jesús no podía aparecer en tan temprana fecha. Baur era de la opinión que la deidad de Jesús era una creación de la iglesia cristiana, y que esto debió tomar varias generaciones. Para defender su posición Baur y otros que siguieron sus pasos señalaron supuestas discrepancias históricas en el Evangelio. Sin embargo, diversos estudios lingüísticos, históricos y arqueológicos repetidamente han defendido la historicidad del Cuarto Evangelio.

Por ejemplo, en el capítulo 4, el autor alude a ciertas supersticiones y doctrinas de los samaritanos, tales como un templo en Gerizim y el pozo de Jacob, que los eruditos del siglo diecinueve consideraban fábulas. Sin embargo, hoy los estudios arqueológicos apoyan la adoración en el Monte Gerizim, practicada por los samaritanos del primer siglo, la ubicación del pozo de Jacob en Samaria y la enemistad de los samaritanos con los judíos debido a conflictos religiosos. En los capítulos 5 al 10, el autor relaciona gran parte de sus enseñanzas sobre la identidad de Jesús con ciertos elementos presentes en la celebración de algunas fiestas de los judíos, principalmente la fiesta de los Tabernáculos. Por desconocer muchas de aquellas tradiciones, algunos comentaristas rechazaron esta presentación de Jesús,

Introducción

calificándola de no histórica. Empero, la riqueza de estudios del judaísmo rabínico ha demostrado que los detalles que el Evangelio indica como importantes —como el estanque de Siloe (véase nuestra discusión en el capítulo 9)— concuerdan muy bien con la celebración de la fiesta en el primer siglo. La realidad es que la posición de Baur, y de muchos otros hoy día, en cuanto al origen del Evangelio, tiene que ver más con su rechazo de la deidad de Jesús que con los estudios históricos.

Careciendo de otras opciones mejor fundamentadas, debemos siempre defender la tradición eclesiástica —aunque con cuidado, ya que los antiguos no eran infalibles. Lo que sabemos del autor del Cuarto Evangelio es que:

Estaba familiarizado con las costumbres y creencias de los judíos del primer siglo. El libro muestra que el judaísmo ha dejado huella en su obra literaria. El vocabulario utilizado, el simbolismo religioso asignado a Jesús en las fiestas, y otros detalles, indican que el autor es un judío del primer siglo;

Está al tanto de las diferencias políticas entre las diversas sectas de los judíos, de las luchas por el control del oficio de sumo sacerdote, así como de detalles sobre la geografía de Jerusalén; por lo tanto, es un judío de Palestina;

Es testigo ocular de los eventos que narra en el Evangelio ya que encontramos en el Cuarto Evangelio detalles tales como nombres personales (3.1; 18.13), tiempo y lugar de los acontecimientos (13.30), y costumbres del día (6.9, 12.3).

Por tanto sostenemos que el discípulo amado es el autor del Cuarto Evangelio y que este discípulo es Juan, hijo de Zebedeo.

Claro está que cualquier discusión de la fecha de composición del Cuarto Evangelio ha de considerarse junto al tema de la paternidad literaria. Ya que hemos descartado las teorías que sugieren un autor desconocido del siglo segundo y apoyamos la teoría que uno de los discípulos de Jesús es el autor, esto sitúa el Evangelio en el siglo primero. El consenso académico le asigna una fecha a fines de ese siglo (90-100), aunque existen proponentes de una fecha muy anterior —incluso antes del año 70. Algunos hasta sugieren que Juan es el más antiguo de los Evangelios —lo cual es factible si desechamos la idea de que sea necesario asignarle una fecha tardía para dar tiempo a que vaya apareciendo la doctrina de la deidad de Jesús. En realidad, si afirmamos que Jesús asevera para sí mismo igualdad con Dios (véase Jn 10), no hay lugar para pensar que esa doctrina se haya ido desarrollando en el pensamiento cristiano a través de las décadas. Aunque aceptamos básicamente esta perspectiva teológica, la tesis que el Cuarto Evangelio fue escrito antes de los 70 no es históricamente defendible, y es más dable pensar que fue escrito hacia fines del primer siglo. El estudio del Evangelio mismo muestra que Jesús se declara ser el Hijo de Dios en una manera única, reclamando para sí mismo igualdad con Dios. Sin embargo lo que tiene mayor importancia en cuanto a la composición del libro es la forma abierta y directa en que el autor enseña acerca de esta verdad. Composiciones tales como el prólogo (Juan 1.1-18) muestran que ha transcurrido suficiente tiempo para que la comunidad cristiana continúe su meditación sobre la doctrina y componga himnos y confesiones que afirman sus creencias. Además, el uso despectivo del término «los judíos» para referirse a quienes rechazan a Jesús como el Enviado de Dios sugiere fuertemente que la desafortunada separación de la comunidad cristiana de la judía ya está en camino. (Digo «desafortunada», ya que en mi opinión el cristianismo es parte del judaísmo y la separación causó una brecha tan grande que le ofreció a la iglesia espacio para rechazar y discriminar de una manera horrorosa a los judíos no creyentes en Jesucristo). La tradición cristiana sugiere que Juan, el hijo de Zebedeo, vivió hasta fines del primer siglo, habitando en la ciudad de Éfeso en Asia; y es probable que la primera redacción del Evangelio haya tenido lugar en Éfeso, para el uso de la comunidad joanina en la región.

Al comenzar su relato evangélico, Lucas dedica su obra a un tal Teófilo y explica el propósito de su escrito: «para que conozcas bien la verdad de las cosas en las cuales has sido instruido» (Lc 1.4). Juan, igualmente, incluye una referencia explícita a su propósito al concluir su narración escribiendo: «Pero estas cosas han sido escritas para que creáis que Jesús es el Cristo, el Hijo de Dios, y para que creyendo tengáis vida en su nombre» (Jn 20.31). Aun así, este declarado propósito es ambiguo, ya que podemos interpretarlo de dos maneras: ¿Trata el autor de mover a los incrédulos hacia un conocimiento que conduce a la salvación, o intenta profundizar el entendimiento

Introducción

entre los ya creyentes? Nuestra lectura del Evangelio, en las páginas que siguen, muestra que en este se ven ambos propósitos. Pero no creo que los escritos cristianos hayan sido compuestos con fines de evangelización tal como describimos esa actividad hoy día. Esto es, no me imagino que el autor intente que su obra sea puesta en manos de incrédulos que muestren interés en el tema. Todo el Nuevo Testamento fue escrito para el uso de creyentes, con el propósito de adelantar y profundizar la fe del lector. Pero en el proceso de esa profundización, el autor explica muchísimas cosas que servirán para confirmar la fe de quienes por primera vez se acerquen al Señor.

Estructura y contenido

El contenido del Evangelio de Juan se agrupa en dos partes principales, además de un prólogo (1.1-18) y un epílogo (21.1-24). La primera parte (1.19–12.50) ha sido llamada el «Libro de las señales» por el erudito C. H. Dodd, y en ella hallamos todos los milagros («señales») efectuados en público por el Señor Jesús. La creciente controversia con los principales sacerdotes y los fariseos se introduce y desarrolla en este «Libro de las señales»; pero el fruto de la controversia se verá en la segunda parte. A lo largo de esta sección, Jesús confronta al pueblo judío con la verdad de su identidad utilizando, sobre todo, temas y símbolos conocidos por ellos y presentados en las fiestas religiosas del primer siglo. La segunda parte (13.1-20.31) puede llamarse entonces el «Libro de la glorificación», pues hallamos que Dios es glorificado en el Hijo y este glorifica a Dios Padre. Mayormente, la actividad de esta sección tiene lugar en secreto, al estar los discípulos cenando con el Señor (13), a lo que sigue un largo discurso de despedida (14–17). La pasión del Hijo de Dios se presenta como la coronación del Hijo de Dios (18–19) y la glorificación de Dios en el Hijo. La vindicación y la exaltación de Jesús se llevan a cabo en su resurrección de entre los muertos.

El punto teológico principal de nuestro Evangelio se anuncia explícitamente en 20.31: Jesús es el Cristo, el Hijo de Dios. Como el Enviado de Dios, el Hijo de Dios se encarnó y habita entre los seres humanos para que estos conozcan a Dios Padre. El reconocimiento de Jesús como el Enviado de Dios otorga vida eterna al creyente, quien ha sido trasladado de la esfera de las tinieblas a la de la Luz, que es Cristo Jesús. En la doctrina joanina la confesión de Jesús como el Hijo y Enviado de Dios da como resultado la clasificación de la humanidad en dos campos, los hijos e hijas de la luz y los hijos e hijas de las tinieblas. Nadie puede permanecer en posición neutra.

Bosquejo del Evangelio

I. Prólogo (1.1-18)
  1. El Verbo, Dios y la creación (1.1-5)
  2. El Verbo y Juan el Bautista (1.6-8)
  3. El Verbo encarnado (1.9-18)

II. El principio del ministerio de Jesús (1.19-51)
  1. El testimonio de Juan (1.19-34)
    a. Juan y los fariseos (1.19-28)
    b. Juan y Jesús (1.29-34)
  2. Los primeros discípulos (1.35-51)

III. Las señales y discursos públicos del Cristo (2.1–12.50)
  1. Primera señal: el agua en vino (2.1-12)
  2. Purificación del templo (2.13-17)
  3. El templo destruido y restaurado (2.18-22)
  4. Jesús y la humanidad (2.23-25)
  5. Primer discurso: el nuevo nacimiento (3.1-36)
    a. El nuevo nacimiento (3.1-15)
    b. Reflexión teológica (3.16-21)
    c. Jesús y Juan el Bautista (3.22-36)
  6. Segundo discurso: El agua viva (4.1-45)
    a. La mujer y sus maridos (4.1-30)
    b. La comida del Cristo (4.31-38)
    c. Creyentes samaritanos (4.39-42)
    d. Interludio en Galilea (4.43-45)
  7. Segunda señal: Salud del hijo del oficial (4.46-54)
  8. Tercera señal: El hombre paralítico (5.1-18)
  9. Tercer discurso: El Hijo divino (5.19-47)
    a. El Padre y el Hijo (5.19-24)

Introducción

    b. El Hijo y el juicio (5.25-29)
    c. Testimonio acerca del Hijo (5.30-47)
10. Cuarta señal: Alimentar a la multitud (6.1-15)
11. Quinta señal: Caminar sobre el mar (6.16-21)
12. Cuarto discurso: El pan de vida (6.22-66)
    a. La multitud (6.22-25)
    b. La comida que da vida eterna (6.26-27)
    c. La obra de Dios (6.28-29)
    d. El pan de vida (6.30-40)
    e. Cristo y el pan (6.41-51)
    f. Comer la carne y beber la sangre (6.52-59)
    g. Palabras de vida eterna (6.60-66)
13. La confesión de Pedro (6.67-71)
14. Quinto discurso: El Espíritu que da vida (7.1–8.11)
    a. Jesús y sus hermanos (7.1-9)
    b. La reacción de la multitud (7.10-13)
    c. Justo juicio (7.14-24)
    d. ¿Es este el Cristo? (7.25-31)
    e. Intención de arrestarle (7.32)
    f. El regreso al Padre (7.33-36)
    g. Una profecía del Espíritu (7.37-39)
    h. División (7.40-44)
    i. Las autoridades fracasan en el arresto (7.45-52)
    j. La adúltera y Jesús (7.53–8.11)
15. Sexto discurso: La luz del mundo (8.12-59)
    a. El testimonio del Padre (8.12-20)
    b. La muerte en el pecado (8.21-24)
    c. El Padre y el Hijo (8.25-30)
    d. Esclavos del pecado (8.31-47)
    e. La gloria del Padre al Hijo (8.48-59)
16. Sexta señal: Vista al ciego de nacimiento (9.1-42)
    a. Jesús sana al ciego (9.1-7)
    b. El efecto en los vecinos (9.8-12)
    c. El que antes era ciego y los fariseos (9.13-34)
        i. Discusiones preliminares (9.13-17)
        ii. Preguntas a los padres del hombre (9.18-23)
        iii. El hombre queda excomulgado (9.24-34)

d. Fe en el Hijo de Dios (9.35-38)
   e. La condenación de los fariseos (9.39-41)
17. Séptimo discurso: El buen pastor (10.1-42)
   a. El buen pastor (10.1-6)
   b. La aplicación a Cristo (10.7-18)
   c. La reacción de los judíos (10.19-42)
18. Séptima señal: la resurrección de Lázaro (11.1-57)
19. Se completa el ministerio público (12.1-50)
   a. María unge a Jesús (12.1-8)
   b. La entrada triunfal (12.9-19)
   c. Los griegos buscan a Jesús (12.20-36)
   d. El testimonio acerca de Jesús (12.37-43)
   e. La última invitación (12.44-50)

IV. Discursos de despedida (13.1–17.26)
   1. Acciones significativas (13.1-30)
      a. Jesús lava los pies de los discípulos (13.1-20)
      b. Jesús predice la traición (13.21-30)
   2. Las preguntas de los discípulos (13.31–14.31)
   3. La vid verdadera (15.1-17)
   4. Persecución (15.18-25)
   5. La obra del Espíritu Santo (15.26–16.15)
   6. Algunas dificultades y soluciones (16.16-33)
   7. La oración pastoral (o sacerdotal) (17.1-26)

V. La crucifixión (18.1–19.42)
   1. El arresto (18.1-12)
   2. El juicio judío y los rechazos (18.13-27)
      a. Jesús ante Anás (18.13-14)
      b. Pedro: primer rechazo (18.15-18)
      c. Jesús es examinado ante Anás (18.19-24)
      d. Pedro: segundo y tercer rechazo (18.25-27)
   3. El juicio romano (18.28– 9.16)
      a. Jesús ante Pilato (18.28-32)
      b. Jesús examinado ante Pilato (18.33-40)
      c. He aquí el hombre (19.1-5)
      d. La decisión final de Pilato (19.6-16)

Introducción

    4. La ejecución (19.17-42)
        a. Jesús crucificado (19.17-22)
        b. División de la ropa de Jesús (19.23-25a)
        c. Jesús y María (19.25b-27)
        d. La muerte de Jesús (19.28-30)
        e. El costado de Jesús atravesado (19.31-37)
        f. El entierro (19.38-42)

VI. La resurrección (20.1-29)
    1. La tumba vacía (20.1-10)
    2. Las apariciones (20.11-29)
        a. A María (20.11-18)
        b. A los diez (20.19-23)
        c. A Tomás (20.24-29)
    3. El propósito del Evangelio (20.30-31)

VII. Epílogo (21.1-25)
    1. La pesca milagrosa (21.1-14)
    2. Pedro restaurado (21.15-19)
    3. El discípulo amado (21.20-23)
    4. Autenticidad (21.24-25)

1
Prólogo (1.1-18)

A diferencia de los Evangelios Sinópticos, Juan no comienza su narración de la vida de Jesús localizando al Salvador en un tiempo y lugar. En el himno al *Logos* de Dios, Juan revela la preexistencia del Hijo, su comunión con Dios y su identidad como Dios (1.1); declara su actividad creadora (1.3) y anuncia su entrada en los rangos de la humanidad (1.4-5). Los vv. 6-8 interrumpen la reflexión poética con una breve pero importantísima presentación de Juan el Bautista. A continuación, en los vv. 9-14, el himno dirige la atención del lector a la encarnación del *Logos* de Dios y su relación con la creación. Nuevamente, el evangelista interrumpe su himno con unas palabras de Juan el Bautista, que afirman la superioridad de Jesús sobre el Bautista mismo. Los vv. 15-18 concluyen el himno afirmando que el *Logos* es la revelación suprema de Dios —solamente a través de él puede el ser humano conocer a Dios.

1. El Verbo, Dios y la creación (1.1-5)

1-5. El preámbulo (1.1-5) anuncia la presentación del ministerio y la pasión de Jesús como una batalla cósmica entre Dios y Satanás. El principio o comienzo (*arch*) de Juan es, sin duda alguna, una alusión a las primeras palabras del Génesis («En el principio creó Dios los cielos y la tierra . . . ») pero con notables diferencias. Mientras que en Génesis, Dios es el agente solitario de la creación, en Juan, el Verbo actúa «mano a mano» con Dios. Además, Génesis presupone la existencia de Dios, concentrándose más en la **acción** creadora, mientras que en Juan, el énfasis cae sobre la **existencia** (en el principio el Verbo **era,** el Verbo **estaba,** el Verbo **era**). El interés de nuestro evangelio yace en la identificación del Verbo con Dios (véase más adelante, 10.30), particularmente para revelarle como el Enviado de Dios y así, establecer la validez del mensaje del Hijo de Dios.

Solamente en el prólogo, Juan usa el vocablo Verbo (*logos*) como título mesiánico. En todo el Nuevo Testamento, únicamente aquí y en Ap 19.13 se emplea el término *Logos* como título mesiánico. *Logos* es una palabra con enorme variedad de sentidos en el mundo helenista («consideración, explicación, principio, argumento», entre otros). Aquí, como en algunos usos en Sócrates, Aristóteles y Filón, el término se refiere a la autoexpresión divina, y trae a la mente del lector la revelación del nombre divino en Ex 3.14: «Yo Soy el que Soy». (Particularmente en el estoicismo, el vocablo se utiliza también para identificar el principio impersonal que gobierna el universo, la racionalidad). Es posible que evangelista use el concepto del Verbo para contextualizar el mensaje del evangelio a una audiencia helenizada, y contra un grupo herético como el docetismo, que negaba la realidad física del Hijo de Dios. Para los docetas, Jesús aparentaba tener una realidad física. El autor de este himno, que constituye el prólogo, que bien puede haber sido el evangelista mismo, o alguna otra persona quien lo compuso anteriormente, resalta su doctrina de la deidad de Cristo mediante la forma en que construye la frase en 1.1c, ya que en el griego original el predicado precede al sujeto (*kaitheos en hologos*).

Los vv. 4-5 anticipan el tema central del Evangelio: en el Verbo **estaba** la vida. El modo del verbo «estaba» indica que desde la eternidad, y a través del relato del Antiguo Testamento, la vida reside en él. Esta vida se manifiesta en **luz** (otro de los temas centrales del Cuarto Evangelio) y aunque esta resplandece en las tinieblas (una designación del presente mundo o condición de la humanidad — donde domina el pecado), el mundo no la puede percibir. La palabra griega *kataleben* (traducida en nuestra versión como *dominaron*) debe entenderse en su forma más común como asir, agarrar o captar, en el sentido de comprender completamente. Veremos más adelante en el Evangelio cómo algunos ven los actos milagrosos de Jesús (las señales) pero no perciben lo que significan. Eso es exactamente lo que el evangelista comunica con esta expresión.

2. El Verbo y Juan el Bautista (1.6-8)

Los cuatro evangelios relatan el ministerio del precursor, Juan el Bautista. San Lucas, en particular, informa al lector acerca de los acontecimientos relacionados con el nacimiento de Juan. El Cuarto Evangelio agrega a la historia el que Juan, aunque fue un testigo enviado por Dios para dar testimonio de la luz, no era la luz. Más adelante (vv. 19-28) el evangelista narra un diálogo entre el Bautista y los líderes religiosos para afirmar el papel secundario de Juan en el ministerio de Jesús. El Bautista fue enviado para conducir a todos hasta la presencia del Verbo.

3. El Verbo encarnado (1.9-18)

9-14 Este Verbo preexistente ahora se nos presenta como residente en la historia humana («venía a este mundo . . . a lo suyo vino . . . el Verbo se hizo carne y habitó entre nosotros») con el propósito de darles potestad a todos para ser hijos e hijas de Dios. El ser parte de la comunidad de fe no depende de circunstancias naturales (no nacieron de sangre, ni por voluntad de carne, ni por voluntad de varón) sino de la gracia de Dios. Sin embargo, la triste realidad es que aquellos que supuestamente eran hijos e hijas de Dios (lo suyo) no lo recibieron, no lo conocieron. Pero eso no es el fin de la historia pues el evangelista afirma que él y los demás discípulos del Señor sí le conocieron, ya que ellos vieron (en griego, *etheasametha* significa observar penetrante y cuidadosamente) su gloria, y le reconocieron como el unigénito de Dios. El verbo sugiere que los lectores, como Juan y otros discípulos, deben reflexionar sobre la persona de Jesús; deben estudiar sus actos y palabras atentamente, considerando los hechos y las palabras del Maestro, y decidir por sí mismos. (Más adelante, en el capítulo 9, veremos un episodio que sirve como paradigma de esto). Esta afirmación formará parte integral de la narración que sigue, pues muchos observan las señales que Jesús hace, pero solamente algunos de entre ellos pueden ver lo que esas señales revelan.

La encarnación de la Segunda Persona de la Trinidad es doctrina de suma importancia para la fe cristiana, ya que lo que distingue al cristianismo de muchas religiones contemporáneas es la afirmación de que Dios mismo se humanizó para compartir la debilidad humana, pero sin pecado. Esta doctrina declara que en Jesús dos naturalezas (la divina y la humana) existen simultáneamente, sin una disminuir la presencia de la otra. Esto quiere decir que, aunque la naturaleza divina es más «poderosa» que la humana, no ahoga a esta última haciéndola inconsecuente. Por ello veremos en el Evangelio que Jesús sufre cansancio, dolor, hambre, sed y hasta la muerte (4.6, 7; 11.33, 35; 12.27).

15-18 Esta sección cierra el prologo afirmando que aunque el Bautista es el precursor (el que viene primero) en realidad el que viene después es primero, pues es preexistente. Jesucristo (nombrado directamente por primera vez en el v. 17) no es solamente superior al Bautista, sino que es la revelación máxima de Dios. Moisés fue usado para revelar la Ley al pueblo de Dios. Mas la gracia y la verdad vienen solamente a través del Verbo encarnado, que procede del seno del Padre y le da a conocer plenamente.

El prólogo concluye afirmando la imposibilidad del ser humano de ver a Dios por su propia cuenta (véase Ex 33.20; Jn 5.37; 6.46). Juan acentúa su declaración mediante el orden en que coloca las palabras (literalmente «Dios nadie ha visto jamás»). Todo esfuerzo humano es inútil, y por tanto muy limitado. Para aquellos empapados de las tradiciones judías de encuentros con Dios (teofanías), y quienes anhelaban experiencias semejantes, esta declaración parece derrumbar todas sus esperanzas. Cierto es que las teofanías del Antiguo Testamento demuestran que en algunos casos muy particulares ciertas personas tuvieron un encuentro con Dios en el cual vieron a Dios parcialmente, pero no en su totalidad. Ninguna persona puede ver a Dios en su totalidad. Solamente el «Dios único» (literalmente «unigénito»), quien está en plena comunión con Dios Padre, le ha dado a conocer. El verbo traducido aquí como «ha dado a conocer» se suele usar para introducir una narración en el sentido de «contar,» «narrar,» «relatar» (véase Lc 24.35). En las religiones místéricas la palabra se usa en un sentido técnico para expresar la revelación de los secretos divinos, que será manifestada en los ritos secretos. Por tanto,

Prólogo (1.1-18)

en este contexto el evangelista sugiere que Dios es tal como Jesús lo dio a conocer, ya que él (Jesús) está en el seno del Padre.

El tema central del prólogo es el Verbo (*Logos*). Como se dijo antes, este es un término muy usado en la literatura griega de la antigüedad, con una gran variedad de significados y matices. Originalmente, significaba el pensamiento de una persona o la expresión del pensamiento de una persona (un discurso). Este uso común se amplía cuando la palabra se usa en discursos filosóficos para representar un principio omnipresente, racional del universo; una fuerza creadora que le da existencia a todo lo visible. Todas las cosas creadas provenían del *Logos*. De igual modo, del *Logos* provenía la sabiduría de toda persona. Para Heráclito (filósofo griego del siglo sexto a.C.), por ejemplo, el *Logos* siempre ha existido y siempre existirá, y todas las cosas ocurren gracias al *Logos*. Para este y otros filósofos, el *Logos* era el principio que explicaba el orden que había en la creación y el principio estabilizador del universo. Siglos después, para los estoicos, el *Logos* vino a ser la razón eterna que se extiende por todo el universo y representa la racionalidad del universo. Debemos aclarar que esta idea de una fuerza eterna y omnipotente no implicaba que con su uso los filósofos afirmaran el monoteísmo de la tradición judeocristiana.

El uso del término *Logos* en la literatura judía intertestamentaria revela que para algunos de aquellos autores existía una relación muy estrecha entre la sabiduría (*logos*) y Dios (véase *Eclesiástico* 24.3-9), aunque estos escritos indican que para sus autores el *logos* es un ser creado, no eterno como Dios el Creador (véase *Sabiduría de Salomón*, 8.3-4 y 9.1-2). Estos autores aparentemente no pensaban, ni menos afirmaban, que la sabiduría, o la palabra, existiese por sí misma. Pero a pesar de ello, preparaban el camino literario para comprender el concepto joanino del *Logos*.

2
El principio del ministerio de Jesús (1.19-51)

El relato histórico del Evangelio comienza, como en los Evangelios Sinópticos, con el testimonio de Juan el Bautista acerca del Verbo. El evangelista narra los eventos siguientes con una estructura cronológica que parece más literaria que actual. Como se ha indicado más arriba, el comienzo del Evangelio alude a Génesis 1 («En el principio…»). Ahora, en la narración, el autor continúa esa alusión al acto creador organizando los acontecimientos que narra en una semana, de modo que se subraya su importancia para la historia de la salvación (véanse las referencias cronológicas en los vv. 1. 29, 35, 43 y 2.1). En el primer día (1.19-28) el Bautista es interrogado por una delegación de los líderes religiosos, y responde aclarando cuál es su función y cuál su propósito con relación al plan de Dios para su pueblo. Al encontrarse por primera vez (según la cronología del Cuarto Evangelio) con el Verbo Encarnado en el segundo día (1.29-34), Juan declara quién es este («el Cordero de Dios»), y cuál su función («quita el pecado del mundo»). En el tercer día (1.35-42), Juan cumple con su misión (vea 1.7) al dirigir a sus discípulos a que sigan a Jesús. Estos discípulos, después de encontrarse con el Maestro, a su vez dirigen a otros para que reconozcan quién es la luz-vida, en 1.43-51 (días cuatro y cinco). La semana culmina tres días después con la primera señal (acto milagroso), en 2.1-11. Esta estructura cronológica de siete días —paralelos a los del Génesis— sugiere el tema de una nueva creación que se desempeña con la llegada de la luz-vida.

1. El testimonio de Juan (1.19-34)

a. Juan y los fariseos (1.19-28)

1.19-28. El relato que sigue presupone la popularidad de Juan tal como se presenta en los Evangelios Sinópticos (véase Mateo 3.5 y paralelos). Nuestro Evangelio no ofrece detalles acerca del bautismo y la persona del Bautista, enfatizando sobre todo el testimonio de Juan en cuanto a Jesús. Los líderes religiosos no podían pasar por alto una figura tan popular. Además, temían la espada romana, ya que una persona con tal influencia bien podía instigar una insurrección. Más adelante veremos que la opinión de las autoridades acerca de Jesús no era muy diferente.

Antes, en 1.6, Juan anuncia el conflicto entre las tinieblas y la luz-vida. Ahora, por primera vez, Juan concretiza esa declaración en el diálogo interrogatorio entre el Bautista y los representantes de Jerusalén. Mientras que la predicación y el bautismo de Juan despiertan el deseo y la esperanza de vida en algunos, también agitan la oposición, o sea las tinieblas. La delegación, a través de sus preguntas bruscas, muestra que se alinea en el campo de las tinieblas.

La delegación viene de parte de los «judíos», término usado en una manera muy particular en el Evangelio de Juan. En los Evangelios Sinópticos la frase «los judíos» ocurre infrecuentemente, y en la mayoría de estos casos aparece en referencia a «el Rey de los Judíos» —esto es, a Jesús. En el Cuarto Evangelio aparece 71 veces. Algunas veces el uso es neutro, como en el caso de 2.6, donde se habla de las tinajas de piedra «puestas para ser usadas en el rito de purificación de los judíos». En 4.22 su significado es positivo: «la salvación viene por los judíos». En la mayoría de los casos el evangelista usa el término para referirse a los judíos que rechazaban a Jesús. En esto se refiere al mundo religioso, ya establecido en aquel entonces, y que no quiso saber nada de Jesús. Este significado negativo se mantiene aun cuando es obvio que todos los personajes en la historia que narra son en realidad judíos (como en esta ocasión). Desafortunadamente, este uso particular del término ha llevado a algunos a través de la historia a adoptar una postura antisemítica, pues piensan encontrar en Juan apoyo para tal postura (como aconteció con la tragedia del holocausto judío a mediados del siglo 20). Claro está que este autor

El principio del ministerio de Jesús (1.19-51)

no apoya ni excusa tal postura discriminadora. La realidad es que Juan usa la palabra para definir a toda persona —sin importar el trasfondo étnico o cultural— que decide en contra de Jesús y a favor de las tinieblas.

La delegación le dirige una serie de preguntas a Juan en un esfuerzo por determinar la identidad del Bautista. Las preguntas revelan su sospecha: ¿será este el mesías? Están dispuestos a tomar medidas pues la policía del templo les acompaña. (Nótese el paralelismo con lo que se narra a partir de 10.24). No atribuyen función alguna a Juan sino proceden de lo general a lo especifico («Tú ¿quién eres . . . eres el profeta?»). En cada ocasión, Juan responde sucintamente aliviando las sospechas de los líderes pero sin identificarse claramente, excepto en su función como precursor —el que ellos temen está en medio de ellos, pero ellos no lo conocen (1.26).

El interrogatorio comienza autoritariamente, sin fórmulas de cortesía o preámbulos: «Tú, quién eres?». La formula de negación doble (1.20) indica el propósito del evangelista al narrar este episodio: el Bautista no es el Mesías. La construcción literaria en la respuesta del Bautista («Yo no soy el Mesías» 1.20; compárense también 3.28 y las referencias a Jesús por parte de Juan en 1.29, 33 y 34) ha de contraponerse a los «Yo Soy» en los labios de Jesús (4.26, 8.24, 28, 58).

Apenas oyen los funcionarios del templo la negación del Bautista cuando hacen su interrogación más específica. En el entusiasmo mesiánico en la era inter y neotestamentaria (200 a.C. 100 d.C.), a. Elías se le tenía por actor principal. Debido a su partida en un rapto (2 R 2.11) y a las referencias enigmáticas en Malaquías 3.1 y 4.5, muchos esperaban el retorno de Elías antes del Día del Señor. (En cuanto a esta expectativa en la literatura intertestamentaria, véase Henoc 90.31, 69.52 y Eclesiástico 43.10). El vestuario del Bautista, no descrito en nuestro Evangelio sino en los Sinópticos, apunta hacia esa identificación. Rasgos de esta expectativa han de notarse en la presencia del profeta Elías con Moisés en el monte de la transfiguración (Lucas 9) y la identificación del Bautista como Elías en los labios de Jesús (Mateo 11).

Aquí el lector se encuentra con una dificultad histórica: Juan mismo niega ser el profeta Elías, o el profeta anónimo esperado. Sin embargo, Jesús lo confirma como Elías. ¿Cómo podemos resolver este dilema? Pienso que la mejor solución reconcilia la confesión del mismo Juan con las palabras de Jesús y las referencias a Malaquías. Malaquías anuncia el día de juicio que ha de venir y declara que, antes de ese día, Dios mismo enviará un precursor para anunciar su llegada. Esto es una referencia a la función de este precursor y no tanto a su identidad. Los judíos en los tiempos de Jesús, teniendo en mente 2 Reyes 2 y el hecho de que Elías había sido arrebatado de la Tierra en un carro de fuego sin pasar por la muerte, creían que el mismo Elías había de venir. El Bautista niega que él sea *ese* Elías —es decir, no se identifica con ser el mismo personaje del Antiguo Testamento. Jesús por su parte indica con su referencia a Elías y a Juan que el primero es el profeta precursor (Mal 4.5), y el segundo cumple esa función. En otras palabras, mientras que el Bautista niega ser Elías, Jesús afirma que su función (propósito) es la que anuncia el profeta Malaquías.

No satisfecha con la negación del Bautista, la delegación demanda una respuesta que pueda llevar a sus superiores en Jerusalén (1.22), diciéndoles quién es Juan. No quieren regresar sin una declaración positiva por parte de Juan. En los Sinópticos, la referencia a Isaías 40.3 se presenta como explicación del evangelista narrador, mientras que en el Cuarto Evangelio, Juan mismo se define en términos de la voz que prepara camino al Señor en el desierto. Las palabras de Juan lo identifican meramente como una voz en términos de los oyentes —el Señor viene en camino y la función del Bautista es quitar todo lo que obstaculice su venida (como los que aquí se presentan en una delegación oficial). Desde aquí en adelante, el evangelista presenta a las autoridades como opuestas al Señor que viene, e identificará a este último con Jesús, aquel quien el mismo Isaías vio (Jn 12.41). El texto de Isaías 40.3 se encuentra en un contexto de éxodo libertador. El pueblo exiliado de la tierra prometida espera la venida del Dios Libertador, quien obrará un segundo éxodo librando a su pueblo de la esclavitud y llevándole a la libertad.

El evangelista identifica la delegación para sus lectores: son fariseos. Están descontentos con las respuestas de Juan (ya que este no acepta títulos tradicionales y sus respuestas parecen localizar al Bautista fuera de la tradición judía) e indagan directamente: si tú no eres ni el Mesías, ni Elías ni el profeta, ¿por qué bautizas? Por fin se menciona la actividad bautismal del Enviado de Dios. La asociación del bautismo

El principio del ministerio de Jesús (1.19-51)

con estas tres figuras se inclina a hacernos pensar que existía en la tradición alguna conexión entre ellos y el bautismo, pero es imposible identificar tal tradición. La pregunta suena como una acusación. Quizás opinan que Juan es un usurpador. La inmersión en agua (bautismo) era un símbolo usado en la vida religiosa y civil desde Levítico 15.16-18 (donde la práctica es un acto de purificación del pecado). Metafóricamente el pecado se veía como una mancha que necesita limpieza, y la inmersión en agua simbolizaba la limpieza de esa mancha. Simultáneamente la inmersión representaba un cambio de estado. A la postre, y en particular en la tradición judeocristiana, el símbolo subyacente vino a ser el de la muerte, y el bautismo representaba sepultar un pasado que conducía a la muerte para empezar una vida diferente (véase Ro 6). Con su respuesta, Juan implica que su bautismo es de afiliación: al bautizarse la persona declaraba su ruptura con las tinieblas y se afiliaba a la luz-vida — Jesús. Nuevamente, a través de su respuesta, Juan testifica acerca de la superioridad de aquel quien le sigue, al declarar que su sucesor, aunque presente, no se ha identificado y que él (Juan) no es digno de ofrecerle el más indigno servicio posible.

b. Juan y Jesús (1.29-34)

En este segundo día, Juan públicamente testifica acerca de Jesús y explica cómo es que ha reconocido al Mesías. No está claro si la delegación oficial está todavía presente. El hecho de que los discípulos de Juan se mencionan específicamente como presentes en el tercer día, sugiere que este episodio ocurre en presencia de los delegados de Jerusalén. Empleando una expresión («he aquí») común en el Cuarto Evangelio, el Bautista presenta al Mesías con términos teológicos preñados de significado.

«El Cordero de Dios» es una expresión muy empleada en discursos y reflexión teológica sobre la persona y obra de Jesús; pero es difícil entender exactamente lo que significa e implica. El genitivo «de Dios» puede leerse como «provisto por Dios» (Gn 22.8) o como «perteneciente a Dios». Más adelante veremos cómo nuestro autor con frecuencia usa vocablos y términos con sentido doble, como queriendo ofrecer al mismo tiempo dos maneras de entender algo. Quizás este es su primer uso de esa táctica literaria. La cuestión más importante es entender el uso del término «cordero».

La frase es única en el Cuarto Evangelio y ocurre solamente aquí y en 1.36. La tradición cristiana desde el apóstol Pablo (1 Co 5.7) usa la imagen de Jesús como cordero pascual. En Apocalipsis 5, encontramos nuevamente el símbolo del cordero inmolado, empleado para representar la victoria de Dios sobre las fuerzas del mal.

Aun si afirmamos con muchos que la frase es un título mesiánico forjado por Juan, la cuestión reside en el origen de esta imagen o título. La fórmula usada por el Bautista («He aquí el Cordero de Dios que quita el pecado del mundo») inmediatamente dirige a los oyentes (y lectores) a las imágenes y ceremonias del sistema sacrificial, ya que la gran mayoría de los usos del término *arnion* (cordero) en la Septuaginta aparece con referencia al cordero sacrificado en el rito diario para expiación (Lv 1.4). Algunos intérpretes ven en la frase un eco de Isaías 53.7 («como un cordero fue llevado al matadero») donde el Siervo Sufriente es oprimido y afligido, mas no abre la boca ante sus acusadores. Si Isaías 53.7 es la imagen original del cordero, entonces podemos añadir Isaías 53.12 como fuente de la función del cordero: «habiendo él llevado el pecado de muchos». Hechos 8.32 es evidencia de que esta interpretación era aceptada por algunos en la iglesia primitiva.

Otra posibilidad es que el significado de la frase se fundamente en el rito de la Pascua. El uso indicado arriba por Pablo sugiere esta interpretación. Las frecuentes referencias a las fiestas judías y la importancia de estas para entender la cristología joanina apoyan esta posibilidad. En el momento culminante del acto de redención (la glorificación del Hijo de Dios en la crucifixión) nuestro autor repetidamente dirige los pensamientos de sus lectores a los hechos preparativos para la celebración de la fiesta pascual por parte de toda la nación judía (18.28; 19.14, 31). Por tanto apoyamos esta última opción aunque debemos tener en mente que a través de este Evangelio, el autor con frecuencia alude a conceptos ambiguos —esto es, que tienen mas de un significado.

De este Cordero se dice que «quita» el pecado del mundo. El verbo conlleva la idea de «llevar» o «cargar con», y sugiere la idea de propiciación por medio de la sustitución. El uso del singular «el pecado» se refiere al pecado en su totalidad: el pecado del mundo. La frase «el Cordero de Dios que quita el pecado del mundo» enfatiza

El principio del ministerio de Jesús (1.19-51)

la universalidad de la propiciación —el acto salvífico del Cordero (la Cruz) sirve para salvar a todas las personas.

En los siguientes versículos, el Bautista nuevamente enfatiza su función precursora (30), esta vez añadiendo que ha sido privilegiado con una revelación divina (33). Esta revelación ocurre mientras el Bautista cumple con su misión (v. 33: «el que me envió a bautizar con agua me dijo: "sobre quien veas descender el Espíritu y permanecer sobre él, ese es el que bautiza con Espíritu Santo."»). El Cuarto Evangelio no narra el bautismo de Jesús por el Bautista. Este pasaje alude al evento e indica que el evangelista estaba al tanto de las tradiciones de tal bautismo (vv. 31-32), que vemos en los Evangelios Sinópticos. Finalmente el Bautista testifica con una frase cristológica: este es el Hijo de Dios.

La autenticidad de los vv. 30-34, puestos en los labios del Bautista, es cuestionada por algunos historiadores del Nuevo Testamento, ya que los términos pronunciados («Cordero de Dios», «Hijo de Dios») llegan a ser títulos más utilizados en la teología cristiana posterior que en los tiempos neotestamentarios. La sospecha de estos historiadores proviene, en gran parte, de que no existe mucha evidencia de esos términos en la expectativa mesiánica del primer siglo. Sin embargo, dejan a un lado la evidencia que presenta el Evangelio según San Lucas, donde encontramos los testimonios de Zacarías, Simeón y Ana antes de que Jesús comenzara su ministerio público (véase Lc 3.15: «todos se preguntaban si no sería él el Cristo»). Además, el Bautista enfatiza que él reconoce al Mesías, no por su reflexión de las Escrituras ni por su estudio de las tradiciones contemporáneas (nótese lo que añade el Bautista: «yo no lo conocía»), sino por revelación divina. Sin esa revelación, Juan jamás pudiera hacer esta declaración. Aun así, veremos cómo esta declaración no se queda grabada en las mentes de los que la escuchan —particularmente los futuros discípulos de Jesús. Estos apenas conocen realmente el carácter mesiánico de Jesús.

2. Los primeros discípulos (1.35-51)

35-42. Al día siguiente (v. 35, el tercer día de esta primera semana), el Bautista repite su declaración, esta vez en presencia de dos de sus discípulos, y aparentemente con la intención de que estos trasladasen

Juan

su lealtad a quien era superior a Juan (Jesús). Esta sección enfatiza el acto de «seguir» (véanse los vv. 37, 38, 40 y 43) y contiene el llamamiento de algunos a ser discípulos de Jesús. El llamamiento de los discípulos aquí nombrados (Andrés, Pedro, Felipe y otro anónimo) no concuerda con los Evangelios Sinópticos, y por tanto opinamos que son relatos distintos. En los Sinópticos el llamamiento que se narra es un llamado al apostolado, el cual presupone la narración que aparece en Juan del llamado a ser discípulo (seguidor) de Jesús. En toda la literatura judía relativa a la relación maestro-discípulo no encontramos ejemplos de un maestro que llame a sus discípulos. Los evangelios son la excepción. Lo común era que los discípulos buscaran y se afiliaran a su maestro preferido. El vocablo «seguir» es el término por excelencia para describir la práctica del discipulado en Juan (véase 8.12; 10.4, 27; 12.26; 13.36; 21.19, 22) y también en los Sinópticos (Mc 1.14; Mt 8.22). Más adelante en el relato (v. 40), nuestro autor revela que Andrés y un desconocido son los dos discípulos aquí mencionados. Muchos opinan que este anónimo no es sino él «el discípulo amado» cuyo nombre no se nos da en el Evangelio. Pero ha de notarse que la frase «el discípulo amado» no aparece en este relato. Preferimos dejarle como un desconocido. Estos primeros discípulos siguen a Jesús inmediatamente. Jesús toma la iniciativa y pregunta «¿qué buscáis?», así estableciendo desde el principio que, en cuanto al discipulado, él es quien toma la iniciativa (véase Juan 6.70).

El breve intercambio que sigue («¿dónde vives?» y «ven y ve») señala el comienzo de la relación maestro-discípulo. Los dos discípulos admiten que lo que ellos buscan es permanecer con el maestro. El maestro por su parte les invita a quedarse con él. Siendo ya las cuatro de la tarde, permanecen con Jesús hasta el día siguiente, cerrando así el cuarto día (aunque esto no es explícito). El próximo día, Andrés busca a Simón, le declara definitivamente «hemos encontrado al Mesías», y le lleva ante Jesús. He aquí otro ejemplo de la posición cristológica de este evangelio (ejemplo paralelo al uso de otros títulos tales como el Verbo, el Cordero de Dios, el Hijo de Dios). En el Evangelio de Juan no encontramos ejemplos del secreto mesiánico. En esto Juan contrasta con los Sinópticos, particularmente con Marcos, donde Jesús no afirma ser el Mesías, y cuando los discípulos lo descubren les ordena guardar silencio al respecto. La posición de Pedro entre los

El principio del ministerio de Jesús (1.19-51)

discípulos se afirma cuando Jesús declara que Simón será conocido de ahí en adelante como Cefas, es decir, Pedro, quien vendría a ser el mejor conocido de los discípulos.

43-51. Camino a Galilea, el día siguiente, Jesús encuentra a Felipe y le llama al discipulado —«Sígueme». De Felipe no sabemos mucho, y todo lo que sabemos (con la excepción de su nombre en los Sinópticos) se encuentra en este evangelio. En 6.7 es Felipe quien, ante la multitud en necesidad de alimentación, declara que se necesitarían más de doscientos denarios de pan para satisfacer el hambre de aquellos congregados. Más adelante (12.21-22), algunos griegos, queriendo ver a Jesús, se acercan a Felipe pidiéndole que facilite ese encuentro. Felipe actúa con timidez, pues no se acerca a Jesús con la petición de estos griegos, sino que se lo informa a Andrés. Finalmente, es Felipe quien, en el aposento alto, le pide a Jesús que les muestre al Padre y eso bastaría (14.8-9). Estas referencias sugieren que Felipe era una persona indecisa, quizás con un poco de inseguridad propia, como si sus habilidades innatas fueran limitadas. Pero lo interesante es que en este Evangelio es solamente a Felipe a quien Jesús dirige el llamado al discipulado directamente. En la labor del Reino de Dios se necesitan personas tales como Andrés, Juan y Pedro —personas de gran talla y capacidad. Pero también se necesitan mujeres y hombres normales, sin ninguna aptitud sobresaliente. Jesús extiende el llamado a todos, y para cada uno tiene una tarea especial.

Siguiendo el patrón establecido por Andrés (se encuentra con Jesús y a su vez invita a otro a conocer al Maestro), Felipe busca a Natanael, declarándole que ha encontrado al Profeta anticipado en las Escrituras, y que es nada menos que Jesús, hijo de José, de Nazaret. Felipe observa no solamente la función mesiánica de Jesús, sino que afirma la encarnación. Natanael muestra ser escéptico —«¿De Nazaret puede salir algo bueno?».

Cuando Jesús se encuentra cara a cara con Natanael declara que este es un israelita claro y transparente en quien no hay estratagemas ni engaños. La referencia a Jacob/Israel prepara al lector para las palabras del v. 51. La referencia a la higuera es enigmática y es imposible entender su significado con certeza. Sea lo que sea el significado de la frase, lo que se comunica es que Jesús conocía muy bien a Natanael pues sabía de sus momentos más privados. Asombrado y maravillado, Natanael confiesa que Jesús es el Hijo de Dios y el Rey de Israel. El encuentro con estos primeros seguidores de Jesús nos recuerda la experiencia de Jacob cuando duerme y ve la escalera al cielo.

3
Las señales y discursos públicos del Cristo (2.1–12.50)

1. Primera señal: el agua en vino (2.1-12)

El relato que concluye esta primera semana del ministerio terrenal del Verbo encarnado ofrece al lector, en forma simbólica, un atisbo al tema fundamental que será presentado a lo largo del Evangelio. El vino del judaísmo se acaba y en Jesús encontramos la recreación del judaísmo como un vino mucho mejor y más perdurable (2.1-12). Concluida la primera semana, Juan narra en 2.13-21 el evento que servirá (en los Evangelios Sinópticos) como la base para la acusación de Jesús ante los líderes de la nación: la purificación del templo en Jerusalén. Con estos dos episodios Juan simbólicamente presenta la sustitución de las instituciones del judaísmo: las cosas mayores prometidas a Natanael (1.50) están por realizarse. El capítulo termina afirmando que, aunque muchos creían en él, Jesús por su parte no creía en ellos, pues conocía los corazones de los seres humanos (2.24).

Sucintamente, Juan introduce el relato presentando el lugar, los personajes principales (excepto el encargado del banquete) y la necesidad (1-3a). En todo el Nuevo Testamento, Caná se menciona solamente en nuestro Evangelio (en este pasaje, en 4.46 y en 21.2). Es imposible afirmar con certeza exactamente en qué lugar de Galilea se encontraba Caná. La celebración de unas bodas en el antiguo Medio Oriente duraba varios días y era un momento festivo para los novios, sus familias y la comunidad a su derredor. El hecho que la madre del Maestro esté en medio de la celebración sugiere que Caná está situada cerca de Nazaret. En el Cuarto Evangelio, la madre de Jesús (María) no se menciona por nombre, sino únicamente en términos de su relación con Jesús. Antes de cumplirse los días festivos, se acabó el vino y María le informa a Jesús de la situación. En el antiguo Medio Oriente la honra y la deshonra eran mucho más estimadas que en nuestra sociedad moderna, y podemos imaginar que la falta de vino pudo ser una desgracia y una deshonra para las familias de los novios. Aparentemente cualquier deshonra asociada con la escasez de vino incluirá a María, y en consecuencia a Jesús. Puede ser que María sea familia de uno, o ambos, de los novios.

La réplica de Jesús (literalmente «¿Qué a mí y a ti?») es un semitismo cuyo uso aquí es sorprendente. En el Antiguo Testamento la expresión se usa con dos significados. Primero se usa cuando alguien siente que otro abusa de él, y la parte perjudicada puede decir «¿Qué a mí y a ti?» con el sentido de «¿Qué te he hecho yo a ti para tú me trates así?» (Jue 11.12; 2 Cr 35.21; 1 R 17.18). En otras ocasiones la expresión describe la ocasión cuando se siente que alguien quiere involucrar a otra persona en asuntos que no tienen que ver con ella. Este último uso implica que el asunto no tiene nada que ver con la parte perjudicada (2 R 3.13; Os 14.8). En ambos casos la idea que se trasmite es de rechazo de una participación inoportuna. La segunda opción es preferible en este contexto. En el Nuevo Testamento encontramos la expresión mayormente en los labios de los demonios al confrontarse con Jesús (Mc 1.24). El vocativo «mujer» continúa la naturaleza sorprendente de la respuesta de Jesús. En forma brusca Jesús responde que todavía no ha llegado su «hora», estableciendo en la mente de sus oyentes (y lectores) una perspectiva hacia el futuro, ya que la vida de Jesús está marcada por una secuencia de acontecimientos que conducen a una «hora» en particular (véase Juan 12.27).

No obstante la distancia implicada por el reproche, María ordena a los sirvientes que hagan cuanto Jesús *diga*. Estas breves instrucciones muestran una confianza incondicional en la eficacia de la *palabra* de Jesús. Por su parte, María reconoce la realidad del Verbo encarnado; y a pesar de que no ha llegado la hora, el relato concluirá con la manifestación de la gloria de Jesús (compárese 2.11 y 12.27) y la fe de los discípulos. A la mano se encuentran seis (uno menos del número siete, que es perfecto) tinajas de piedra, material útil para la purificación ya que el agua vertida en vasijas de piedra no contraía impureza alguna. Las tinajas no son pequeñas, pues tienen capacidad de dos a tres medidas (en términos modernos una medida contiene treinta y dos litros, y por tanto las tinajas pueden contener entre sesenta y cuatro y noventa y seis litros de agua). En 2.7-8 vemos cómo los criados actúan según la palabra de Jesús: llenan las tinajas de agua y luego sacan agua de las mismas y se la llevan al encargado del banquete. El agua de la purificación de los judíos está lista para ser transformada en vino nuevo —una señal de Jesús que revelará su gloria.

Puesto que desconoce la acción de Jesús a favor de la familia del esposo, el maestresala declara que el novio ha actuado astutamente, pues ha reservado el mejor vino para los últimos días de la celebración. Con estas palabras el evangelista proclama el *modus operandi* de Dios que será revelado en las páginas que siguen: en su relación con la humanidad, Dios reserva su acto culminante hasta los últimos días.

2. Purificación del templo (2.13-17)

Las bodas en Caná ofrecen al lector un preludio al episodio que sigue, la purificación del templo. En 2.1-11 Jesús actúa sobre tinajas destinadas a la purificación, y ahora lo encontraremos purificando el centro de la purificación judía, el templo en Jerusalén. La actividad de Jesús en el templo incita un breve debate que concluye declarando que Jesús habla del templo que es su cuerpo, lo cual es un anuncio del acto salvífico por medio de la sangre derramada en el Calvario.

Todo estudiante de nuestro Evangelio reconoce que en los primeros cinco capítulos Juan no tiene mucho en común con los Evangelios Sinópticos. Este episodio (2.13-17) pone en relieve las diferencias entre Juan y los Sinópticos. Una vista de paso a una sinopsis de los cuatro Evangelios destaca las diferencias entre ellos, a pesar de las semejanzas. Este episodio en particular se nos presenta en Juan con más detalles que en los otros Evangelios. Los Sinópticos narran el evento con economía de palabras, enfatizando el acto mismo sin comentario editorial (aunque los Sinópticos sí incluyen citas del Antiguo Testamento [Is 56.7 y Jer 7.11] que guían al lector hacia una interpretación de lo sucedido) mientras que Juan, enfatiza el significado de la acción (una señal más) y culmina con una reflexión desde un punto de vista posterior a la resurrección (vv. 17 y 22). Los cuatro Evangelios canónicos incluyen referencias a palomas, a cambistas y a la acción de volcar mesas y echar fuera a los cambistas. Solamente en Juan encontramos referencias al mercado de bueyes y ovejas (necesarios para los sacrificios de purificación) y al uso de un azote de juncos. Juan no incluye referencia alguna a uso del templo como atajo.

Pero la diferencia más significativa abarca la cronología. En los Sinópticos la purificación del templo precipita en los líderes religiosos la decisión de eliminar de una vez por todas a Jesús, y por tanto este episodio se presenta hacia el final de la narración. En contraste, en Juan la purificación del templo es el primer acto público (se debe tener en mente que la señal de 2.1-11 fue en secreto) y lo que lleva a la oposición a conspirar contra Jesús es la resurrección de Lázaro (capítulo 11). El historiador tiene básicamente dos opciones para explicar las diferencias en cronología. Algunos opinan que la purificación del templo que aparece en Juan no es en realidad el mismo evento, y por tanto sugieren dos actos semejantes pero no idénticos: uno al principio del ministerio público de Jesús y otro al concluir ese ministerio. Aunque esta solución es atractiva, ya que ofrece una solución a la discrepancia cronológica, en mi opinión no es la mejor solución.

El versículo 13 introduce la escena, que continúa con el episodio en sí (14-17) y concluye con un intercambio verbal entre Jesús y los «judíos», quienes por primera vez en este Evangelio aparecen como protagonistas activos (18-20). Los vv. 21-25 incluyen una reflexión cristológica y preparan al lector para el encuentro con un maestro de los judíos (Jn 3.1-21).

Es bien sabido que los Evangelios Sinópticos presentan el ministerio de Jesús dentro de una estructura cronológica de un año. Esto es, ordenan su narración como una jornada que comienza en Galilea y culmina en Jerusalén en la Pascua, una jornada de un año —lo cual es particularmente obvio en Lc 9.51–19.27. Por otra parte, la mayoría de los estudiantes reconoce que, sobre la base de las tres Pascuas mencionadas en Juan (2.13, 6.4, y 11.55), el ministerio de Jesús parece durar unos tres años.

Las señales y discursos públicos del Cristo (2.1–12.50)

La cuestión cronológica ha resultado en un largo debate a través de la historia de la interpretación. ¿Narran los Sinópticos la misma historia que Juan? Muchos concluyen que los cuatro Evangelios narran el mismo evento y opinan que la versión sinóptica es preferible ya que por razones teológicas Juan trasladó el evento al principio del ministerio de Jesús. Estos argumentan que cualquier persona que llevara a cabo tal acción, como la narrada aquí, sería arrestada de inmediato (como insinúan los Sinópticos). Añaden que las acusaciones lanzadas contra Jesús en su juicio (según los Sinópticos) aluden a las palabras de Jesús sobre la destrucción del templo y que estas se encuentran solamente en el Cuarto Evangelio. Además, es más probable que estas acusaciones se refieran a dichos recientes (cronología sinóptica) y no a algo que sucedió tres años antes.

Empero no faltan estudiosos quienes opinan, basándose en las bien conocidas diferencias entre las dos versiones, que Jesús purificó el templo en dos ocasiones diferentes. Leon Morris sugiere dos purificaciones. La primera vez (versión joanina) los líderes en Jerusalén fueron sorprendidos por el evento y por tanto no arrestaron a Jesús. Alertas tras esta primera purificación, los líderes acechaban al Maestro, y cuando Jesús cometió el mismo acto, decidieron eliminarlo.

En mi opinión las dos versiones proceden de un evento. Juan ha relocalizado el evento por razones teológicas. Cada evangelista selecciona eventos y dichos de Jesús y los adapta para presentar su perspectiva teológica, sin perder de vista la historicidad del evento. Por su parte, Juan está creando un cuadro teológico de Jesús en medio del contexto judío. Jesús cumple y reemplaza las fiestas e instituciones judías. El templo es una de esas instituciones que pronto (a través de la muerte de Jesús) quedará suplantada por un sacrificio mejor y perdurable (véase He 8.13).

Al indicar que el episodio tiene lugar en Jerusalén durante «la fiesta de los judíos» (2.13 y 23) Juan dirige a sus lectores a uno de los temas centrales en su Evangelio: en Jesús encontramos el cumplimiento de todo aquello que las fiestas e instituciones judías anunciaban. El ciclo religioso de la comunidad judía giraba en torno a la sucesión de fiestas celebradas por el pueblo. Como fiel israelita, Jesús siguió este ritmo religioso aunque le dará un nuevo contexto al significado de cada fiesta en su persona (véase 2.13; 5.1: 6.4; 7.2; 10.22; y 11.55).

Según Deuteronomio 16.16 todo varón judío se comprometía a celebrar las tres fiestas solemnes en Jerusalén (Pascua, Pentecostés, Tabernáculos). En la teológica joanina cada una de estas fiestas será adaptada para interpretar la obra del Mesías. El adjetivo «de los judíos» es interesante, pues en todo el Antiguo Testamento no encontramos tal designación para esas fiestas. La frase más frecuente en el Antiguo Testamento es «la fiesta del Señor». Algunos erróneamente opinan que la frase muestra el menosprecio que Juan siente hacia el judaísmo de su día, pero es muy difícil aceptar esa opinión cuando lo único que tenemos como evidencia es la frase en cuestión (si pudiésemos oír el tono que el evangelista usa al referirse a la fiesta «de los judíos» quizás podríamos detectar esa nota de desprecio).

Celebrada en la primavera, la Pascua conmemoraba la liberación del pueblo judío de la esclavitud en Egipto (Ex 12) y constituía uno de los días más importantes en el calendario judío. Las familias se reunían para la celebración, que incluía sacrificios y una solemne cena en la cual se narraba la terrible experiencia de esclavitud y la maravillosa redención obrada a favor del pueblo por Dios mismo. Pero la Pascua era más que una fiesta religiosa, no obstante lo muy importante que la religión era para el pueblo. También conmemoraba la identidad nacional del pueblo. Las doce tribus de Jacob comienzan su historia como un pueblo desde los acontecimientos de Éxodo 12. Con el tiempo y la amarga experiencia de ser un pueblo insignificante en medio de poderosos imperios (los asirios, los babilonios, los griegos y ahora los romanos), la Pascua vino a levantar en el pueblo sueños y esperanzas de un glorioso regreso a la supremacía de los israelitas sobre las naciones vecinas, como en los días de David y Salomón. Por tanto, en algunas celebraciones anteriores hubo insurrecciones y tumultos que mantenían a los líderes políticos temerosos de revoluciones futuras. Cualquier actividad en público que despertara el celo político o religioso del pueblo sería vista como sospechosa por estos líderes.

En el griego bíblico se emplean dos palabras para designar un «templo». *Hieron* se refiere al área del templo en términos generales (el espacio reservado para las actividades del templo, incluso el santuario en sí). *Naos* se usa para identificar el santuario propiamente dicho. En este pasaje se usan los dos términos. Teniendo en mente el concepto hebreo de la santidad de lugar (un vistazo a numerosas historias en el

Las señales y discursos públicos del Cristo (2.1–12.50)

Antiguo Testamento presenta esto claramente, por ejemplo, Gn 28.10-22 y Ex 3.5) podemos concluir que el *naos* era un lugar santísimo y por tanto no accesible a todos, mientras que el acceso al *hieron* demandaba menos santidad. En la descripción del episodio, el evangelista emplea *hieron* (2.14, 15) mientras que en la discusión de lo sucedido *naos* se usa tres veces (19, 20, 21). El complejo del templo incluía un área para los gentiles, cuyo acceso al templo era limitado. Aparentemente esa es el área donde encontramos a los mercaderes. Con esta perspectiva de accesibilidad en mente, podemos entender mejor por qué Jesús echa fuera a los vendedores: su presencia en los atrios para los gentiles implica que los no judíos no tienen acceso al templo.

Indignado por el uso comercial de los atrios del templo, Jesús hace un azote de juncos, se acerca al grupo de mercaderes y dirige su ira a dos grupos en particular. El primer grupo, los vendedores de bueyes, ovejas y palomas, proveía animales y aves prestas para los sacrificios estipulados por la Ley. Muchos de quienes venían a sacrificar en el Templo viajaban largas distancias (algunos desde el otro lado del Mediterráneo) y por supuesto que sería mucho más fácil obtener un animal digno de ser sacrificado que cargar uno largas distancias sin seguridad de que fuera aceptado para el rito deseado. El segundo grupo, los cambistas, igualmente ofrecía un servicio no solamente para los adoradores, sino para el templo mismo. Todo varón judío anualmente pagaba el impuesto del templo, sin importar dónde viviera. Ya que la gran mayoría de las monedas contenían imágenes de individuos (humanos y deidades), como sucede hoy, era necesario que el impuesto se pagase en monedas de Tiro. Consecuentemente, los cambistas ofrecían un servicio vital. La acción de Jesús no se dirige a los servicios en sí, pues eran necesarios, ni aun a los precios desorbitados que los mercaderes y cambistas demandaban, sino al hecho de que estos servicios estén ubicados en los atrios del templo, negando acceso a las naciones simplemente para ganancia propia de los comerciantes.

Jesús interrumpe la rutina del templo echando fuera los animales y volcando las mesas de los cambistas, y a voz alta declara la razón de su indignación: «No hagáis más la casa de mi Padre casa de mercado». La casa de oración para todas las naciones se ha reducido a casa para judíos solamente. Ha de notarse que aquí el vocablo «casa» se usa con el sentido de templo.

La acción estimula la memoria de los discípulos (seguramente algún tiempo después de los acontecimientos narrados aquí) quienes lo interpretan a la luz del Salmo 69.9, pero con una importantísima diferencia. El evangelista sustituye el pasado del texto por el futuro («me consumió» por «me consumirá»), de modo que el pasado del salmista es ahora el presente de Jesús. La palabra «celo» (interés, ardor, pasión) trae a la memoria al profeta Elías (1 R 19.10, 14; Eclesiástico 4.1-10) y al mensajero de Malaquías 3.1ss. La asociación del gesto de Jesús con esta tradición profética lleva a los discípulos a considerar a Jesús como persona que, animada por el celo, se lanza a reformar las instituciones del judaísmo y a restaurar la condición espiritual del pueblo. Además, la referencia es también un presagio de lo que le espera a Jesús, pues el compromiso por honrar a Dios le costará la vida («el celo...me consumirá»).

3. El templo destruido y restaurado (2.18-22)

Los líderes religiosos, quienes observan el mismo evento y tienen la misma memoria comunitaria, reaccionan de una manera muy diferente. Ellos demandan que Jesús muestre autorización para ejercer la actividad ya realizada —«¿qué señal nos muestras?» Su pregunta revela que entienden muy bien lo que Jesús hizo (Jesús se comporta como los profetas del pasado, véase Jer 7) y ellos ven al Señor como un profeta. Pero a los profetas de antaño con frecuencia se les exigía que verificaran su autoridad, y ahora estos líderes exigen una prueba milagrosa que garantice la autoridad de las palabras de Jesús. La exigencia de los judíos se desentiende de lo obvio: el acto mismo sirve como señal. Jesús responde con las palabras que suplirán una de las acusaciones hechas contra él en su juicio ante el Sanedrín, según los Evangelios Sinópticos: «Destruid este templo (*naos*) y en tres días lo levantaré». Al responder Jesús hablando acerca de un templo (*naos*) que será destruido y levantado en tres días debería ser obvio para los oyentes que se estaba refiriendo a algo más que un edificio. Las palabras de Jesús debían suplir un rayo de luz en el entendimiento de los judíos para que la luz resplandeciera en las tinieblas; pero a los suyos vino y estos no lo reconocieron. Desorientados por las tinieblas en que se encuentran, los oyentes están limitados a la presente realidad de tiempo y espacio. Como dice el intérprete Malina, «Jesús no está hablando de la destrucción del templo de Jerusalén ni de levantar un templo de piedra, sino de un acontecimiento futuro con el que, muy poco tiempo después de su destrucción, levantará el templo». Mirando, y quizás con gestos que señalan el gran edificio a su derredor, quienes le escuchan le dicen que por cuarenta y seis años los obreros edificaron el templo, ¿y ahora él quiere que lo destruyan para reedificarlo en tres días? Sí, ellos exigen una señal; pero en su opinión, lo que Jesús sugiere es una imposibilidad. No pueden distinguir entre el edificio hecho de piedra y el templo que Jesús levantará después de tres días.

La reacción y las palabras de los judíos en este episodio contrastan con la reacción y las palabras de la madre de Jesús en las bodas de Caná. Ella oye que Jesús proclama que todavía no ha llegado la hora, y responde ordenando a los siervos que hagan todo lo que Jesús les indique. Los líderes religiosos no se arriesgan a considerar la posibilidad que quizás Jesús esté hablando de otro templo no hecho de piedra.

El evangelista ofrece una explicación del malentendido de los judíos. No comprenden que Jesús se refiere a su cuerpo, y no al santuario. La palabra cuerpo (gr. *soma*) se usa tres veces en el Cuarto Evangelio: aquí y dos veces en el capítulo 19, con referencia al cuerpo de Jesús. Los discípulos sí entienden el significado de las palabras de Jesús, pero esto solamente después de la resurrección. La señal ofrecida por Jesús y el comentario del evangelista (v. 22) implican que, en la teología neotestamentaria, en el cuerpo físico de Jesús tiene lugar una manifestación única con Dios, y ese cuerpo es por tanto el único templo verdadero (tema que será revisitado en el capítulo 4). En efecto, Jesús responde negativamente a la demanda de una señal. Careciendo de fe, los judíos no captan (como los discípulos y la madre de Jesús) la realidad de quién Jesús es, y por tanto permanecen en las tinieblas.

4. Jesús y la humanidad (2.23-25)

Esta sección es una transición y un resumen de las actividades de Jesús en Jerusalén, y así ofrece un puente para las historias que siguen. Tomando en cuenta 1.12, ahora el evangelista insinúa que muchos se acercan a Jesús al ver sus señales y muchos creen (*episteusan*) en su nombre. Sin embargo, esa reacción no implica que todo marche bien, pues añade que, por su parte, Jesús (el griego es enfático: *autos de Iesou*, pero Jesús mismo) no cree (*episteusen*) en ellos. ¿Por qué? Dos razones se mencionan, y las dos se refieren a las señales mencionadas. Conociendo los corazones de las personas, Jesús sabe que estos creyentes creen porque ven señales; y las señales en sí mismas, aunque demuestran la gloria del Hijo, no producen fe. Ya que la confianza de estos se basa en lo que ven, Jesús no se entusiasma por el número de seguidores (en contraste con los predicadores a través de nuestra tierra que cuentan sus feligreses para compararse con otros). Rápidamente seguirá una historia ilustrativa de esta realidad.

5. Primer discurso: el nuevo nacimiento (3.1-36)

a. El nuevo nacimiento (3.1-15)

La referencia en el versículo 1 a «un hombre de entre los fariseos» localiza a Nicodemo entre los mencionados en 2.23-25. De un golpe, el evangelista Juan indica que no todos los líderes judíos eran abiertamente hostiles a Jesús e ilustra la dificultad que los letrados tienen en comprender lo que Dios hace a través de Jesús. El episodio que sigue presenta a Jesús en una entrevista privada con un líder religioso interesado en una explicación de las señales y las palabras de Jesús (3.2). La conversación gira en dos planos: Jesús habla de cosas de arriba mientras que el líder religioso puede discernir solamente las cosas tal como son abajo, en el plano terrenal (3.3-10). Pronto la conversación cambia a un monólogo en el cual Jesús expone el significado de su venida (3.11-21). El testimonio de Juan el Bautista concluye en un breve episodio en el que Juan fuertemente afirma que él no es el Cristo (3.22-30). Finalmente, el evangelista añade una nota editorial aclarando quién es Jesús (3.31-36).

El nombre «Nicodemo» ocurre solamente en este Evangelio (7.50-52; 19.39-42). Se dice que Nicodemo era «uno de los fariseos... un gobernante de los judíos... y un maestro de Israel». No cabe duda de que Juan quiere establecer que este hombre es un dignatario entre los líderes y que, ya que es un estudioso de las Escrituras, debería captar la realidad de la identidad de Jesús, o por lo menos tener una idea de lo que Jesús dice. La incertidumbre en cuanto a la fe de Nicodemo

Las señales y discursos públicos del Cristo (2.1–12.50)

servirá como patrón para la reacción de los fariseos y otros líderes judíos a través de todo el Evangelio.

Este hombre de entre los fariseos se acerca a Jesús «de noche», trasladándose de las tinieblas (la noche) a la luz (Jesús). No podemos negar la posibilidad de que el encuentro con Nicodemo haya ocurrido de noche, como tampoco podemos negar la realidad de que en este Evangelio las actividades de Jesús parecen ser orquestadas (compárese la crucifixión en este evangelio con los Sinópticos).

No hay consenso entre los comentaristas acerca del progreso de Nicodemo en su conocimiento de Jesús; esto es, si se traslada de las tinieblas a la luz. Algunos detectan una jornada de fe en Nicodemo. Empero el «creer» nunca se le atribuye a Nicodemo en el Evangelio (2.23-25 sería la excepción, si incluimos a Nicodemo entre los muchos que creen), y es difícil detectar progreso en su condición espiritual. Por otra parte, en Juan 7.50-52, Nicodemo exige que los líderes del pueblo traten a Jesús justamente (como Gamaliel en Hechos 5.34-36) y hasta toma medidas para asegurarse de que el cuerpo de Jesús reciba sepultura digna de un judío (Jn 19.39-42). Pero nada de esto da suficiente evidencia para confirmar que Nicodemo fuera discípulo del Señor. En el Cuarto Evangelio, Nicodemo parece permanecer en transición perpetua, indeciso, con los pies en dos mundos; y para la comunidad de Juan eso no es suficiente para ser llamado creyente.

Siguiendo el protocolo judío, Nicodemo se acerca a Jesús con palabras de elogio antes de formular su pregunta. El uso del plural («sabemos») parece indicar que Nicodemo o va acompañado por otros o viene como representante oficial de los fariseos. Las respuestas de Jesús, comenzando en el versículo 11, usan la segunda persona plural. De inmediato el lector, si conoce los Evangelios, nota que Nicodemo no es como los otros fariseos de este Evangelio (véase 9.16), quienes declaran abiertamente que Jesús no viene de Dios. «A menos que Dios esté con él» es una locución hebrea que expresa la opinión de quien se habla: las cosas que tú haces afirman que Dios está contigo (Gn 21.20; 26.24; 28.15; 31.3; Jer 1.19). Nicodemo se acerca a Jesús y en efecto pregunta: «¿qué nueva doctrina traes?».

La respuesta de Jesús comienza sin preámbulos, y Jesús le asegura («de cierto, de cierto te digo») que nadie puede ver el Reino de Dios sin nacer *anothen* («de nuevo/de lo alto»). El concepto del Reino de

Dios no era ajeno para los israelitas, ya que ellos confesaban a Dios como Rey. Las palabras de Jesús ofrecen a Nicodemo la oportunidad de ampliar su visión de lo que el Reino de Dios ha de ser. Nicodemo admite que Jesús procede de Dios, le llama Rabí, hacedor de milagros, maestro; pero Nicodemo no puede comprender en su totalidad la afirmación de Jesús. Nicodemo se limita a lo sabido y hace una pregunta que muestra su incomprensión (v.4). No puede escapar del mundo que conoce y controla. Jesús usa una palabra, *anothen*, que tiene dos significados: uno es su significado horizontal o temporal (de nuevo) y el otro es su sentido vertical o espacial (de lo alto). Los dos significados son necesarios para comprender verdaderamente la enseñanza de Jesús. Solamente quienes tienen una experiencia que combina lo horizontal y lo vertical (de nuevo y de lo alto) pueden ver el Reino de Dios. Al decir «¿Puede acaso entrar (el ser humano) por segunda vez en el vientre de su madre y nacer de nuevo?», Nicodemo elimina uno de los dos significados y se limita a lo temporal u horizontal —la experiencia de un segundo nacimiento del seno materno, lo que es una imposibilidad.

La incomprensión de este gobernante entre los fariseos le ofrece a Jesús la oportunidad de declarar su enseñanza y esencialmente repite lo central del versículo 3, pero con algunos cambios significativos (v. 5). *Anothen* es ahora sustituido por dos palabras que incorporan las dos experiencias necesarias. «Nacer de agua» corresponde a la experiencia horizontal (de nuevo) y «del Espíritu» corresponde a lo vertical (de lo alto). El «ver el Reino de Dios» ahora se explica con las palabras «entrar en el Reino de Dios». La referencia al Reino de Dios, muy frecuente en los Evangelios Sinópticos, ocurre en Juan solamente en este discurso (3.3, 5). Aquí equivale a vida eterna. Para participar (entrar) en el Reino de Dios se requiere una experiencia humana de agua y una experiencia espiritual —y esto procede de lo alto, de Dios mismo. El nacimiento a esta nueva realidad es, primeramente, el resultado de una iniciativa divina y no de una respuesta humana (Jn 1.12-13). Pero también se necesita una experiencia histórica humana —nacer de agua. En 1.29-34, Juan el Bautista declara que su bautismo es «con agua» y que detrás de él viene otro quien bautizará con el Espíritu Santo (1.33).

Las señales y discursos públicos del Cristo (2.1–12.50)

Nicodemo se acerca a Jesús declarando «sabemos que has venido de Dios» pues han visto las señales (la experiencia horizontal y temporal); pero esta declaración muestra cierta incertidumbre. Jesús responde seguro de lo que dice («de cierto, te digo . . . »). La humanidad piensa tener todo bajo su control y pretende saberlo todo, y sin embargo, ante la sabiduría de Dios todos quedan pasmados de incomprensión (1 Co 1.18-25).

En los vv. 6-8 Jesús añade que aunque fuese posible «nacer de nuevo» este nuevo nacimiento no es ni sería suficiente, pues es físico. El uso de «la carne» en este contexto no implica enemistad con Dios (como en Ro 8.7) o batalla contra el Espíritu (como en Gl 5.17) sino que los vocablos «carne» y «espíritu» son dos ejes de la realidad, y cada uno produce fruto digno de su naturaleza. Entonces, Jesús repite por tercera vez, «os es necesario (griego *dei*) nacer de nuevo». *Dei* indica una necesidad divina (compárese con Jn 3.14, 30; 4.4, 24; 9.4; 10.16; 12; 34; 20.9) sin implicar una inevitabilidad, como si Jesús prometiera «naceréis de nuevo lo querráis o no». Más bien lo que es necesario es el modo que conduce a la entrada al Reino. En efecto Jesús dice «a menos que nazcas de lo alto/de nuevo no puedes entrar en el Reino de Dios». Nicodemo se sorprende, no porque la enseñanza fuera completamente nueva (Jesús insinúa que la enseñanza se encuentra en las Escrituras), sino porque Jesús implica que él, maestro y gobernante del pueblo, tiene que nacer de nuevo. La conversión es para quienes están lejos de Dios, y quizás Nicodemo opina, como muchos otros líderes religiosos a través de la historia, que no necesita ese renacimiento, pues anda muy bien.

La última pregunta de Nicodemo (vv. 9-12) muestra su exasperación: «¿cómo puede ser eso?». El maestro de Israel admite su falta de discernimiento y desaparece del discurso. De nuevo asegurándole a Nicodemo del valor de lo que dice («de cierto . . .»), Jesús declara que «lo que sabemos, hablamos y lo que hemos visto, testificamos» (con el uso del plural Jesús incluye a sus discípulos entre el grupo que testifica). El problema no es tanto la falta de conocimiento, pues como maestro de Israel Nicodemo tenía conocimiento. Tampoco es la falta de testigos, pues Nicodemo ha visto por sí mismo las señales que confirman la autoridad de Jesús. El problema es más bien que muchos no reciben el testimonio. Las señales y las Escrituras son accesibles a todos y sin aceptarlas y creerlas no es posible tener conocimiento profundo. Muchos tropiezan en las enseñanzas elementales (las señales que ven en Jesús) y por tanto no se puede esperar que entiendan las cosas profundas (hay que nacer *anothen* para ver el Reino).

En el prólogo el evangelista proclama que «a Dios nadie le ha visto jamás» y que el Hijo es el único que puede darle a conocer (1.18). Ahora (vv. 13-15) Juan cita las palabras de Jesús confirmando esta declaración. La fuerte negación («nadie ha sabido») tiene en menta los grandes reveladores de Israel que habían entrado al cielo (Abraham, Isaías, Henoc, Moisés y otros) y por tanto niega la posibilidad de ascensiones reveladoras al cielo que den a conocer a Dios. En el judaísmo de aquella época, la literatura apocalíptica gozaba de gran popularidad, y uno de los elementos esenciales que caracterizaba este cuerpo literario era la ascensión del vidente a los cielos donde recibía una revelación para el pueblo. A la fuerte negación de Jesús le sigue una fuerte afirmación: el único revelador es el Hijo del Hombre que ha bajado del cielo. El verdadero revelador no es quien ha subido sino el que ha bajado del cielo, el Enviado de Dios. La designación «el Enviado de Dios [o de arriba]» tendrá un papel importantísimo en la cristología joanina.

Jesús concluye su conversación con Nicodemo con una ilustración bíblica. Números 21 narra un episodio del peregrinaje en el desierto: Los israelitas, hastiados de la jornada, se quejan de la provisión divina. Dios envía serpientes «ardientes» o venenosas, y todo aquel que es mordido por una serpiente muere. Los israelitas nuevamente se quejan, y esta vez Dios ordena a Moisés que haga una serpiente de bronce y que la levante en un asta con una promesa para toda persona que fuese mordida por las serpientes ardientes. Al instante de la mordida, si la persona miraba a la serpiente de bronce, vivía —es decir, los efectos venenosos de las serpientes quedaban anulados. Del mismo modo, dice Jesús, es necesario (*dei*) que el Hijo del Hombre sea levantado (*hupsoo*). El uso de este mismo verbo en Juan 12.32 indica que ser levantado es una referencia a la crucifixión. El verbo también denota la exaltación de la majestad (Hch 2.33; Fil 2.9). Desde la perspectiva meramente humana la crucifixión era la peor de las denigraciones. Sin embargo, desde la perspectiva de la fe es la manifestación de la gloria de Dios. La muerte en la cruz es la exaltación

Las señales y discursos públicos del Cristo (2.1–12.50)

del Hijo. La glorificación del Hijo de Dios incluye su crucifixión, y la cruz es su trono.

b. *Reflexión teológica (3.16-21)*

Este párrafo es un comentario y reflexión teológica sobre la obra salvífica por parte del evangelista. El discurso que le antecede enfatiza el papel del Hijo en la obra salvífica, particularmente en los versículos 14-15. Ahora Juan ofrece una explicación del papel de Dios Padre en esa obra —esto es, del amor salvífico de Dios. El vocabulario usado por Juan sugiere una alusión a Génesis 22 y al «sacrificio» de Isaac a manos de su padre Abraham.

Concluido el discurso con Nicodemo, el evangelista ofrece una exposición del amor salvífico de Dios. En el párrafo anterior (vv. 14-15) Jesús es el sujeto de la acción. Ahora, el evangelista reflexiona sobre el papel desempeñado por Dios en este acto de salvación. Aunque el Antiguo Testamento proclama que Dios ama la creación, y particularmente a su pueblo elegido (Ex 34.6-7; Dt 7.7-8; Os 11.1-4, 8-11), rara es la referencia al amor de Dios por el mundo (*kosmos*). En Juan *kosmos* no es una referencia al mundo físico de la naturaleza. Juan usa *kosmos* 78 veces (24 veces en Primera de Juan) para referirse a la humanidad en oposición a Dios (1.9; 7.7). Por tanto, el Hijo de Dios entra a este mundo (la encarnación) y se le recibe con hostilidad («a los suyos vino y los suyos no lo recibieron»). Esta hostilidad de parte de la humanidad requiere sacrificio por parte de Dios. El versículo 16 enfatiza ese sacrificio y declara que esta redención será a favor de toda la humanidad, y no de algunos selectos de entre ella.

La entrada del Hijo al mundo de las tinieblas en efecto condena al mundo (cinco veces en este párrafo, el evangelista usa el lenguaje de condenación), pues cuando la luz divina interrumpe las tinieblas estas se manifiestan en lo que son: oscuridad. Consecuentemente son condenados.

Jesús vino no para condenar al mundo (v. 17) sino para proveer camino de salvación para quienes estaban encerrados en las tinieblas. Al penetrar las tinieblas y dejarse ver por los atrapados en las tinieblas, el Hijo les ofrece escape. Quienes, estando en tinieblas, ven la luz de Jesús y reconocen la tragedia en que se encuentran tienen una responsabilidad: creer (16, 18). Pero Juan no desconoce la realidad del pecado, y por tanto ve que la humanidad entrelazada en las tinieblas rechaza la luz, pues sus obras son malas. Tales personas prefieren las tinieblas antes que la luz. El resultado es que detestan la luz, y no se acercan a esa luz porque temen que sus obras sean descubiertas. En contraste con quien permanece en tinieblas, está quien se acerca a la luz. Tales personas practican la verdad —esto es el camino trazado por Jesús— pues desean que todos vean sus obras y que reconozcan que sus obras son de Dios (21).

c. Jesús y Juan el Bautista (3.22-36)

Entre el diálogo con Nicodemo y la conversación con la mujer de Samaria (capítulo 4), el evangelista provee un interludio sobre el testimonio del Bautista. En el prólogo (1.6-8, 15), y después durante los eventos de la primera semana, (1.19-37) el evangelista afirma el testimonio de Juan el Bautista. El testimonio de Juan incluido en este capítulo sugiere la posibilidad de que la popularidad del Bautista se extendiera hasta los días de la composición del evangelio.

En un tiempo indefinido, después del ministerio en Jerusalén (v. 22), durante la Pascua, acompañado por sus discípulos, Jesús regresa a la ribera del Jordán donde continúan sus prácticas bautismales. Contemporánea y paralelamente, el Bautista y Jesús predican el bautismo de arrepentimiento y la venida del Reino de Dios. Más adelante (4.2), el evangelista aclarará que Jesús mismo no bautizaba, sino que sus discípulos eran quienes bautizaban.

La discusión entre los discípulos de Juan y un judío (v. 25) es enigmática. Si Juan había pertenecido a uno de los grupos que frecuentaban las regiones desoladas del Jordán (los esenios, la comunidad de Qumran, y otros) y ahora se encuentra desvinculado de ellos, puede ser que la discusión fuese sobre la eficacia (poder de purificación) del acto bautismal. Para los seguidores del Bautista el verdadero problema era que, aparentemente, la mayoría de quienes se bautizaban se asociaban al círculo de Jesús, quien por su parte había sido bautizado por Juan (v. 26). Los discípulos de Juan desean proteger el prestigio de su maestro.

Juan responde (27-30) que, aunque él ha recibido un llamado divino («del cielo» es un circunloquio judío para referirse a Dios), no puede compararse con otros, particularmente con el que él mismo vino a anunciar. Declarando nuevamente que él no es el Cristo, el Bautista dirige la memoria de sus discípulos a su propio testimonio (v. 28) y explica su función como la del amigo del novio en una boda. El amigo del novio se alegra cuando el novio por fin llega para encontrarse con su prometida. Lo peor que puede hacer el amigo del novio es pensar que toda la celebración y la anticipación son para él.

Es difícil discernir quién habla en los vv. 31-36 y por tanto comprender el párrafo que sigue en 3.1-21. Puesto que no hay indicación alguna de cambio en cuanto a quién habla, algunos opinan que las palabras son del Bautista. Otros opinan que 31-36 son la conclusión de la conversación con Nicodemo y que es Jesús quien habla. Una sugerencia mejor es que el párrafo es un comentario del evangelista mismo. Las palabras son una reflexión sobre la importancia de Jesús en el plan de salvación a la luz del comentario de Juan el Bautista. «El que viene de arriba» es una afirmación de la deidad de Jesús basada en lo que el Señor declara en el versículo 13. Él está por encima de todos porque procede de lo alto. El ser humano, que procede de la tierra, puede hablar de lo que conoce —esto es, de su experiencia terrenal. Esta experiencia se limita a lo que se observa en la tierra y ha de contrastarse con el testimonio de Jesús. El evangelista nuevamente reitera que Jesús testifica de lo que ha visto en el cielo, pero los de la tierra no reciben su testimonio. De nuevo notamos el tema de venir a los suyos y el desprecio que estos muestran por la luz. Entre quienes proceden de la tierra hay algunos que sí aceptan el testimonio de Jesús y, por su parte, dan testimonio de Dios. La reflexión termina con el punto central del Evangelio: quien deposita su fe, su confianza, en Jesús tiene vida eterna; quienes desobedecen al Hijo permanecen bajo la ira de Dios.

6. Segundo discurso: El agua viva (4.1-45)

Rápidamente el evangelista mueve la misión del Verbo-Luz, de los confines relativamente agradables de Jerusalén a las desagradables regiones de Samaria, y de ahí, al lugar de la primera señal, Caná (4.46-54). Es una jornada desde el lugar más visitado por los judíos piadosos, a través de una zona considerada hostil para llegar a las márgenes de la sociedad judía. En el primer lugar (Jerusalén) Jesús conversa con un hombre ideal —judío, fariseo, gobernante, maestro, letrado en las Escrituras. En el segundo lugar se encuentra con una mujer de moral muy sospechosa (samaritana y «pecadora»), sin posición de poder, más familiarizada con las supersticiones asociadas con la región que con las Escrituras. El «justo» (Nicodemo) se acerca a Jesús bajo la capa de la noche y desaparece de la escena ignominiosamente, sin decir nada. El evangelista deja que el lector formule en su mente qué le pasó al fariseo. La mujer se acerca a Jesús en pleno día; a través de su conversación reconoce quién es quien le habla y, al concluir el episodio, corre a la ciudad anunciando lo que Jesús hizo por ella y quién es Jesús. Ella comparte la misión del Cristo, mientras que el digno fariseo quedó bajo la oscuridad. Finalmente en Caná el recipiente de la gracia sanadora de Jesús es un anónimo oficial del rey Herodes. La casa entera del oficial se añade a los círculos de creyentes. Es una jornada del centro a las márgenes de la sociedad—de un hombre renombrado, a una mujer identificada solamente por cultura y pecado, a un hombre identificado por su necesidad.

a. La mujer y sus maridos (4.1-30)

El encuentro con la samaritana continúa el tema del evangelista en cuanto a las instituciones judías. En el capítulo 2, Jesús revela su gloria llenando de agua las tinajas de la purificación de los judíos y convirtiendo el agua de la purificación en vino de fiesta (2.1-11). Luego, al purificar el templo, Jesús anuncia que pronto este será remplazado por uno mejor. En el capítulo 3, Jesús reta a los llamados líderes y maestros del pueblo: ¿cómo es posible que un maestro no pueda entender enseñanzas fundamentales? Ahora, en el capítulo 4, Jesús se coloca en la periferia del judaísmo y muestra que el don de vida que él ofrece es superior a cualquier don de un pozo —aunque sea un pozo de tanto renombre histórico como el de Jacob. La mujer reverencia el pozo, pero al concluir la historia reconoce que el agua que Jesús le proveyó es mucho mejor.

En el capítulo 1 vimos que una delegación investigó la popularidad de Juan y le pidió al Bautista que explicara sus actos y revelara la fuente de su autoridad. Los líderes temían una insurrección, pues perderían su posición de poder. Ahora que aumenta el numero de los seguidores de Jesús («Jesús hace y bautiza más discípulos que Juan»), los líderes

Las señales y discursos públicos del Cristo (2.1–12.50)

seguramente toman nota de esto y el Señor espera confrontarse pronto con semejante delegación. Parentéticamente, el evangelista añade que no era Jesús quien bautizaba, sino sus discípulos. La necesidad de esta nota resulta obvia si tomamos en serio una de las razones de las divisiones en iglesias como la de Corinto. Aparentemente había cuestiones de prestigio entre los creyentes basadas en quién les había bautizado. Quizás algunos reclamaban posiciones de poder basándose en que fueron bautizados por Jesús mismo. El evangelista en pocas palabras echa fuera tal alegación, pues Jesús no bautizaba. Queriendo evitar una conversación con los líderes religiosos, ya que todavía no es su hora, Jesús parte de Judea hacia Galilea, particularmente hacia las regiones de Caná y Capernaum (4.46).

Aunque geográficamente hablando, «era necesario (*edei*) pasar por Samaria» pues esta se encontraba entre Judea y Galilea, la realidad cultural era que muchos de los judíos evitaban tomar el camino más rápido y fácil y preferían uno más largo a fin de no pasar por Samaria. Había una larga historia de hostilidad entre los judíos y los samaritanos. Cuando el Reino de Israel (el grupo de diez tribus que se separaron del heredero de Salomón, Roboam, y siguiendo a Jeroboam, fundaron la nación del norte) fue destruido por los asirios en el 722 a.C., los ciudadanos de la ciudad capital (Samaria) fueron exiliados. Los asirios entonces reubicaron a ciudadanos de otras partes de su imperio para colonizar Samaria. Con el tiempo, estos colonos, quienes procedían de diferentes regiones del imperio asirio, se mezclaron unos con otros y con los judíos que todavía vivían en el área, y así adoptaron algunas de las costumbres y tradiciones religiosas de los judíos. Clamaban a Yahvé como dios y empleaban los primeros cinco libros de la biblia hebrea (el Pentateuco), pero rechazaban el resto de las Escrituras. Al no ser aceptados por el grupo de exiliados que regresó a la región después que los persas derrotaran a los babilonios en el siglo 6 a.C., los residentes de Samaria comenzaron a trazar sus propias tradiciones religiosas. Edificaron un templo en Samaria y promovieron leyendas e historias sobre la importancia de la región en el plan divino. Los judíos por su parte estimaban que los samaritanos eran peores que los gentiles y por tanto la hostilidad entre los dos continuó por décadas y hasta por siglos. Cuando los griegos tomaron control de la región en el siglo 4 a.C., hicieron de Samaria el centro de sus actividades en Judea. Claro es que esto no agradó a los residentes de Jerusalén. A fines del siglo 2 (en el año 128 a.C)., los judíos, ahora en un estado semi-independiente, se aprovecharon de su autoridad y destruyeron el templo samaritano en el Monte Gerizim. Esa larga historia era la raíz del desprecio con que los judíos en el tiempo de Jesús veían a los samaritanos. Podemos imaginar que por su parte los samaritanos pensaban lo mismo de los judíos. No cabe duda que se llevaban como perros y gatos. Pero, ¿no es esa la naturaleza de la arrogancia cultural? Cada grupo presupone superioridad sobre el otro, y esto supuestamente justifica el desprecio y odio con que se trata a quien es diferente.

No obstante esta hostilidad, «era necesario» que Jesús pasara por Samaria no por su proximidad geográfica, sino por necesidad divina, pues estaba en el plan de Dios que los Samaritanos se contaran entre ese grupo por quien Dios entregó a su Hijo (3.21). La ciudad de Sicar —o de Siquem— se encuentra cerca de dos montes importantes en la historia bíblica, Gerizim y Ebal (Dt 11.29), y el evangelista indica que el pozo de Jacob está cerca. Aunque la evidencia que le presta apoyo a la excavación arqueológica de un pozo en Siquem es minúscula (pues se basa únicamente en este texto), el área incluye la porción de la tierra heredada por los descendientes de José y donde los huesos de ese patriarca fueron enterrados cuando los israelitas regresaron de la esclavitud egipcia (Jos 24.32). Estas referencias sirven para localizar la narración en medio de la historia bíblica, esto es, en la Tierra Santa, y nos ayudan a comprender la introducción, más adelante, en el discurso del debate acerca del lugar de adoración.

El último detalle introductorio describe a Jesús sufriendo de cansancio por su larga jornada. El tiempo designado es la sexta hora (mediodía), y Jesús y sus discípulos han caminado por seis horas (si pensamos que saldrían de madrugada para viajar). Más adelante notamos que Jesús no solamente está cansado, sino que sufre de sed. El Evangelio de Juan es conocido por su alta cristología —es decir, por una cristología que subraya el poder y la divinidad de Jesús. Hemos visto que Jesús se describe como el Creador, la Luz que resplandece en las tinieblas, quien conoce el corazón de los seres humanos. Ahora observamos que la encarnación fue real, que Jesús no era un espectro que anduvo entre nosotros, sino que el Hijo de Dios se hizo un ser

Las señales y discursos públicos del Cristo (2.1–12.50)

humano en todas las dimensiones de lo que es un humano (hambre, sed, cansancio, etc).

Jesús se sienta en el brocal, antepecho de bajo nivel que se construía alrededor de la apertura del pozo para evitar que algún animal o persona cayese en el pozo. A esa hora de mediodía no se esperaba que viniese mucha gente al pozo. El calor del día y los quehaceres diarios demandaban que quienes normalmente buscaban el agua estuviesen ocupados en otras cosas. Normalmente la labor de buscar agua era designada para las mujeres, quienes se congregaban en el pozo al amanecer y al atardecer. Esa rutina les ofrecía a las mujeres la oportunidad de gozarse de la compañía de otras mujeres. La hora y el hecho de que la mujer viene sola sugieren que se acerca al pozo a esa hora para evitar interacción con otros seres humanos. Llegando al pozo se encuentra con Jesús, quien le sorprende al iniciar una conversación. En el discurso que sigue sobresalen dos temas: el agua viva que Jesús ofrece (4.7-18) y la adoración de Dios (4.19-26).

El acto de pedirle de beber a una mujer que había venido sola al pozo rompía todo protocolo. Para comprender completamente lo que ocurre, el lector ha de tener en mente los muchos relatos bíblicos del encuentro de hombres con mujeres en algún pozo y las tradiciones judías que le prohibían a un hombre hablar con una mujer en público. Cuando el siervo de Abraham viajó a Nacor en busca de esposa para Isaac la encontró junto al pozo de la ciudad. Más tarde Jacob conoce a su esposa junto a un pozo (Gn 24.17; 29.10). Moisés al huir del faraón se sienta junto al pozo y así conoce a las hijas de Jetro y luego se casa con una de ellas. Por tanto, los judíos evitaban la conversación junto al pozo con mujeres desconocidas.

Al momento los discípulos no están con Jesús porque han entrado en la ciudad para comprar alimentos. Esto es un dato que normalmente no recibe mucha atención por parte de los intérpretes, pero sugiere que Jesús y sus discípulos no son característicos de los judíos del día, ya que están dispuestos a comer alimentos preparados por samaritanos. Por su parte, la mujer se sorprende al oír la petición de Jesús. De inmediato le indica a Jesús que como judío él no debería hablar con ella. Su reacción es seguramente una táctica para descontinuar la conversación. No desea platicar con nadie, y menos con un judío. En efecto, ella le dice: «¿por qué ignoras la animosidad entre nosotros?».

No solamente Jesús toma la iniciativa para hablar con una mujer a solas, sino que está dispuesto a beber agua del utensilio que la mujer tiene (más adelante la mujer indica que Jesús no tiene con qué sacar agua).

La respuesta de Jesús (vv. 10-12) es típica del Cuarto Evangelio, pues los participantes platican en dos planos diferentes. Cada cual se mantiene en su eje de experiencia, y en este caso, le toma tiempo a la mujer captar el sentido de lo que Jesús le dice. Como en el caso de Nicodemo, observamos en el discurso que sigue lo difícil que es entender las cosas espirituales para quienes se mantienen firmes solamente en la realidad física y en el presente conocido. Con sus palabras, Jesús desea trasladar la perspectiva de la mujer de la experiencia horizontal y temporal a la perspectiva vertical y eterna. En otras palabras, Jesús dice «si verdaderamente conocieras quién es quien te pide, *tú* le pedirías a él. Pero *tú* al ver un judío no quieres conversar». Es obvio que la mujer no puede ver más allá de la perspectiva terrenal y lo que ve frente a ella es un maestro judío.

Jesús le ofrece a la samaritana «agua viva» lo cual una vez más es una referencia con dos sentidos. En primer lugar, la frase se usa para referirse a los manantiales de donde el agua fluye constantemente. Normalmente estos manantiales se encuentran en la superficie de la tierra. Pero también existen bajo la tierra, y se descubren cuando se excava un pozo y se encuentra una vena de agua (manantiales subterráneos) que produce constantemente agua refrescante que no depende de la lluvia. En el mundo árido del Medio Oriente, con su dependencia de cisternas excavadas para preservar agua de lluvia, un pozo con una vena de agua viva era considerado una bendición del Creador. Debido al gran valor del agua para la preservación de la vida y las sociedades humanas, con el tiempo la frase «agua viva» tomó el sentido de agua que provee vida eterna. Este segundo sentido lo vemos ilustrado en Jeremías 2.13: «Porque dos males ha hecho mi pueblo: me dejaron a mí, fuente de agua viva, y cavaron para sí cisternas, cisternas rotas que no retienen el agua». Junto al pozo de Jacob, Jesús usa la frase con este segundo sentido mientras que la mujer entiende el primero. Por eso la mujer reacciona con una serie de declaraciones y preguntas que, en su opinión, terminarán el dialogo.

Las señales y discursos públicos del Cristo (2.1–12.50)

Primeramente, la única agua por todos esos entornos está a la profundidad del pozo donde ella y Jesús se encuentran. La mujer declara que Jesús no tiene con qué sacar el agua. Segundo, si es que sabes de un manantial cercano (y no lo hay) ¿dónde está ese manantial? En la tercera respuesta la mujer irónicamente suple la respuesta sugerida por Jesús: «¿eres acaso mayor que el patriarca Jacob quien proveyó agua no solamente para una persona sino para sus hijos, su ganado y para sí mismo?». La mujer espera una respuesta de Jesús que confirme la declaración tras la última pregunta: no eres más grande que Jacob. Pero Jesús es mayor no solamente que Jacob, sino también, como veremos más adelante, que Abraham.

El agua que da vida eterna (vv. 13-15) es la vida provista por el Espíritu Santo (Jn 1.31; 7.37-39). Solamente Jesús puede ser manantial de este precioso líquido de vida eterna que puede transformar a esta mujer de una vez por todas (no tendrá más sed). Pero Jesús insinúa que para esta mujer, atrapada en su soledad, las posibilidades son mucho más abarcadoras. Al beber el agua que Jesús le ofrece, ella se convertirá en un depositario (una fuente) de agua viva para otros (un tema que se ampliará en 7.37-39). La palabra «salte» (*allomai*) se usa en la Septuaginta para describir la presencia del Espíritu de Dios en personas como Sansón, Saúl, y David. La samaritana se acerca al pozo en busca de agua, solitaria en consecuencia de sus malas decisiones y relaciones (como veremos en breve), y recibe de los labios de un maestro judío la promesa de que *ella misma* puede servir como pozo de agua para otros. Solamente la gracia de Dios puede convertir a una persona despreciada por su comunidad en agente de salvación para esa misma comunidad.

Curiosa ante la oferta, pero limitada por su perspectiva temporal, la mujer expresa su deseo de tomar del agua que Jesús le ofrece. Limitada por su perspectiva, la mujer piensa solamente en los beneficios temporales que recibirá «para que no tenga sed, ni venga acá a sacarla». El beneficio máximo que ella puede discernir en esa etapa de su vida espiritual es que si lo que el maestro judío le ofrece es real, se evitaría el trabajo de buscar agua y podría continuar en su soledad, sin la necesidad de encontrarse con otros en el pozo y estar obligada a conversar. No viendo escape de su condición, piensa que el aislamiento es la mejor solución. Todavía piensa solamente en términos de agua para su cántaro, y no de agua para su alma. Pero Jesús tiene otra solución que beneficiará no solamente a la mujer, sino a toda la ciudad. Hasta aquí su conversación con Jesús no es muy diferente al dialogo con Nicodemo. Este actúa incrédulamente: «¿cómo puede ser?». Y la mujer responde de igual manera: «no tienes con qué sacar agua». El uso del vocativo «Señor» no debe entenderse en este contexto como una confesión de la deidad de Jesús sino como muestra de respeto —el uso cotidiano de ese título, como cuando hoy decimos «el señor Fulano».

La mujer ha demostrado su interés en la oferta de agua viva, y ahora (vv. 16-18) Jesús dirige su pensamiento para que considere quién es quien le habla (4.10). Se trata ahora de la identidad de Jesús. La mujer quiere agua para no tener que venir *aquí*, pero Jesús le ordena que busque a su marido y venga *aquí*. Con gentileza, pero firmemente, Jesús demanda que la mujer actué (como se ve en el uso de tres imperativos «ve...llama...ven acá»). Ella trata de evitar las consecuencias de sus malas decisiones. Pero Jesús por su parte insiste en que para reconstruir su vida tiene que comenzar precisamente donde se encuentra, *aquí*. Es normal y común en los seres humanos no admitir responsabilidad por el desorden de nuestras vidas, y por tanto tratamos de distanciarnos de aquellas personas y lugares que nos recuerdan las razones del aprieto en el cual nos encontramos. Consecuentemente, permanecemos en nuestra enfermedad espiritual, anémicos, en términos espirituales. El primer paso hacia la recuperación (en términos bíblicos, la regeneración) yace en una consideración honesta de nuestra condición. Eso es lo que Jesús quiere que la mujer haga, y por tanto le ordena: «ve, llama y ven».

La condición conyugal de la mujer se vuelve ahora el foco de la conversación. El breve intercambio sirve para confirmar que Jesús sabe lo que reside en los corazones de las personas (2.25), y al mismo tiempo para provocar una reacción de parte de la mujer. En su respuesta («no tengo marido») ella trata de mantener equilibrio entre verdad y falsedad, esto es, no mentir abiertamente pero tampoco ser completamente honesta. Tristemente, las respuestas como esta son comunes entre los seres humanos. Las usamos cuando queremos ser sinceros con nosotros mismos al mismo tiempo que queremos engañar a nuestros oyentes. Ella sabe muy bien que el hombre que al

Las señales y discursos públicos del Cristo (2.1–12.50)

presente está en su casa no es su marido, así que no miente. Pero ella piensa (erróneamente como vemos en el texto) que no es posible que este judío pueda discernir lo que ella verdaderamente comunica. Por su parte, Jesús articula exactamente lo que la mujer entiende por sus palabras y quería mantener en secreto: «Bien has dicho: "No tengo marido" porque cinco maridos has tenido y el que ahora tienes no es tu marido. Esto has dicho con verdad».

Algunos comentaristas, queriendo identificar a la mujer más con su cultura que con su condición personal, alegorizan la referencia de los cinco maridos con las cinco deidades de los samaritanos (2 R 17.24) y el sexto, que no es marido, viene a ser entonces Yahvé, Dios de los judíos. Esta alegorización representaría una acusación de Jesús contra las prácticas politeístas de los samaritanos. Pero la realidad es que aunque las que colonizaron la región eran cinco naciones, trajeron consigo siete deidades (2 R 17.30-31). Además, en el primer siglo los samaritanos, en la gran mayoría de los casos, se identificaban como monoteístas. Mejor es aceptar la declaración de Jesús literalmente: en su vida la mujer se ha casado cinco veces, divorciándose cinco veces y ahora convive con un hombre sin casarse. (No obstante la enseñanza bíblica sobre el divorcio, existe mucha evidencia, no solamente de que los judíos aceptaban el divorcio iniciado por un hombre como una opción en muchos casos, sino también de que las mujeres judías podían iniciar el proceso de divorcio. El papiro *Sie'elim* 13, descubierto en el desierto de Judea en 1951, contiene un certificado de divorcio que la mujer le envía a su esposo).

Lo que Jesús le dice a la mujer no tanto la convence (o condena) de su pecado como le sorprende. Es inaudito que Jesús conozca a la mujer tan profundamente sin que alguien le informara acerca de su vida. Por tanto ella ahora ve a Jesús como profeta. Puede ser que ella vea en Jesús al profeta de Deuteronomio 18.18, pero no tenemos evidencia alguna de que los samaritanos formularan sus expectativas mesiánicas basándose en ese texto. La realidad es que aun entre los judíos había gran diversidad de opiniones en cuanto al Mesías, y que por tanto tenemos que hablar de diversas esperanzas mesiánicas, y no de una solamente.

La mujer piensa que si Jesús es verdaderamente profeta, como ella sospecha, sería mejor desviar la conversación hacia temas más inocentes. Ahora busca la forma de evitar la conversación acerca de su condición, y por tanto señala una de las diferencias más sobresalientes entre los samaritanos y los judíos: el lugar donde ha de adorarse a Dios. Los judíos tenían su templo en Jerusalén; los samaritanos habían edificado el suyo en Gerizim pero este había sido destruido por Alejandro Janeo en el 128 a.C. La samaritana no hace pregunta alguna, sino que simplemente hace una declaración que puede comprenderse como un modo de evitar más conversación sobre temas escabrosos. Enfatizando esta gran diferencia entre los dos, la mujer quiere decir que ella y Jesús nunca llegarán a un acuerdo. Es como quien hoy día afirma que «concordamos en que estamos en desacuerdo», y que por tanto no hay más que discutir.

En el debate entre los samaritanos y los judíos, Jesús se alinea con las tradiciones de los judíos (no olvidemos que él mismo es judío) diciendo que la adoración de los samaritanos es inadecuada. Así declara: «nosotros adoramos lo que sabemos, porque la salvación viene por los judíos». Los judíos conservan la autentica revelación de Dios y a través del judío Jesús, la salvación ha llegado ahora a los samaritanos.

En el versículo 21 Jesús declara que ni la hora y lugar de los samaritanos ni los de los judíos servirán como centro de verdadera adoración. La purificación del templo (2.13-22) apunta hacia esa realidad indicando que el cuerpo de Jesús es el verdadero templo donde la humanidad reconciliada se acerca al trono de la gracia. Ahora en los versículos 23-24, Jesús expande esa referencia. «La hora» es una referencia a la hora de la exaltación del Hijo de Dios (en el Cuarto Evangelio la exaltación del Hijo es la crucifixión y resurrección de Jesús). Desde ahora los adoradores sinceros adorarán en espíritu y en verdad. Ha de notarse que en el versículo 20 la mujer menciona la adoración de acuerdo a los padres samaritanos, y que ahora Jesús habla de adorar el Padre.

Por fin, después de varios intentos de desviar el rumbo de la conversación, la mujer llega al lugar designado por Jesús como su destino e insinúa que cuando venga el Mesías este declarará todas las cosas. Esto es lo que Jesús acaba de decir. Con su declaración la mujer sugiere que cuando el Mesías venga ella aceptará su enseñanza. Por eso Jesús le declara enfáticamente: «Yo soy, el que habla contigo».

Las señales y discursos públicos del Cristo (2.1–12.50)

Aparte del juicio ante las autoridades (Juan 18) esta es la única vez en el Cuarto Evangelio que Jesús declara abiertamente quién es él. La digna respuesta de Jesús, «Yo soy», es una frase no muy común, y más adelante, en 8.58, será necesario ampliar esta explicación. Por el momento basta decir que el uso insinúa que Jesús no está ofreciendo una sencilla identificación, como «Yo soy judío», sino que apunta hacia algo fuera de lo normal. En el siguiente pasaje (vv. 27-30), la mujer confirmará que acepta la declaración de Jesús como el Mesías (v. 29).

En los vv. 27-30, la conversación con la mujer es interrumpida por el regreso de los discípulos, quienes por su parte encuentran lo que nunca esperarían: a Jesús hablando a solas con una mujer junto al pozo. Asombrados por la escena frente a ellos, ninguno se atreve a articular abiertamente sus sospechas diciéndole «¿Qué preguntas?» o «¿Qué hablas con ella?» Posiblemente el asombro, y sus sospechas, aumenten cuando observan que la mujer se va y deja su cántaro.

Por su parte ella descarta su preferencia solitaria e invita a todos los habitantes de la ciudad a acercarse a Jesús, pues ella sospecha (¿afirma?) que el que está junto al pozo es el Mesías esperado. Y quienes le escuchan se acercan al pozo para verificar lo que la mujer anuncia.

b. La comida del Cristo (4.31-38)

Mientras se acercaba el grupo de samaritanos los discípulos insistían (el tiempo del verbo sugiere una acción continua) en que Jesús comiera. Ellos habían entrado a la ciudad en busca de alimentos para el cuerpo, y aparentemente no compartieron con ninguna persona palabra alguna sobre quién les acompañaba. Al regresar encuentran al maestro hablando con una mujer desconocida y Jesús rehúsa comer. En los versículos que siguen (32-33), el papel del grupo de discípulos es comparable a la situación de la mujer antes de reconocer quién le hablaba. Ellos hablan de comida para el cuerpo; pero Jesús responde que tiene comida para alimentarse de la que los discípulos no saben. Es obvio que Jesús habla de alimento espiritual, pero los discípulos piensan que alguien (¿la samaritana?) le dio comida.

Para ayudar a la comprensión, en los vv. 34-38 Jesús aclara lo que dice. Obedecer la voluntad del que lo envió (el Padre) es la satisfacción máxima. El Padre ha encargado al Hijo con una misión

(5.30; 6.38; 7.18; 8.50; 9.4; 10.37-38; 12.49-50) y el cumplir esa misión toma prioridad sobre todo. Consecuentemente, el cumplir la misión satisface las necesidades del Señor. El tiempo de la siega ofrece entonces una excelente ilustración (vv. 35-38). Mientras el campesino espera el momento de la siega, es tiempo de descansar. Pero de repente llega el tiempo de la siega (el grupo de samaritanos que se acerca al pozo) y hay que aprovechar la oportunidad. Llega la hora en que quien sembró (Dios, quien prepara el pozo y a quienes frecuentan sus aguas) reciba fruto de su labor al gozarse con el que siega (Jesús). Los discípulos reciben la encomienda de segar en la obra de Dios —labor que ya han comenzado.

c. Creyentes samaritanos (4.39-42)

La siega de samaritanos pronuncia su fe en Jesús («creyeron en él») basándose en el testimonio de la mujer. Ese testimonio coincide con el dicho de Jesús en el versículo 38: el discípulo es invitado a participar en la obra de Dios. La mujer cosecha, aun cuando antes no había labrado. El ejemplo de la mujer ilustra una gran verdad en la obra evangelizadora de la iglesia. Nuestra responsabilidad es contar la historia de lo que el Señor ha hecho en nuestras vidas («me dijo todo lo que he hecho») y permitir que nuestro testimonio sea usado para que otros afirmen su fe en el Señor. Jesús y sus discípulos se quedan en la región por dos días, y otros se añaden al grupo de creyentes. Pero ahora cada cual tiene su propia historia que narrar: «Ya no creemos solamente por lo que has dicho, pues nosotros mismos hemos oído y sabemos que verdaderamente este es el Salvador del mundo, el Cristo». Muchos que se declaran discípulos cuentan con las historias de otros para verificar su fe. Tal fe es superficial y con el tiempo desaparece. Cada creyente tiene que tener una experiencia personal. En la ciudad samaritana encontramos que cada persona afirma que inicialmente su fe dependía del testimonio de la mujer; pero ahora son propios testigos ya que han experimentado que Jesús es el Salvador del mundo.

d. Interludio en Galilea (4.43-45)

En 4.2, el evangelista indica que Jesús parte de Judea rumbo a Galilea. Después de dos días, llega por fin a Galilea. Jesús testifica acerca de sí mismo que un profeta no tiene honra en su propia tierra.

Las señales y discursos públicos del Cristo (2.1–12.50)

El significado de este testimonio se discute entre los intérpretes. La dificultad para comprender el dicho está en la identificación de la «propia tierra». Algunos opinan que Galilea es su propia tierra, pero notamos más adelante (4.45) que los Galileos reciben a Jesús y reconocen los milagros que hizo en Jerusalén. Otros sugieren que su «propia tierra» es una referencia a Judea. Pero toda la evidencia bíblica confirma que Jesús se identifica con Nazaret y con Capernaum, ambos en Galilea. Mejor es identificar la «propia tierra» con todo Israel como el pueblo de Dios y por tanto como una referencia general a los judíos. Los judíos no aceptan a Jesús y este se embarca en una jornada, pausa brevemente en Samaria, donde encuentra que los samaritanos (aquellos que no son de su propia tierra) lo reciben, y él se queda con ellos por dos días. El tono de 4.45 es irónico: los galileos lo reciben no porque crean que él es el Mesías, como los samaritanos, sino porque vieron las señales en Jerusalén. Para enfatizar esta perspectiva, el autor trae a la memoria que fue en Caná (Galilea) donde Jesús convirtió el agua en vino. El versículo 48 confirma esta opinión pues Jesús declara que «a menos que veáis señales y prodigios jamás creeréis». Ha de notarse que en el episodio anterior los samaritanos, incluso la mujer, creen sin ver señal o prodigio alguno, sino que simplemente escuchan las palabras de Jesús.

7. Segunda señal: Salud del hijo del oficial (4.46-54)

El relato que sigue es un milagro a distancia. Los Sinópticos narran dos curaciones a distancia, la del criado del centurión (Mt 8.5-13; Lc 7.2-10) y la de la hija de la sirofenicia (Mt 15.21-28; Mc 7.24-30). Algunos intérpretes identifican el relato de Juan 4 con la historia del criado del centurión, pero hay diferencias suficientemente importantes entre los dos relatos para convencernos que son dos episodios distintos, aunque con algunas semejanzas. En los Sinópticos, el centurión es gentil; y en Juan, su posición como oficial del rey, sugiere que es judío. En Juan, el enfermo es el hijo del oficial; en los Sinópticos, es un criado. El relato en los Sinópticos tiene lugar en Capernaum, mientras que en Juan se nombran dos ciudades. En los Sinópticos, el centurión mismo exige que Jesús no vaya a su casa. En Juan, el oficial se acerca a Jesús con su petición. La decisión de ir a la casa del centurión ocurre de inmediato en los Sinópticos; en Juan, notamos un reproche de parte de Jesús, quien no baja a Capernaum. Los dos relatos son diferentes.

El oficial se acerca a Jesús y le ruega que descienda a su casa para sanar a su hijo quien está a punto de morir. Jesús pronuncia un reproche que parece insinuar que no va a ir a casa del oficial. El padre insiste y repite su petición. Sin dar otro paso, Jesús despide al oficial proclamando «tu hijo vive». El hombre cree a Jesús y va camino a su casa cuando se encuentra con sus criados, quienes le informan que el hijo ha sido curado. El milagro da como resultado la fe de la casa del oficial.

8. Tercera señal: El hombre paralítico (5.1-18)

Después de una estadía en Galilea de duración indefinida, Jesús nuevamente regresa a Jerusalén para celebrar una fiesta de los judíos. Esta es la segunda fiesta mencionada en el Cuarto Evangelio y, aunque el narrador no identifica la fiesta, con ella comienza una extensa sección del Evangelio (5.1-10.42) donde las actividades de Jesús giran alrededor de las fiestas principales del judaísmo (La Pascua [Pan sin levadura], Tabernáculos, Dedicación). Siguiendo la Ley (Ex 23.14-16), tres veces al año los judíos celebraban estas fiestas en Jerusalén. En todos los Evangelios, Jesús se presenta como un judío fiel quien cumplía con sus deberes como miembro del pueblo de Dios. En Juan, esto se amplía para identificar quién es Jesús, utilizando los símbolos de las fiestas mismas.

Los fundamentos religiosos de los judíos se expresaban a través de estas tres fiestas anuales y del sábado semanal. El ritmo de la vida nacional, familiar y personal palpitaba al son del sábado y de las fiestas. En efecto la identidad judía como pueblo de Dios exigía que cada persona comprendiese el significado de las tradiciones religiosas (las fiestas y el sábado) como se puede discernir en el Pentateuco y la Misná. (La Misná es una colección de la antigua tradición oral judía. Aunque su versión presente tiene su origen en el segundo siglo de nuestra era, contiene tradiciones que se remontan al siglo 2 a.C. En su composición, la Misná es una colección de «Tratados Misnaicos» que tratan acerca de numerosos temas de la vida y religión de los judíos —entre ellos, tratados sobre el sábado y sobre las fiestas. La Misná nos ofrece una fuente para comprender mejor las costumbres y

Las señales y discursos públicos del Cristo (2.1–12.50)

tradiciones asociadas con las fiestas de entonces). El cuarto evangelista hace uso de la participación de Jesús en las fiestas para mostrar cómo Jesús cumple todo aquello que es prometido o anticipado por las fiestas. En el prólogo, el evangelista informa que «la Ley fue dada por Moisés, pero la gracia y la verdad nos han llegado por medio de Jesucristo». Mientras esa referencia afirma la importancia de la Ley, al mismo tiempo indica que en Jesús Dios trae gracia y verdad para su pueblo —es decir, que la plenitud revelada en Cristo Jesús (1.18) supera el don de la gracia a través de la Ley. En su presentación de las fiestas, Juan primero muestra cómo Jesús reinterpreta la fiesta misma (a menudo a través de algún dicho o actividad controversial) y luego reproduce un discurso de Jesús que ilumina esa reinterpretación. Con la encarnación del Verbo, el pueblo de Dios ha de marchar a otro ritmo, y la decisión de seguir al Hijo ha de alterar el curso de la vida. El evangelista dramáticamente presenta ese cambio en el episodio del paralítico que había sufrido por espacio de treinta y ocho años. Este ha de decidir entre Jesús y las tradiciones del sábado.

La frase «después de esto» es común en Juan para señalar el comienzo de una nueva sección (6.1). «Subir» a Jerusalén es una expresión verbal que enfatiza no tanto la posición geográfica de la ciudad como su importancia religiosa —el pueblo de Dios sube (asciende) para encontrarse con su Dios. En cuanto a «la puerta de las Ovejas» el texto original dice sencillamente «de las Ovejas», y por tanto la frase puede asignarse a la puerta (como dice nuestra versión) o al estanque de agua (piscina) que tiene un papel importante en la historia que sigue. Las numerosas ceremonias en el templo requerían baños rituales, y por tanto el estanque puede ser el que aparentemente se usaba para lavar a las ovejas antes de que fueran sacrificadas, como sugiere uno de los rollos del Mar Muerto (3Q15, el rollo del tesoro). La referencia a los cinco pórticos da evidencia de un testigo ocular, ya que cuando fue escrito el Evangelio, a fines del primer siglo, el templo ya estaba en ruinas.

Junto al estanque de agua y bajo la protección ofrecida por los pórticos, se amontonaban grupos de enfermos, paralíticos, ciegos y cojos, todos en busca de sanidad. La lista de enfermos empleada por el evangelista representa a la humanidad en su necesidad más básica y visible: la salud física. ¿Por qué se congregaban allí? El texto original no explica. Aparentemente el sitio tenía reputación como un lugar de curaciones. Basándose más en la referencia al movimiento de las aguas, en el versículo 7, que en alguna evidencia histórica, un copista añadió la explicación «paralíticos que esperaban el movimiento del agua. Porque un ángel del Señor descendía en ciertos tiempos en el estanque y agitaba el agua. Por tanto, el primero que descendía al estanque después del movimiento del agua quedaba sano de cualquier enfermedad que tuviera». La evidencia textual de estas líneas es muy pobre (es decir que no aparecen en muchos manuscritos), y el vocabulario es tan diferente al que es típico de Juan, que no hay duda de que la explicación no es parte del texto original. Por qué y cómo se agitaba el agua, no se nos dice.

Podemos imaginar, aunque el texto no lo menciona, que el lugar donde se encontraban los enfermos no era frecuentado por «los piadosos» ya que el toque de uno de los enfermos contaminaba, y descalificaba a la persona para entrar al templo a menos que llevase a cabo un rito de purificación. Pero no nos sorprende que allí se encuentre Jesús, en medio de la humanidad en sus sufrimientos, entre gentes aisladas del resto de la sociedad, en espera de lo imposible. Juan ahora describe a uno entre la multitud. La tendencia literaria del evangelista se inclina a ser sucinta, esto es, a emplear el diálogo breve y eliminar toda información que pudiera ser obvia. (Por ejemplo, ¿cómo sabe Jesús que el hombre ha estado enfermo por treinta y ocho años? Obviamente hubo un intercambio entre los presentes). Juan narra la historia sin añadir detalles. Por treinta y ocho años este pobre hombre ha estado solo junto al estanque, pues no tiene a nadie que le ayude a meterse al agua (7).

La pregunta de Jesús («¿quieres ser sano?») parece ser fría e indiferente al sufrimiento del hombre, mas, en realidad, la señala el interés del Señor por la necesidad del enfermo y dirige al enfermo hacia una decisión crítica. El hombre responde afirmando su necesidad ya que nadie se preocupa por él — ¡nadie le ayuda a meterse al estanque! En pocas palabras Juan ha pintado un cuadro patético. Por treinta y ocho años este pobre hombre yace inmóvil junto a un estanque de agua sanadora, pero nadie le ayuda siquiera a meterse al agua. Cerca de él se encuentran las aguas curativas del estanque, pero la distancia es formidable para quien se encuentra en su condición.

Las señales y discursos públicos del Cristo (2.1–12.50)

Jesús no le ayudará a meterse al agua, sino que le ordenará hacer lo imposible y hasta prohibido: «Levántate» es imposible, pues por treinta y ocho años el hombre ha estado enfermo. «Toma tu cama y anda» es prohibido, pues «aquel día era sábado» (9b). Puesto que el sábado era una de las observancias más importantes de los judíos (5.1), seguramente todos en la historia (incluso el paralítico) estarían atentos a esta realidad que resaltaría en vista de las actividades y ceremonias celebradas en su derredor y en el templo. El hacer lo imposible y hasta prohibido, levantarse y andar, es violación de una de las tradiciones más atesoradas por los judíos (el verbo *anda* está en el imperfecto, y tiene por tanto el sentido de «toma tu cama y sigue caminando con ella en carga»). A ello se debe la intervención de los judíos. En mi opinión Jesús le presenta al paralítico una decisión que él debe tomar. Puede obedecer la ley del sábado y quedarse acostado en su cama, o puede desobedecer la ley y andar. El pobre enfermo se enfrenta a un dilema al que toda persona se enfrenta cuando se encuentra con Jesús: quedarse en el eje horizontal y temporal o trasladarse al eje vertical y eterno. La primera opción es bien conocida y por tanto atractiva por su familiaridad. Y, ¿no es esa la situación de la Iglesia hoy día? Después de tantos siglos, ciertas tradiciones y prácticas están tan sembradas en la conciencia social que ni siquiera imaginamos la posibilidad de hacer algo diferente e inesperado que cambie nuestra situación. Vemos que el éxodo de millares de personas de nuestras iglesias resulta en congregaciones y denominaciones débiles como el paralítico de nuestra historia. Tristemente, muchos prefieren permanecer en su debilidad que hacer lo inesperado. Lo que Jesús le pide al paralítico que haga le llevará a una situación no muy familiar y a territorios desconocidos; pero las posibilidades de un cambio radical son también muy atrayentes.

De inmediato el hombre es sanado, toma su cama y sale andando con ella. Sin rodeos, Juan le informa al lector que era sábado, y por tanto quienes se afanan por guardar las tradiciones de los judíos le informan al hombre que no le es lícito llevar la cama. Esta forma literaria de añadir al final detalles críticos de la historia es típica en los escritos hebreos. Se ve, por ejemplo, en el modo en que se narra la tragedia y el pecado de David con Betsabé, que le «pareció malo a los ojos de Yahvé» 2Sa 11.27. En respuesta a lo que le dicen, el paralítico expresa sucintamente su comprensión teológica, aunque ni sabe la identificación de quien le curó, y deposita toda culpa por su presente acción (llevar la cama) sobre los hombros de quien le dio la orden. La persona que lo sanó le ordeno que tomara la cama, y en su opinión quien tiene autoridad para sanarle tiene también autoridad para ordenarle que se desentienda y hasta viole las tradiciones en torno al sábado.

Jesús y el hombre se encuentran un tiempo después en el templo. Dada su condición física, esta puede ser la primera vez en treinta y ocho años que este hombre entra al templo. Las palabras de Jesús, al tiempo que reconocen la curación del hombre, insinúan una relación entre la enfermedad y el pecado («no peques más»). Más adelante, en el capítulo 9, Jesús desafía esa la idea de que la enfermedad es consecuencia del pecado del enfermo; pero no cabe duda que sí existe una conexión entre la enfermedad y el pecado, aunque no se trate de una relación directa entre la enfermedad de una persona y algún pecado que pueda haber cometido.

En ningún momento el hombre muestra gratitud por lo que Jesús hizo por él, ni mucho menos confiesa a Jesús como su Señor. Su reacción es un poco difícil de entender. Ante los judíos que le interrogan, revela el nombre de su benefactor. Esta reacción resulta en la decisión de los judíos de perseguir (*ediokon*) a Jesús. El tiempo verbal, que es el imperfecto, indica una continua acción de «perseguir» en el sentido de presentar una acusación contra Jesús —esto es, una acción judicial. Esta es la primera vez en el Evangelio que se menciona la decisión de los líderes judíos de perseguir a Jesús en un sentido legal. De aquí en adelante Juan presenta un proceso judicial en el que los judíos son los fiscales y Jesús quien se defiende. Los versículos 17 y 18 introducen la base del discurso que aparece en 19-47, y resumen el discurso mismo. Jesús identifica su obra (curación del paralítico en el sábado) como obra de Dios («mi Padre») quien aun ahora trabaja. La tradición bíblica declara que Dios creó todo en seis días y que descansó en el séptimo (Gn 2.2-3) pero el consenso rabínico afirmaba que el mundo no se sostenía a sí mismo, sino que necesitaba de la mano soberana de Dios. Por tanto Dios obra aun ahora, pero en contradicción del sábado, pues ya que el universo es su dominio, Dios obra en su propia casa. Dios puede, entonces, trabajar en el sábado.

Las señales y discursos públicos del Cristo (2.1–12.50)

Sobre la base de la declaración de Jesús en cuanto a su obra y la de Dios, los judíos deducen que Jesús reclama ser igual a Dios. Hoy día no es raro encontrar creyentes, y aun no creyentes, que usen la frase «mi Dios» para referirse al Soberano. En el Antiguo Testamento y en la tradición judía es raro encontrar tal uso.

9. Tercer discurso: El Hijo divino (5.19-47)

a. El Padre y el Hijo (5.19-24)

Jesús responde a la decisión de sus adversarios con un extenso discurso (vv. 19-47) que constituye su defensa contra las acusaciones de los judíos. En el prólogo (1.1-5, 17-18), y después en el discurso con Nicodemo (3.16-18), el evangelista ha subrayado la relación entre Jesús y Dios el Padre. La acusación de 5.18 («haciéndose igual a Dios») requiere que Jesús defienda su posición aclarando su relación con Dios y con sus obras. Empleando la experiencia común entre padre e hijo, cuando este último es aprendiz del primero, Jesús pinta un cuadro ilustrativo de lo que él dice con la frase crucial que pronunció en el versículo 17. En el taller, el aprendiz se somete a la dirección de su superior y no actúa por su propia cuenta sino que observa lo que el maestro hace y emula sus actividades. De la misma manera, el Hijo (Jesús) no hace nada en sí mismo; esto es, lo que él hace lo hace porque ha observado las cosas que el Padre hace y las repite. El punto de esta primera oración es que las obras de Jesús son conforme al patrón visto en el Padre. Las palabras de Jesús son conforme a las de Moisés en Números 16.28: «En esto conoceréis que Yahvé me ha enviado para que hiciera todas estas cosas, y que no las hice de mi propia voluntad».

Esta afirmación depende de cuatro explicaciones, introducidas por el término griego *gar* que no se traduce en los versículos 19c y 21; pero que en el 20 y el 22 se traduce como «porque». (La palabra *gar* funciona, tanto como un indicador para mostrar causa o razón de algo, como para explicar o inferir algo, e incluso para mostrar continuidad). Los primeros dos usos (vv. 19, 20) identifican las obras del Hijo con las del Padre, mientras que los últimos dos (vv. 21, 22) aclaran la naturaleza de esas obras. Las obras de Jesús (tal como la curación del paralítico en el sábado) resultan porque el Padre ama al Hijo y le ha mostrado todas las cosas. Por ello, Jesús las hace igualmente. No obstante la extraordinaria obra atestiguada en este capítulo (curación del paralítico), los adversarios («vosotros») se asombrarán cuando vean las obras que están por delante. El Hijo da vida y el Hijo juzga —dos actividades que en el Antiguo Testamento y en la tradición judía se atribuyen únicamente a Dios.

De acuerdo al judaísmo, Dios Padre es el único que puede levantar a los muertos (Dt 32.39; 1 S 2.6; 2 R 5.7) y el único que puede dar vida (*zoopoieo*, palabra que aparece en Juan únicamente aquí y en 6.63 para indicar que solamente el Espíritu y las palabras de Jesús pueden dar vida). En contradicción a la enseñanza del judaísmo, Jesús ahora indica que él también da vida a quienes él quiere. No cabe duda que quienes oyen estas palabras quedarán atónitos, pues Jesús reclama tener el poder y la autoridad para hacer lo que solamente Dios puede hacer —dar vida. El lector ya está al tanto de esta enseñanza por lo dicho hasta aquí —el Hijo se presenta como el Verbo-Luz, a través de quien todo fue creado, y quien tiene potestad para salvar a quienes creen en su nombre.

La cuarta explicación (v. 22) autoriza a Jesús para realizar otra activad reservada solamente para Dios: juzgar a la humanidad. Este juicio le es delegado por el Padre (quien no juzga a nadie) al Hijo (quien juzga a todos, incluso a los adversarios, a quienes se enfrenta en esos momentos).

Todo esto (vv. 19-22) resulta en la honra del Hijo, de la misma forma que se honra a Dios Padre. Quien no honra al Hijo no honra al Padre. El versículo 23 conduce a la perspectiva joanina que no admite creyentes de medio compromiso ni acepta otras opciones para la vida eterna. Jesús es la única opción. En el siguiente capítulo encontraremos que después del discurso sobre el pan de Vida, muchos deciden no seguir más a Jesús, quien era muy exigente en sus demandas —particularmente en cuanto a la lealtad debida a él. Al confrontar a los discípulos que no le han abandonado, estos responden que no tienen otra opción pues es en Jesús que tienen vida eterna. No existe otra opción. El versículo 24 une las dos actividades al declarar: «De cierto, de cierto os digo: El que oye mi palabra y cree al que me envió tiene vida eterna, y no vendrá a condenación, sino que ha pasado de muerte a vida». Esta enseñanza es una de las expresiones

Las señales y discursos públicos del Cristo (2.1–12.50)

más claras de la escatología realizada de Juan: quien oye (en el sentido de obedecer) las palabras de Jesús y cree en Dios (el uso del idioma sugiere un paralelismo sinónimo) ya no vendrá a condenación sino que ha pasado de muerte a vida.

b. El Hijo y el juicio (5.25-29)

Este párrafo retoma y amplía el tema principal del que le precede. El concepto teológico de que el Padre resucita a los muertos (v. 21) ahora se expresa de manera diferente con Jesús, el centro de la actividad de llamar a los muertos. Los muertos oirán la voz del Hijo de Dios, y los que oyen (en el sentido de obedecer) vivirán. Esta es la primera de tres veces en este Evangelio en que Jesús se refiere a sí mismo como «Hijo de Dios» (10.36; 11.4; véase también 19.7). Normalmente Jesús usa la frase «Hijo del Hombre» para referirse a sí mismo (1.51; 3.13, 14; 5.27; 6.27, 53, 62; 8.28; 9.35; 12.23, 34; 13.31). El uso de la frase «Hijo de Dios» en la declaración de propósito del evangelista (20.31) indica que esta identificación es la más importante para Juan. Juan comenzó su evangelio con la afirmación de que Jesús había existido con Dios desde el principio y que era Dios. En 5.17-18 se alude a la unidad de Jesús con Dios desde la eternidad y esto despierta sospechas entre sus adversarios, quienes le acusan de blasfemia. No solamente Jesús declara que la voz que levantará a los muertos es la suya, sino que usa el apelativo «Hijo de Dios» en un contexto que deja pocas dudas de su intención. Declara el Señor que la sospecha de los adversarios es correcta, ¡él mismo se declara igual a Dios! Esta igualdad no es como la que reclamamos al consideramos hijos e hijas de Dios, sino que, como veremos más adelante, Jesús es intrínsecamente, en su esencia y naturaleza, Hijo de Dios en el sentido de ser Dios mismo.

La vida que Jesús ofrece no es únicamente futura, sino que comienza al instante («la hora viene, y ahora es») en que la persona oye el llamado de Dios en Cristo y confiesa su fe en el Hijo. El episodio de la curación del paralítico ilustra esta afirmación, ya que este oye la voz de Jesús quien le instruye a tomar su cama y cargar con ella. El hombre obedece la voz de Jesús, aunque entiende que ha de violar la Ley. ¿Cómo puede Jesús hacer tal afirmación acerca de sí mismo? Porque (y aquí aparece la palabra *gar* nuevamente), como el Padre, él tiene vida en sí mismo. Otra vez Jesús reclama para sí una de las actividades que el judaísmo consideraba divina, el dar vida. En Génesis 2.7 Adán es un simple muñeco de barro hasta que Dios sopla el don de vida en su nariz. Es entonces y solamente entonces, que viene a ser un ser viviente. Según el Salmo 36.9, en Dios está el manantial de vida, y solamente Dios muestra la senda de la vida (Sal 16.11). Muchos otros textos afirman esta perspectiva bíblica: toda la vida tiene su origen en el Padre —toda la vida menos la suya propia ya que la vida es inherente a su ser. Jesús declara que, como el Padre, él también tiene vida en sí mismo —esto es, que la vida es inherente a su propio ser.

Regresando al tema del juicio, Jesús reitera que tiene autoridad para juzgar, una característica reservada para Dios, quien es «el Juez de toda la tierra» (Gn 18.25) y «el Juez» (Jue 11.27). Jesús tiene esta autoridad porque es «Hijo de Hombre». En el griego, este título normalmente viene acompañado de un artículo definido, pero en este pasaje no se usa artículo alguno que equivalga a «el». La frase «el Hijo de Hombre» es el título favorito que Jesús se da en los Evangelios y, según la gran mayoría de los intérpretes el trasfondo histórico-escriturario es el Hijo del Hombre mencionado en Daniel, un ser celestial quien ha recibido «dominio, gloria y reino, para que todos los pueblos, naciones y lenguas le sirvieran; su dominio es eterno, que nunca pasará, y su reino, uno que no será destruido» (Dn 7.14). En este contexto, sin el artículo definido, la frase expresa la idea de que Jesús será quien nos juzgará al final, porque él también es hombre. No obstante la realidad de la vida eterna presente y el hecho de que los muertos que oyen su voz tienen vida eterna ahora, los versículos 28-29 apuntan hacia el futuro, es decir, hacia el juicio final. En ese día final toda la humanidad, sin excepción, oirá la voz del Hijo y todos serán resucitados para presentarse ante el Juez (el Hijo) quien pronunciará el veredicto en base a la respuesta de cada persona al llamado. Los que practicaron el mal (quienes no obedecen la voz) resucitarán para condenación; los que practicaron el bien el bien (los que obedecen la voz), para vida eterna.

En espacio de dos párrafos vemos en el Cuarto Evangelio tanto una escatología realizada como una escatología futura. No hay contradicción entre las dos a menos que enfaticemos una en perjuicio de la otra. Hay quienes ven el todo de la existencia humana en el mundo presente, optan por la escatología realizada y afirman que todo

Las señales y discursos públicos del Cristo (2.1–12.50)

lo que Jesús ofrece ha de obtenerse ahora, pues no hay condenación ni recompensa futura. Otros ven la existencia futura como lo único que importa, y niegan la realidad de que Jesús vino para que tengamos vida en abundancia desde ahora. Tenemos que mantener nuestra perspectiva en las dos opciones, pues ambas son importantes.

c. Testimonio acerca del Hijo (5.30-47)

Continúa el discurso comenzado en 5.19, pero ahora se concentra en el testimonio de Jesús. El estilo literario (oral) del discurso cambia con el v. 30. Hasta este momento en el discurso Jesús se refiere a sí mismo usando la tercera persona («el Hijo no puede hacer... el Padre ama al Hijo... el Hijo da vida...») En el versículo transicional encontramos el uso de la primera persona singular ocho veces («Yo doy... mí mismo... oigo... juzgo... mi juicio... no busco... voluntad mía... me envió»). Empleando una estructura jurídica o forense, el evangelista presenta en labios de Jesús su defensa frente a los adversarios. En los vv. 31-47, una serie de testigos son llamados a declarar a favor del Hijo: otro (32), Juan (33-35), las obras (36), el Padre (37), las Escrituras (39) y la Ley de Moisés (45). Juntos, estos testigos confirman el testimonio del Hijo. El tono defensivo cambia bruscamente en 41-47, donde el Hijo pronuncia un veredicto contra sus acusadores.

En el código legal de Israel era necesario producir testigos válidos (verdaderos) y el testimonio de una sola persona no tenía validez legal (Dt 19.15). Por ello Jesús afirma que si él da testimonio de sí mismo tal testimonio no es válido (31). No es que Jesús esté presentando testimonio, sino que está presentando una suposición —que si él testificara de sí mismo su testimonio no sería válido. Pero él no depende de su propio testimonio pues hay otros que testifican a su favor.

Algunos comentaristas opinan que el «otro» que da testimonio de Jesús (v. 32) es Juan el Bautista. El énfasis en los versículos 33-34 cae sobre el testimonio que los adversarios solicitaron y recibieron de Juan, y Jesús afirma que testimonio de hombre (como el solicitado de Juan) él no lo recibe —esto es, no lo ofrece como parte de su defensa. La referencia es al Padre cuyo testimonio Jesús ha mencionado varias veces en el discurso. Jesús tiene pleno conocimiento de su misión y de su relación con el Padre y por tanto está seguro de que el testimonio que este da de Jesús es verdadero. Puede ser que los adversarios no acepten el testimonio del Padre por la sencilla razón de que no pueden discernir su testimonio, y menos verle. Pero Jesús, quien está en plena comunión con Dios desde el principio, sí reconoce el testimonio de parte de Dios y ese testimonio es suficiente.

En su investigación de la misión del Bautista, los judíos enviaron una delegación para evaluarle (1.19-28). No sabemos cuánto del testimonio del Bautista la delegación escuchó y comprendió. El Bautista confesó clara y repetidamente que él no era el Mesías y que después de él venía uno que estaba por encima de él (esto es el Mesías). Después el Bautista pronuncia otro testimonio a favor de Jesús al declarar que Jesús es el Cordero de Dios que quita el pecado del mundo. Sin embargo, Jesús alega que esta delegación fue comisionada por los judíos, y que él no acepta el testimonio de hombre. ¿Por qué? Porque el testimonio de hombre, aun de un hombre como Juan, es limitado y pasajero (aunque este Evangelio no nos habla de las dudas de Juan en la cárcel, como sí lo hacen los Evangelios Sinópticos). ¿Qué uso tiene entonces el testimonio de Juan? La atención al testimonio de Juan ayuda a que los judíos se dirijan al camino adecuado, al inicio del camino a la salvación. ¿Por qué? Porque Juan era (el tiempo verbal es el pasado, ya que es posible que Juan esté encarcelado o que ya haya muerto) una lámpara que ardía y alumbraba. Observando la luz que ardía en Juan, los judíos («vosotros» se encuentra en posición enfática en el griego) buscan regocijarse momentáneamente en él — es decir, no tomaron a Juan en serio. Por tanto no le entendieron y no se comprometieron a seguir sus pasos y enseñanzas. En verdad, Juan apuntaba hacia un propósito definido y sus palabras acerca de Jesús han de tomarse en serio. Pero, no obstante el importante papel que el Bautista tiene como precursor, su testimonio sencillamente dirige a quienes lo escuchan a considerar la venida del Mesías, y por tanto ese testimonio no es suficiente.

Jesús ofrece en testimonio, mejor que Juan, las obras que él mismo hace. El uso del pronombre «yo» y su posición en la oración enfatizan la importancia del testimonio que Jesús presenta. El testimonio de Juan es importante, pero es de hombre; «pero yo» declara Jesús, tengo mejor testimonio basado en quien yo soy. Existe una gran diferencia

Las señales y discursos públicos del Cristo (2.1–12.50)

entre el resto de las personas y Jesús, pues en él sí vemos al Verbo encarnado, la majestad de Dios humanizada. El mejor testimonio son las obras que Jesús cumple (la curación del paralítico que fue lo que le dio lugar a este discurso). Estas no son simplemente las obras que él desea hacer, sino que son las que el Padre le ha dado para cumplir. Las obras a que aquí se refiere incluyen la curación narrada antes, y consecuentemente esas obras son extraordinarias, pues en 15.24 se describen como «obras que ningún otro ha hecho». Las obras del Hijo son idénticas a las del Padre (14.10), ya que el Padre le muestra al Hijo todo lo que él hace para que el Hijo lo cumpla (5.19). ¿En qué manera pues testifican las obras de Jesús? Las obras contienen las marcas de la acción divina y señalan a la naturaleza divina del Hijo (de aquí su designación en el Cuarto Evangelio como «señales»). Los adversarios de Jesús han visto con sus propios ojos y han conversado con el hombre que fue milagrosamente curado junto a la Puerta de las Ovejas. Sin embargo, ignoran lo que la obra implica y acusan al Señor de obrar en el sábado. Lo irónico del relato de la curación es que los judíos centran su interés en la orden de llevar la cama durante el sábado en vez de estudiar el milagro que ha tenido lugar.

El testimonio de las obras cobra más importancia porque el Padre envió al Hijo. Las obras reflejan la relación entre el Hijo y el Padre. Los acusadores jamás habían oído la voz de Dios ni le habían visto. Dependían solamente de las señales o maravillas que Dios obra (la cuales Jesús ahora cumple) y de la Palabra de Dios revelada en las Escrituras. Pero al acusar al Hijo de pecado, los adversarios muestran que no creen en el Hijo y que por tanto la palabra de Dios no mora en ellos. Si la palabra de Dios morara en ellos, habrían creído el testimonio del Hijo. Esta declaración (37-38) deja claro que solamente quienes creen en el Hijo pueden ver y entender el testimonio del Padre. La teología joanina no admite la posibilidad de ser un observador imparcial quien se sienta para juzgar el testimonio que se le presenta y luego decide si va a creer en Jesús o no. Primero hay que creer, y después se recibe el testimonio de parte de Dios. Solamente la experiencia de «creer» hace posible el conocimiento del testimonio. Las señales en Juan presentan el ejemplo por excelencia. Muchos observan los milagros, y muchos ven con sus propios ojos el milagro realizado; pero solamente los creyentes ven la obra de Dios que se cumple, incluso en el sábado.

Juan

En el versículo anterior, Jesús menciona la palabra de Dios; ahora les recuerda a sus adversarios sus prácticas como estudiantes. Los judíos eran conocidos por su diligencia en el estudio de las Escrituras; por eso se llamaban el pueblo del Libro. El griego es un poco ambiguo. ¿Está el verbo en modo imperativo? (¡Examinad las Escrituras!) ¿O está en indicativo? (Examináis las Escrituras) El indicativo tiene mejor sentido en este contexto. Los judíos examinan las Escrituras porque en su opinión en ellas pueden obtener vida eterna. El estudio de las Escritura implica que van por buen camino, porque «ellas son las que dan testimonio» de Jesús. Jesús insinúa que el celo judío por la lectura bíblica está mal encaminado porque las Escrituras han de leerse cristológicamente —esto es, las Escrituras testifican acerca de Jesús. Jesús no aclara cuáles Escrituras en particular tiene en mente. En Lucas 24 dos entristecidos discípulos se encuentran con el Jesús resucitado, cuando van camino a Emaús. Interpretando las Escrituras, Jesús muestra lo que Moisés y los Profetas decían de él (Lc 24.27). Aquí (Juan 5), Jesús sencillamente declara el testimonio de las Escrituras y deja que sus oyentes formulen detalles y opciones. Pero la realidad es que «vosotros no queréis venir a mí». No obstante su devoción al estudio y su reverencia por las Escrituras, el problema básico de tales personas es cuestión de voluntad. Los adversarios se oponen a Jesús por su propia voluntad. Jesús ofrece salvación, pero ellos rechazan la oferta.

La situación no es muy diferente hoy día. Pensamos que el conocimiento de la Biblia es suficiente para la salvación y dedicamos esfuerzos máximos a escudriñar las Escrituras (todo lo cual es muy importante y debe hacerse). Sin embargo, las personas no se rinden al Señorío de Jesús porque no quieren someter su voluntad a la de Dios.

La defensa se torna acusación cuando Jesús, anticipando que sus adversarios le acusarán de actuar por su propio bien —esto es, de comportarse egoístamente— declara que no recibe gloria de los hombres. Además, reconoce que las acusaciones que hacen los judíos no proceden porque no aman a Dios. La frase puede traducirse objetivamente: no tienen el amor de Dios en ellos y por tanto no actúan con amor hacia Jesús, quien ha declarado varias veces que ha venido del Padre, y ha ofrecido una serie de testimonios (Dios, Juan el Bautista, las obras, el Padre, las Escrituras). Pero los judíos no aceptan su testimonio. Si otro viene en su propio nombre (una alusión a la frecuencia con que aparecían los pretendientes mesiánicos en la era neotestamentaria) a ese sí le aceptan. La imposibilidad que tienen de creer se debe a su glorificación de sí mismos. En busca de su propia gloria no se ocupan en buscar la gloria de Dios.

Jesús no tiene que acusarles, pues ya tienen acusador: Moisés, el mismo cuyas Escrituras ellos escudriñan y que dicen ser la base de todas sus esperanzas. Si verdaderamente creyeran el testimonio de la ley mosaica entonces creerían en Jesús, ya que Moisés escribió acerca de Jesús. Jesús concluye declarando que si ellos no aceptan el testimonio de Moisés a favor de Jesús, ¿cómo se puede esperar que reciban el testimonio del Hijo?

10. Cuarta señal: Alimentar a la multitud (6.1-15)

Los pasajes que siguen son fundamentales para comprender la actividad e identidad mesiánica de Jesús y para apreciar el antagonismo incipiente entre Jesús y los líderes religiosos. Con los participantes en los episodios que siguen, el lector anticipa un nuevo éxodo propuesto por Jesús. Los líderes inquieren en cuanto a la identidad de Jesús pero las respuestas ofrecidas por Jesús solamente causan más fricción y división. El evangelista da señales de que la fiesta de la Pascua se acercaba (6.3) al hablar sobre pan en el desierto, un milagroso cruce del mar y murmuraciones en el desierto, todos ellos elementos bien conocidos en la memoria nacional, y relacionados con la celebración de la Pascua. Pero este nuevo éxodo tendrá lugar a través de la muerte de Jesús, el Cordero de Dios.

El primer pasaje (1-15) es el único milagro del ministerio público de Jesús que aparece en los cuatro Evangelios canónicos. Estilísticamente, la escena es semejante a muchas otras en los Sinópticos: una multitud acompaña a Jesús y espera ver obras milagrosas.

El comienzo de la historia en Juan («Jesús fue a la otra orilla») parece ir contra la cronología joanina. En 4.46, después de su breve estadía en Samaria, Jesús regresó a Galilea y allí (en Caná) efectuó una curación a distancia (pues el hijo enfermo se encontraba en Capernaum). Pero ahora vemos en Juan 6.17 que Jesús y sus discípulos cruzan el lago rumbo a Capernaum, o sea que se encuentran en el lado del lago opuesto a Capernaum, aunque Juan no ha dicho cómo llegaron allá. Según los Sinópticos Jesús había estado en Galilea y se retiró de Capernaum a un lugar desierto al otro lado del lago (Mc 6.32). Por tanto, después cruza a Capernaum. Por eso muchos comentaristas invierten el orden de los capítulos 5 y 6 de Juan. En tal caso, según el Evangelio de Juan, el cruce tiene lugar desde Capernaum, y Jesús regresa a Capernaum en 6.17.

No obstante las dificultades, preferimos el orden tradicional, ya que no existe evidencia textual que sugiera tal cambio del orden de los episodios. La mayoría de los comentaristas están de acuerdo en que el autor de nuestro Evangelio no muestra mucho interés en el orden histórico tal como se conserva en los Evangelios Sinópticos. Por razones teológicas Juan traslada la purificación del templo del fin del ministerio público al principio de ese ministerio (2.1-11). Además, el punto de referencia (punto de partida) es Jerusalén, y el evangelista narra que Jesús viaja de Jerusalén a un lugar no identificado al otro lado del lago —la costa norte. No indica por nombre dónde se encuentran Jesús y sus seguidores, así que en la geografía de Juan Jesús simplemente se encuentra al «otro» lado del lago, y el evangelista no está interesado en explicar cómo llegó allá. A mi entender, Juan toma las historias del cruce del mar y de la alimentación de los 5,000 (que se encuentran juntas en todos los Evangelios) y las narra tal como las encuentra en la tradición cristiana. Su interés es lo que los dos eventos juntos indican acerca de Jesús, y las murmuraciones de los presentes.

Hemos de tener en cuenta que el discurso anterior, en 5.19-47, tampoco señala el lugar geográfico en que tiene lugar, de modo que no es sorprendente para el lector encontrar a Jesús en Galilea —después de todo, Jesús se conoce como galileo (1.45). El lector puede negociar el cambio de lugar asumiendo que la fiesta del capítulo 5 ya terminó y Jesús regresó a Galilea. De Capernaum Jesús cruza el lago a la región de Tiberias. Esto explica por qué el lago tiene dos nombres en 6.1.

Algún tiempo después Jesús se encuentra nuevamente en Galilea, cerca del Mar de Galilea —el nombre judío para el lago que tanto ofrecía, económicamente hablando, para quienes vivían en sus orillas. Recordemos que muchos de los discípulos dependen del lago para el sostén de sus familias. Aparentemente los hijos de Zebedeo tenían una empresa de pesca con su padre. El lago también era conocido como

Las señales y discursos públicos del Cristo (2.1–12.50)

el mar de Tiberias por los grecorromanos de la región en honor a la ciudad con el mismo nombre, fundada, según el historiador Josefo, en el año 20 de nuestra era.

El tiempo de los verbos en el versículo 3 (pretéritos imperfectos: «le seguían . . . veían . . . hacía») denota continuidad: la multitud continuaba siguiéndole, y continuaba viendo los milagros que él continuaba haciendo. Para el lector familiarizado con los relatos Sinópticos, la escena que Juan pinta es de Jesús caminando por la región, obrando milagros (aunque la palabra aquí es «señales», lo que no necesariamente implica milagros, pues que la purificación del templo es una señal pero no un milagro) y con una multitud que le rodeaba y seguía. Esta acción continua de la multitud implica por lo menos curiosidad de parte de muchos, y en algunos casos hasta devoción al maestro (como veremos en 6.60-71). La multitud le seguía, supuestamente en barcas, pero por el momento a Juan no le interesan estos detalles.

Veían las señales que Jesús hacía. Quien lee el Evangelio sabe de dos en particular: convertir el agua en vino y la curación del paralítico. Pero sabemos que Juan selecciona su presentación de milagros. Jesús sube al monte y toma la postura de maestro, pues se sienta para enseñar a sus discípulos. Los Sinópticos explícitamente indican el acto de enseñar; en Juan el acto es implícito («se sentó con sus discípulos»). La escena es típica de los Sinópticos: una multitud sigue a Jesús, quien aprovecha la oportunidad para enseñar.

El autor hace una pausa en su narración para informar al lector que se acercaba la fiesta de la Pascua. Ya han pasado varios meses desde la celebración de la fiesta que se menciona pero no se identifica en el capítulo 5. Aunque la fiesta se acerca, encontramos a Jesús caminando por las regiones de Galilea. (Dicho sea de paso, al cruzar el lago Jesús esta alejándose de Jerusalén en vez de acercarse). Aparentemente Jesús no piensa ir a Jerusalén para la celebración de la fiesta, lo que era obligación de todo varón judío. Quizás la verdad que se verá en 7.1 ya está en efecto: Jesús no quiere andar por Judea ya que los judíos — esto es los líderes que se oponen a Jesús— lo quieren matar. Jesús se sienta para enseñar a sus discípulos. Juan parece insinuar que la multitud está con ellos, escuchando la enseñanza (véase Lc 11).

A diferencia de los Sinópticos, Juan no incluye referencia al retiro de Jesús y sus discípulos a un lugar desierto con intención de descansar por un tiempo. Al notar la ausencia de Jesús, según los Sinópticos, la multitud le busca, y cuando le encuentran Jesús comienza a enseñarles. Por tanto, la multitud ha estado con Jesús un tiempo y el día ha avanzado. En los Evangelios Sinópticos los discípulos toman la iniciativa pidiéndole a Jesús que despida a la multitud para que puedan ir por las aldeas cercanas, buscando comida (Lc 11). En el Cuarto Evangelio toda la acción, incluso la iniciativa, está bajo el control de Jesús. Él es quien ve a la multitud que se acerca y es él quien se preocupa por su bienestar físico (Mc 6.37) y pregunta «¿De dónde compraremos pan para que coman estos?». El vocablo «pan» se usa para referirse colectivamente a los alimentos. Más adelante en este capítulo se usará metafóricamente en el sentido de vida eterna. La pregunta se dirige a Felipe en particular porque él es de Betsaida (1.44) y tendría mejor idea que los demás sobre la disponibilidad de alimento en el área.

Parentéticamente el autor informa que Jesús sabía de antemano lo que iba a hacer, y su interrogativa era para «probar» a Felipe. En los Evangelios el vocablo «probar» se usa normalmente en forma negativa, particularmente cuando los adversarios de Jesús buscan atraparlo de alguna manera (8.6; Mt 16.1; 19.3; 22.15., 18, 35; Mc 8.11; 10.2; Lc 11.16). La demanda de señales para validar lo que Jesús hace y dice es una manera de probar (6.30). ¿En qué sentido usa el evangelista la palabra aquí? No que Jesús intente juzgar a sus discípulos en este contexto, pero la decisión de abandonar a Jesús por parte de muchos de ellos (6.60, 64, 66) sugiere la posibilidad de que Jesús sí esté evaluando el compromiso de quienes le siguen. Al parecer el evangelista sugiere que Jesús prueba a sus discípulos como él mismo es probado por sus enemigos, esto es en el sentido de tender una trampa. Pero el tono aquí es más benigno, pues se trata de probar en el sentido de verificar el nivel de compromiso que Jesús demanda de los suyos. Lo mismo se ve en los pasajes de los Evangelios Sinópticos en que Jesús demanda que sus discípulos cuenten el costo de seguirle (vea Lc 9.57-62 y paralelos). Adicionalmente, Jesús sabía muy bien la reacción de la multitud y el discurso que tiene en mente pronunciar.

Las señales y discursos públicos del Cristo (2.1–12.50)

La respuesta de Felipe demuestra la incapacidad del pequeño grupo de discípulos ante tan gran necesidad. Tenían pocos recursos, y 200 denarios sería el salario de igual número de días de trabajo para un obrero (Mt 20.2). No solamente es una cantidad de dinero exorbitante, sino que aun así ni daría para que cada persona comiese solamente un pedazo de pan. Con la respuesta de Felipe en mente, el lector anticipa algo extraordinario.

Otro de los discípulos, Andrés, quien es identificado por su relación con su mejor conocido hermano, Pedro, ofrece los recursos disponibles para el grupo: cinco panes de cebada y dos pescaditos. Y estos no son de ellos, ya que son de «un muchacho,» o sea, un jovencito que ni pertenece al grupo de seguidores comprometidos. El pan era el alimento básico, y el pan de cebada en particular era el alimento de los pobres, ya que era mucho más barato en precio debido a su menor calidad de sabor, textura y valor alimenticio. Los pescaditos (*opsarion*) no es el nombre común que se le da al pescado en el Nuevo Testamento (*ichtus*), sino un diminutivo que enfatiza que los pescaditos son de por sí pequeños. El punto es que el muchacho ofrece lo que tiene para sostenerse a sí mismo con el propósito de alimentar al grupo a su derredor. Y siendo un muchacho pobre, lo que tiene es de baja calidad alimenticia. El rápido cálculo de Felipe y la búsqueda de Andrés muestran que los discípulos reconocen la responsabilidad de alimentar a quienes están bajo su «techo» y han pensado de antemano lo que les costaría. Pero en sus cálculos se mantuvieron en el campo socio-económico de sus días, y no consideraron posibilidades milagrosas. La escena está lista para un milagro que superaría el de Eliseo al alimentar a cien hombres con veinte panes de cebada (2 R 4.42-44). Instruidos por Jesús, los discípulos sientan a la multitud en grupos sobre la hierba, que era abundante (la Pascua se celebra en la primavera). Los detalles de la hierba verde traen a la mente la escena descrita en el Salmo 23, «en lugares de delicados pastos me hará descansar . . . aderezarás mesa delante de mí». El Señor prepara lugar y comida para los suyos siguiendo el cuadro del Pastor de Israel (véase Jn 10).

En el primer milagro, en Caná, Jesús ordena a los siervos que llenen las tinajas de agua. En esta ocasión toma en sus propias manos los panes y pescaditos (el almuerzo provisto por el muchacho) y da gracias por lo que tiene a su disposición. En los escritos de San Pablo y en la versión de Lucas de la Última Cena, la palabra *eucharistesas* (dar gracias) se usa para describir la acción de Jesús al tomar el pan. De ahí surge la palabra castellana «eucaristía» para referirse a la Cena del Señor (o comunión). Aunque la palabra en sí no demanda un sentido ritual o ceremonial, su uso en el culto cristiano, desde el principio, implica que la forma empleada por Jesús, de dar gracias y partir el pan, vino a ser un ritual emulado por los discípulos. Por tanto, vemos en Lucas 24 que los dos discípulos que van camino a Emaús al fin reconocen al Jesús resucitado cuando este parte el pan, pues las prácticas empleadas por Jesús eran bien conocidas. A diferencia de los relatos sinópticos de la alimentación de los 5,000 de la institución de la Cena del Señor, Juan no dice que Jesús parta los panes y pescaditos, sino se da por sentado más adelante cuando Jesús dice «recoged los pedazos». Por otra parte, solamente Juan indica que Jesús manda que no se pierda nada de lo que sobra.

Para asombro de los discípulos y de los congregados, resulta que las sobras recogidas llenaron doce canastas, y esto después que todos fueron saciados. Esperaban que cada persona comiese un bocado, si acaso. ¡Pero resulta que se sacian, y que todavía sobra! Según la tradición bíblica, cuando Moisés proveyó maná para el pueblo Israelita en el desierto (vea 6.32), se les ordenó que recogieran diariamente lo que habían de comer y que no guardasen nada para el día siguiente, sino que lo que no se comía se destruía (Ex16.19-20). En contraste con el maná del peregrinaje en el desierto, Jesús demanda que nada se desperdicie sino que se recoja —y queda sobreentendido que es para que se coma más adelante. Esta diferencia apunta hacia el tema del discurso de Jesús que viene después: el alimento que él provee es superior al maná del desierto. Una vez más, esta señal muestra que en Jesús se cumple todo lo prometido por la Ley y las fiestas de los judíos. El número doce sugiere una totalidad perfecta, y los discípulos recogen todo lo que sobra (doce canastas llenas) para mostrar simbólicamente que el pan que Jesús ofrece (que será explicado en el discurso sobre el pan de vida, que sigue en 6.22ss.) proveerá alimentación espiritual no solamente para los 5,000 allí reunidos, sino para todos aquellos a quienes los discípulos instruyan en el futuro. Todo creyente que desee compartir el pan que recibió de Jesús, encuentra que tiene una canasta llena para ofrecerles a otros.

Las señales y discursos públicos del Cristo (2.1–12.50)

Por su parte, el gentío permanece en el eje horizontal y temporal, y de nuevo el lector encuentra que una señal produce fe limitada (Nicodemo, la samaritana). La relación entre Jesús y Moisés viene inmediatamente a la mente colectiva, y declaran que Jesús es el profeta prometido por Moisés, que ha de venir al mundo (Dt 18.15-18). Todas sus aspiraciones nacionales han de realizarse, pues el profeta prometido está en su medio. Su convicción los conduce a coronar a Jesús rey por fuerza. Sabiendo esto, Jesús se retira solo al monte, pues su hora todavía no ha llegado.

11. Quinta señal: Caminar sobre el mar (6.16-21)

Del monte de la alimentación de los 5,000, los discípulos descienden de noche al mar, donde se enfrentarán a una tormenta que les ofrecerá la oportunidad de ver a Jesús andar sobre las aguas embravecidas. Los pasajes paralelos a este episodio en los Sinópticos (Mc 6.45-52 y Mt 14.22-33) son más completos, ya que Juan es brevísimo en su narración. Mateo incluye el relato de Pedro, quien insiste que él también quiere andar sobre las aguas pero a la postre se hunde en medio de la tormenta que les ataca. Muchos, convencidos de la imposibilidad de un milagro como este, opinan que Jesús caminaba en la orilla, paralelamente al bote de los discípulos y que estos, desorientados por la tormenta, piensan que están en medio del lago, y por tanto erróneamente piensan que Jesús camina sobre las aguas. Entre los discípulos en el bote encontramos pescadores de muchísima experiencia, y es difícil pensar que fuesen tan seriamente desorientados. El relato tampoco indica que los discípulos están atemorizados antes de encontrarse con el Señor que camina sobre las aguas. Como hombres experimentados en las tormentas del Mar de Galilea, reman con afán; pero no quedan incapacitados por el terror. El viento sopla fuertemente y agita las aguas; pero seguramente ellos han pasado por noches semejantes durante sus jornadas pescadoras. La labor es difícil (aparentemente están remando contra el viento y parece que no avanzan hacia la ribera donde está su meta, Capernaum). Encontramos aquí individuos en control de sus facultades emocionales y físicas. Pero el relato nos dice que los discípulos tuvieron miedo al ver a Jesús. Si en verdad Jesús estuviese en la orilla, como algunos suponen, entonces deberían regocijarse por estar cerca de la orilla. Los que van en la barca se asustan porque ven a Jesús caminando sobre las aguas, no porque el viento es fuerte. Finalmente el narrador indica que recibieron al Señor en la barca y llegaron al otro lado del mar. Nada en la narración del relato en Juan, o en los Sinópticos, sugiere que los discípulos atribuyeran falsamente a Jesús el milagro de caminar sobre las aguas. Por tanto, debemos aceptar el relato tal como el evangelista lo presenta: como una señal más que indica quién es Jesús.

El relato joanino es muy resumido, y no incluye las instrucciones a los discípulos: que han de ir delante y que Jesús les seguirá después. Aparentemente las órdenes incluían instrucciones en el sentido de que después de cierto tiempo los discípulos debían partir hacia el otro lado sin el Señor. Ellos comienzan el cruce, y el viento les hace difícil avanzar hacia la otra orilla. Después de un indefinido tiempo de remar sin lograr su fin, se encuentran con Jesús. Atemorizados por lo que ven (los Sinópticos explican que los discípulos piensan que ven un fantasma), solamente la voz del Señor alivia su temor. La declaración «Yo soy» podría implicar la divinidad de Jesús, pero en este contexto la frase tiene el sentido de «soy yo, no temáis». El relato concluye curiosamente. Literalmente el texto dice «ellos querían (*ethelon*) recibirle en la barca», lo que da la impresión de que quizás Jesús no subió a la nave, sino que siguió caminando hacia la orilla hasta que todos llegaron al otro lado. No obstante esta opción, el sentido en Juan es que aunque los discípulos están asustados por lo que ven —el Señor caminando sobre las aguas— echan a un lado el terror y le reciben en la barca. Al momento que sube Jesús al bote, se calma el viento (detalle que encontramos en Marcos, pero no en Juan) y por tanto los discípulos pueden remar fácilmente hacia el otro lado.

12. Cuarto discurso: El pan de vida (6.22-66)

a. La multitud (6.22-25)

Al amanecer, la multitud que había estado con Jesús y sus discípulos y que comió de los panes y peces multiplicados, segura de que Jesús no se había ido con los discípulos en la barca, le busca. Al no encontrarlo toman otras barcas y cruzan al otro lado del lago para continuar allá su búsqueda. Al reunirse con el Señor la multitud expresa a una voz

Las señales y discursos públicos del Cristo (2.1–12.50)

sus sospechas en una brevísima pregunta: «Rabí, ¿cuándo llegaste acá?» Habiendo experimentado pan en el desierto (como el maná durante el peregrinaje de 40 años con Moisés) sospechan un cruce milagroso por parte del Señor. Con la fiesta de la Pascua cerca, que quizás se celebraba en esos días en Jerusalén, la imaginación de las gentes corre a los eventos del Éxodo, al cruce milagroso del Mar Rojo y la provisión de comida, y se preguntan si Jesús está por iniciar un evento semejante. El discurso que sigue, sobre el pan del cielo, apoya esta interpretación de la inquietud de la multitud. En respuesta a la pregunta «¿cuándo llegaste acá?» Jesús responde que lo más importante no es cómo ni cuándo él cruzó el lago, sino el hecho de que él descendió del cielo.

b. La comida que da vida eterna (6.26-27)

En su respuesta, Jesús da a entender que la multitud está más interesada en el pan recogido (las doce canastas que quedaron después que se saciaron todos) que en lo que la señal demuestra: quién es Jesús. Buscan los beneficios de estar con Jesús (comer hasta saciarse) sin tener que someterse a su señorío. Como estos hay muchos hoy día que buscan satisfacción y apoyo para sus vidas sin compromiso alguno con el Reino de Dios. Jesús indica que lo más importante es la labor que conduce a la vida eterna, e implica que creer en él es la forma de trabajar para alcanzar vida eterna.

c. La obra de Dios (6.28-29)

Al prometérseles trabajo y comida para tener vida eterna, la gente demanda instrucciones más especificas: «¿Qué debemos hacer para poner en práctica las obras de Dios?» Pensando que lo prometido demanda tremendo esfuerzo, preguntan sobre las obras de Dios que han de practicar (énfasis en el plural, obras). Todavía no comprenden que la vida eterna es un don, un regalo de Dios, y se preparan para una lista de instrucciones y mandamientos. Jesús les responde: «Esta es la obra [en singular] de Dios, que creáis en aquel que él ha enviado». Lo único que hay que hacer es creer que Jesús es el Enviado de Dios, el Mesías prometido y esperado por el pueblo fiel. Más adelante en el capítulo 11 observaremos que Marta afirma que por lo menos ella cree que Jesús es el Enviado de Dios. Aquí en el capítulo 6, veremos que los verdaderos discípulos confiesan que no hay ninguna otra alternativa excepto Jesús, así que creen que Jesús es el Enviado de Dios. La caprichosa humanidad opina que hay que trabajar arduamente para agradar a Dios y se imagina tremendas hazañas para obtener el favor divino. Hoy día persiste esa idea aun en la iglesia. Hay quienes declaran que hay que hacer esto o aquello para ser salvo, o que hay que creer esta doctrina en particular —y creerla exactamente de la forma en que ellos la articulan. Sin embargo, lo único que hay que hacer es creer que Jesús es el Hijo de Dios, el enviado para redimir a la humanidad de su pecado. El don de Dios es tan absoluto que nos ofende, y por eso queremos que se nos diga qué debemos hacer para merecer el don de Dios.

d. El pan de vida (6.30-40)

Para entender mejor la conversación y el discurso que siguen hay que considerar que tiene lugar en la sinagoga de Capernaum durante la fiesta de la Pascua. Seguramente los participantes han estado meditando y estudiando los eventos del Éxodo y en particular el Salmo 78.24 («E hizo llover sobre ellos maná para que comiesen, y les dio trigo de los cielos»). En algunas tradiciones mesiánicas se esperaba que el Mesías abriera las puertas del cielo para proveer a los fieles pan celestial (2 Baruc 29.8). Con esto en mente, los oyentes piden una señal de parte de Jesús.

La gente insinúa que Moisés es quien le dio de comer al pueblo en el desierto. Jesús aclara que no fue Moisés quien les dio pan, y añade «mi Padre os da el verdadero pan del cielo». Esta aclaración describe la dádiva del pan como algo presente, «Mi Padre os da. . »., y que este último pan es el válido, «el verdadero pan del cielo». Utilizando palabras que reflejan el propósito del Evangelio, Jesús afirma que él es el verdadero pan del cielo, quien descendió del cielo y da vida al mundo (Jn 3.16). Nuevamente los oyentes (limitados al eje de lo terrenal y temporal) entienden parcialmente lo expresado y por tanto piden que el Señor les dé siempre de este pan. Mientras tanto Jesús se mantiene firme en el eje espiritual y permanente.

En la primera de siete declaraciones sobre su identidad («Yo soy») Jesús toma la petición de los oyentes e intenta dirigirles de las tinieblas a la luz, en efecto diciendo «Yo mismo soy el pan verdadero», de modo que todo aquel quien se acerca a Jesús con fe nunca tendrá ni hambre

Las señales y discursos públicos del Cristo (2.1–12.50)

ni sed. Al escuchar estas palabras, los presentes han de entender que Jesús no está hablando de la vida física, de la vida limitada a este mundo y a la presente realidad, sino de la vida eterna. Como Enviado de Dios, Jesús revela al Padre y lleva a cabo la voluntad de Dios Padre.

e. Cristo y el pan (6.41-51)

Pero la reacción del pueblo es típica en el Evangelio de Juan; murmuran porque no pueden percibir más que lo que su experiencia presente les permite percibir (6.41). Saben que Jesús es uno de ellos, pues conocen a su padre y a su madre. Consecuentemente, la referencia a la venida del cielo es para ellos incomprensible. Sus murmuraciones traen a la memoria del lector las murmuraciones de los israelitas durante su jornada en el desierto. La diferencia mayor entre el maná en el desierto y el pan que ahora Dios provee para los suyos es que la muerte no tiene autoridad sobre quien coma de este pan postrero. Pero para obtener esa vida eterna es necesario que el creyente coma de este pan celestial, que ahora se identifica con el cuerpo de Jesús. Claro está que Jesús habla metafóricamente y por fin dice que él dará su vida por la vida del mundo.

f. Comer la carne y beber la sangre (6.52-59)

Jesús llega al punto culminante de su discurso. Atónitos por lo que acaban de oír, los congregados en la sinagoga no pueden imaginar de qué habla Jesús, y se preguntan cómo sería posible comer la carne que Jesús ofrece. Empleando nuevamente la fórmula que enfatiza la autenticidad de lo expresado Jesús otra vez dice que hay que comer su cuerpo y añade que hay que beber su sangre para tener vida eterna. Por tercera vez en este discurso Jesús afirma que quien cree en él será resucitado de entre los muertos: «yo le resucitaré en el día final». Según el judaísmo de la época, solamente Dios podía resucitar a los muertos (el signo de Juan 11), y por ello las palabras del maestro han de sorprender a los oyentes. La idea de comer carne y beber sangre era repugnante para los judíos —como lo es para buena parte de la humanidad. Pero no hemos de pensar que ellos se imaginan que eso es exactamente lo que Jesús quiere decir. Todos podrían percibir que Jesús hablaba figurativamente y no literalmente.

Por primera vez aparece en el Evangelio el lenguaje de «permanecer» en Jesús como señal de la vida en la persona que cree (v 56). Quien en verdad cree que Jesús es el Enviado de Dios permanece con él (Jesús), ya que reconoce quién es Jesús. La doctrina de la perseverancia de los santos (de los hijos e hijas de Dios) aparece aquí por primera vez en los escritos de Juan. No es que la perseverancia de los seguidores de Jesús muestre que son hijos e hijas de Dios, sino que porque son de Dios permanecen firmes en Jesús.

g. Palabras de vida eterna (6.60-66)

La reacción de los oyentes no es sorprendente para el lector, ya que se ha hablado de sus murmuraciones desde el versículo 41. Al fin el pueblo decido que no puede seguir a Jesús, pues es demasiado exigente. Comprenden que Jesús requiere que reemplacen el pan que Moisés proveyó (las enseñanzas de la Torá) con el verdadero pan (creer en Jesús) y por tanto optan por lo familiar y, para ellos, seguro. Aludiendo a su ascensión al cielo (si vierais al Hijo del Hombre subir a donde estaba primero) Jesús insinúa que la crucifixión-resurrección será más difícil de aceptar que su enseñanza en la sinagoga. Aun así, solamente quienes creen tendrán vida eterna, pues las palabras de Jesús son espíritu y son vida. Quienes determinan el valor y la eficacia de algo basándose en lo terrenal (lo que aquí se llama la «carne») no creen, y por tanto Jesús los reconoce desde antemano. Ante esta demanda, muchos de los llamados discípulos dejan de seguir al maestro. El eco de la experiencia del pueblo de Israel en el desierto es obvio. Llegando a la ribera del Jordán, los Israelitas encuentran que el Señor demanda de ellos confianza en su poder para conquistar a los gigantes en la tierra prometida (Núm 14), y la mayoría de ellos no obedecen al Señor aunque han experimentado su gracia salvadora hasta entonces.

13. La confesión de Pedro (6.67-71)

No obstante estos desertores del camino de la fe, Jesús cuenta con un remanente fiel. Los doce discípulos han oído todo el discurso y las objeciones levantadas por quienes ahora abandonan al Señor. Dirigiéndose directamente a los doce, Jesús les pregunta que si ellos también quieren abandonarle.

Las señales y discursos públicos del Cristo (2.1–12.50)

En su evangelio, Juan no narra el episodio que aparece en los Sinópticos, conocido como la confesión de Pedro, «Tú eres el Cristo» (Mc 8.27-30 y paralelos). La declaración de Pedro aquí es su equivalente en Juan. En su respuesta Pedro afirma que el camino no es fácil, «¿a quién iremos?» En otras palabras, Pedro declara que no cabe duda de que el camino es difícil, pero ¿qué otra alternativa tienen? Han creído que Jesús es el Cristo, el Hijo del Dios viviente, y tienen que seguirle. Cuando el ser humano de veras conoce a Jesús y ve en Jesús el rostro de Dios (Jn 14.8-9), le es imposible tomar otro camino. No tiene alternativas, ya que conoce que en Jesús encontró a Dios. Aun así, Jesús les advierte que uno de ellos no es sincero en su expresión de fidelidad, pues entre los que determinan quedarse con Jesús se encuentra uno que lo traicionará en un futuro no muy lejano, Judas Iscariote.

14. Quinto discurso: El Espíritu que da vida (7.1–8.11)

El capítulo 7 es crucial para comprender la estructura y la teología joaninas. Antes, en 5.18, el narrador le informa al lector que los judíos procuraban matar a Jesús. Es por ello que en el capítulo 6 encontramos a Jesús en la ribera del mar de Galilea, lejos de Jerusalén, aunque la Pascua se aproxima (6.4) y las alusiones a la fiesta tienen lugar en un monte de Galilea, cerca de Capernaum (6.17). En 7.1, oímos el eco de la oposición en Judea en tiempo de una importantísima fiesta de los judíos (la de los Tabernáculos). Jesús decide ir a Jerusalén, y la oposición y el resto de la narración tendrán lugar en Judea. El eco antagónico entre «Galileos» y «Judíos» (nótese la manera empleada por los fariseos para descalificar la opinión de Nicodemo en 7.52: «¿Acaso eres Galileo también?») ofrece al lector la oportunidad para observar las diferencias teológicas entre el grupo naciente de cristianos y los fariseos, particularmente en cuanto a expectativas mesiánicas. De aquí en adelante, las diferencias y el antagonismo entre los gobernantes de los judíos y Jesús aumentan hasta culminar en el arresto, juicio y muerte de Jesús. Este capítulo sirve para alertar al lector sobre esa realidad. También encontramos en este capítulo evidencias de diferencias socio-económicas que afectan al grupo de discípulos. Los sofisticados y poderosos de la ciudad central menosprecian la contribución para el bienestar nacional de quienes residen en los márgenes de la sociedad.

Los capítulos 7-8 presentan a Jesús empleando el simbolismo de la fiesta de los Tabernáculos para interpretar su misión. Ya hemos observado que el ciclo religioso de los judíos giraba en torno al eje de sus fiestas principales (Pascua, Pentecostés y Tabernáculos) y se esperaba que todo varón participara en la celebración en Jerusalén (es difícil, si no imposible, determinar con exactitud si este mandamiento era observado por los contemporáneos de Jesús). La fiesta de los Tabernáculos (hebreo: *sukkot*, «tiendas,» «chozas») era la más popular de las fiestas de peregrinación y se le llamaba la «fiesta de Yahvé» (Lv 23.39, Jue 21.19). Según el historiador Josefo, Tabernáculos era «una fiesta especialmente sagrada e importante para los hebreos» (*Ant* 8.101). Se celebraba en el tiempo de la cosecha (Ex 23.16, 34.22), cuando el pueblo agrícola construía chozas para facilitar la recolección del fruto de la tierra y para conmemorar la jornada del pueblo de Israel en el desierto, cuando todos vivían en tiendas. La doble asociación con la experiencia en el desierto y con la cosecha conduce a los practicantes a la celebración de la alianza, la protección y la guía de Dios, no solamente en el ayer (el Éxodo) sino en el presente y hasta el futuro (expectativa mesiánica). Durante la fiesta se subrayaba que Dios proveería por los suyos en el futuro, y por tanto la expectativa mesiánica era evidente por doquier. Celebrada en el mes de Tisrí (15 septiembre-15 octubre), la fiesta incorporaba algunos elementos climatológicos para representar la provisión divina. El equinoccio del otoño (cuando ambos, el día y la noche, duraban 12 horas) señalaba que de ahora en adelante los días se abreviarían y la noche extendería su dominio. Consecuentemente, en la celebración de los Tabernáculos Dios se ve como el proveedor de luz en medio de las tinieblas. El otoño era tiempo de sequías en Palestina, y de igual manera la fiesta identificaba a Dios como el proveedor de las aguas. Ambos símbolos serán reinterpretados por Jesús durante esta fiesta, lo cual llevará a la consternación de sus enemigos.

Las señales y discursos públicos del Cristo (2.1–12.50)

a. Jesús y sus hermanos (7.1-9)

Algún tiempo después («después de estas cosas», vea 5.1 y 6.1) Jesús, evadiendo el contacto con los judíos en Jerusalén, anda por Galilea. La razón de esta evasión es el deseo de los judíos de matar a Jesús. En la historia del texto griego notamos que algunos manuscritos describen esta evasión en términos más fuertes: Jesús «no tenía autoridad», lo cual insinúa que Jesús no determina sus propias actividades. La variante que nuestra versión sigue dice: «Jesús no quería andar en Judea». Esto concuerda mejor con el modo en que se presenta al Señor en nuestro Evangelio. El Jesús joanino está siempre en control de la situación, y es él quien decide cuándo ha llegado el momento para su arresto. Si admitimos la variante «no tenía autoridad» como original, sería la única vez en este Evangelio que se dice que Jesús no tenía autoridad para realizar su voluntad. A favor de la variante «no quería», podemos mencionar que, aparte de la evidencia textual, el verbo *thelo* (querer) es usado en Juan para mostrar que la vida de Jesús está bajo su propio control, esto es, en sus propias manos (1.43, 5.21, 17.24, 21.22).

El juicio de Jesús ante las autoridades judías (Anas y Caifás) y romanas (Pilato) es central para comprender quién verdaderamente es Jesús. Los juicios narrados en el capítulo 18 indican sin duda alguna que el proceso es injusto (véase el comentario). Aquí Juan presenta la razón del juicio injusto. La oposición de los judíos ha incrementado en intensidad pues estos, sumergidos en las tinieblas, no pueden comprender la realidad de la Luz-Vida, y por tanto deciden que hay que eliminarlo. Con tal determinación en mente un juicio imparcial será imposible.

En 6.4, la notificación de la fiesta que se acercaba (la Pascua) simplemente sirve para que el lector tenga a la mano el propósito y los símbolos de la fiesta. Aquí la notificación resulta en un dilema ya que sigue la declaración de que Jesús no quería ir a Judea. Adicionalmente, fresca en la mente del lector, se encuentra la decisión de no ir a la fiesta de la Pascua de que se habló en el capítulo anterior. Sin embargo, la fiesta demanda que Jesús, como fiel judío, asista a la celebración en Jerusalén. De inmediato el lector espera un conflicto. El conflicto saldrá a la superficie, pero primeramente vendrá de lugares inesperados.

Juan

Los hermanos de Jesús, a quienes no se menciona desde 2.12, en las bodas de Caná, repentinamente aparecen en la escena. Muestran que son incrédulos (que están bajo la influencia de las tinieblas) y se presentan en este pasaje como autoritarios, pues le dan órdenes a Jesús («Sal de aquí y vete a Judea»), e insensibles («para que también tus discípulos vean tus obras»). Afirman que han visto las obras (las «señales» en Juan) pero no las han visto para creer. Se cuentan entre los que están en las tinieblas. Se les hace difícil, si no imposible, discernir lo que las señales verdaderamente indican. Las palabras del evangelista Juan dan a entender cuánto abarca la incredulidad entre el pueblo «ni siquiera sus hermanos creían en él». Por tanto había muchos que no creían. Las palabras de los hermanos revelan el comienzo del conflicto entre los poderosos y los marginados, ya que en opinión de los primeros, las obras que Jesús hace en Galilea son hechas en secreto y por tanto valen menos (véase la alimentación de la multitud en 6.1-15). Por ello le sugieren a Jesús que suba a Jerusalén, aunque allá le espera la oposición de los líderes religiosos. Ellos quieren que Jesús se manifieste de una vez por todas, de una manera definitiva que no deje duda alguna en los observadores. Piensan que quien quiere ser ampliamente conocido no actúa en secreto. Pero, como ya hemos visto, en este Evangelio el tiempo de la manifestación está en manos de Jesús, y tendrá lugar solamente cuando él decida y en la manera que él quiera. Al concluir la escena anterior (6.60-71), muchos de los discípulos de Jesús abandonaron su compromiso, pues opinaban que las demandas de Jesús eran demasiado exigentes. Solamente un insignificante grupo de discípulos se mantuvo fiel al Maestro. Quizás los hermanos se mofan de Jesús, en efecto, diciendo «para que vean tus discípulos, si es que todavía tienes algunos».

La respuesta de Jesús es típica de otras en este Evangelio. Sus palabras son enigmáticas, «mi tiempo . . . vuestro tiempo . . . no odia . . . odio . . .», pues parecen sugerir más de una manera de entenderlas, y cada partido en la discusión puede interpretarla a su manera. «Mi tiempo aún no ha llegado, pero vuestro tiempo siempre está preparado. No puede el mundo odiaros a vosotros; pero a mí me odia, porque yo testifico de él, que sus obras son malas.». El tiempo de los hermanos ha llegado, tiempo para que ellos crean en Jesús; pero el tiempo de Jesús, la glorificación del Hijo, no ha llegado todavía. La conjunción

Las señales y discursos públicos del Cristo (2.1–12.50)

«pero» subraya el conflicto entre los dos tiempos. Basándose en el tiempo presente, y limitándose a él, el mundo odia a Jesús porque su presencia, sus palabras y sus obras revelan que las obras del mundo son malas y resultan en incredulidad. En contraste, el mismo mundo no puede despreciar la opinión de los hermanos. Siguiendo la presentación de nuestro Evangelio, imaginamos que los hermanos de Jesús tampoco pasaban de esto —por lo menos hasta entonces, pues según la tradición cristiana los hermanos de Jesús a la postre creyeron en él.

Puesto que no es el tiempo apropiado para manifestarse de la manera en que los hermanos sugieren, Jesús opta por quedarse en Galilea y les invita a que ellos suban a la fiesta. Por su parte Jesús se queda en Galilea, por el momento.

b. La reacción de la multitud (7.10-13)

Algún tiempo después, Jesús sube a la fiesta; pero no como sus hermanos esperaban, con actos milagrosos que revelasen su identidad, sino en privado. La jornada hacia Jerusalén para celebrar la fiesta constituía en sí parte de la fiesta, pues las personas viajaban con sus familiares y se agregaban a otras familias para así formar grupos de peregrinos. Los hermanos de Jesús suben a la fiesta seguramente acompañando a un grupo de peregrinos. Jesús sube en secreto y, puesto que no se hace mención de los discípulos en el discurso que sigue, solo. En esta escena Jesús parece quedar reducido a un observador en el drama de su propia identidad. Mientras el Señor continúa en secreto, el pueblo le busca y debate acerca de su identidad. Preguntándose «¿Dónde estará?», los judíos en Jerusalén articulan el tema que surgirá del discurso que será narrado en breve. Dos cuestiones dominan las especulaciones del pueblo en medio de la fiesta de los Tabernáculos, y ambas tienen que ver con la identidad de Jesús. Primero, Juan deja saber a sus lectores que las señales y las palabras de Jesús han resultado en un amplio debate entre el pueblo en cuanto al esperado Profeta/Mesías. A primera vista, Jesús encaja bien en el perfil del Mesías, pero sus actos parecen ir contra las tradiciones de gran estima para el pueblo (vv. 14-24). La segunda cuestión, relacionada con la primera, es la procedencia del Mesías (vv. 25-31).

Juan

c. Justo juicio (7.14-24)

A mitad de la fiesta, esto es ni en el primer día ni en el ultimo, sino en el intervalo, Jesús echa al lado el disfraz de incógnito, y comienza a enseñar abiertamente en el mismo centro de todas las actividades y liturgias asociadas con la fiesta, el Templo. Esta es una de las pocas referencias en este Evangelio al acto de enseñar por parte de Jesús. Los judíos, asombrados por la enseñanza de Jesús —es decir, su contenido y lo sofisticado de su discurso— más adelante se sorprenderán por el hecho mismo de que enseña en el Templo a plena luz del día. Se preguntan: «¿Cómo sabe este letras sin haber estudiado?» En la sociedad judía se esperaba que todo judío fuese suficientemente educado para poder leer la Torá y los Profetas, y para escribir. La admiración de los judíos se debe a la observada capacidad de Jesús de pronunciar discursos coherentes, el uso de referencias a las Escrituras, y el tono de autoridad que Jesús emplea. Mientras que los rabinos del día fundamentaban sus opiniones y enseñanzas en la reconocida autoridad de otros rabinos, Jesús por su parte establece la autoridad de su enseñanza en sí mismo: «Se ha dicho... pero yo os digo...» (Mt 5.31); «De cierto, de cierto os digo...» (Jn 3.11). Jesús no apela a otra fuente aparte de Dios, y esto en una forma directa, «el que me envió», implicando que Dios mismo es la fuente de su conocimiento.

Empero, hasta cierto punto Jesús sigue la tradición de apelar a la autoridad externa. Quien piensa ser la única fuente de conocimiento vive una ilusión y busca la vanagloria. Jesús apela a dos autoridades. Primero las palabras de Jesús revelan la voluntad del que lo envió —Dios Padre. Los judíos allí congregados estarían de acuerdo con Jesús en cuanto a la autoridad de Dios, pero no aceptan el que Jesús comunique y represente la verdad divina. En otras palabras, oyen a Jesús decir que él procede de Dios. Y sin embargo Jesús actúa en forma alarmante pues desafía las tradiciones más sagradas del pueblo —tradiciones que los judíos fundamentan en la ley mosaica, de modo que todo rabino apelaba a la ley de Moisés. Por tanto, Jesús aquí también apela a Moisés. Los judíos y los fariseos, entre muchos, se designaban a sí mismos discípulos de Moisés. Al decir que ellos, los judíos, no observan la Ley, Jesús saca a la superficie la tensión que hasta ahora ha permanecido fuera de la vista. Según la ley mosaica, Dios enviaría profetas para guiar a su pueblo a caminar con él. Si algún

Las señales y discursos públicos del Cristo (2.1–12.50)

profeta desviara al pueblo de los caminos de Dios, tal profeta debía ser apedreado (Dt 18.9-22). Pero había que discernir si el profeta era falso o no en base a sus obras y, más específicamente, discernir si el profeta buscaba apartar al pueblo de Dios. Los judíos no observan la Ley pues determinan que Jesús es un falso profeta sin considerar sus obras y hechos, y ya se han decidido por la sentencia de muerte («¿Por qué intentáis matarme?»).

La acusación «tienes demonio» refleja la tradición sinóptica (Mt 12.24 y paralelos; Josefo *Guerra* 6.5.3), donde esa acusación es una reacción a los exorcismos de Jesús. Pero Juan no reproduce historia alguna de tales exorcismos en este contexto y, por tanto, en Juan la acusación de ser poseído por un demonio es una reacción a las aseveraciones que Jesús hace sobre sí mismo y a la actitud indiferente que mantiene en cuanto al sábado. En breve, los adversarios entienden claramente que Jesús asevera que su relación con Dios es única y muy diferente a lo que los líderes judíos afirman.

En los vv. 21-24, Jesús nos recuerda el milagro narrado en 5.1-18. En esa historia notamos cómo la multitud se asombra, no porque Jesús haya sanado a un hombre paralizado por 38 años, sino porque lo hizo en el sábado. Empleando una táctica retórica empleada por los rabinos, Jesús defiende su causa argumentando que si algo se admite en un caso menor mucho más debe aplicársele a un caso mayor. Si la ley del sábado puede ser violada para observar la ley de la circuncisión (y esta práctica era aceptada por todos los judíos) porque por la circuncisión parte del cuerpo es santificado, cuanto más puede violarse la ley del sábado para sanar a una persona. (Según la ley mosaica todo trabajo cesaría en el sábado. Según la misma ley, todo varón tenía que ser circuncidado en el octavo día después de su nacimiento. ¿Qué hacer cuando el octavo día caía en sábado? Véase el comentario de Rabi Yose b. Halafa (140-165) en *La Misná, Los votos 3.11*). Jesús afirma que sanar completamente a un hombre (el paralítico) justifica romper la ley del sábado, ya que en el caso menor, la circuncisión, todos están de acuerdo en que tal aparente desobediencia no es pecado. Jesús se dirige a la acusación sobre la observancia de la Ley. Si los judíos allí presentes mirasen mas allá de la apariencia, juzgarían rectamente. La cuestión que ellos debían considerar es la identidad de Jesús —y ese es el tema del próximo pasaje.

d. ¿Es este el Cristo? (7.25-31)

La identidad del Mesías («¿Será este el Cristo?») domina el discurso de aquí en adelante (25-44) y sirve como base para el fallido arresto de Jesús (45-52). Los adversarios se identifican ahora mediante la frase poco usada de «unos de Jerusalén». (En el texto griego, dice *Ierosolymitai*, literalmente «residentes de Jerusalén.») Solo en Marcos 1.5, ocurre otra vez esta frase en el Nuevo Testamento. Juan 7 se refiere a tres diferentes grupos que participan en la contienda durante la fiesta de Tabernáculos, los «judíos» (7.1, 11), «la multitud» (7.20, 31), y «unos de Jerusalén» (7.25). Curiosamente no aparece el grupo de discípulos, aparte de aquellos que creen en Jesús en 7.31. Además de estos grupos, encontramos guardias del templo, principales sacerdotes y fariseos, que igualmente se enfrentan con Jesús. Estos diversos grupos no han de entenderse como sinónimos. El evangelista está trazando un cuadro del dilema que Jesús presenta al pueblo judío, y entre ese pueblo existen diversas opiniones acerca de quién es Jesús. Esas diferencias de opiniones crearán un cisma en el pueblo que acentuará la inocencia de Jesús y la culpabilidad de los líderes ante los ojos de Juan.

Comparados con la multitud que llegó para la celebración de la fiesta, los de Jerusalén estarían más al tanto de la opinión de los líderes religiosos en cuanto a Jesús. Consecuentemente, al ver a Jesús enseñando pública y abiertamente en el templo, se preguntan sorprendidos: «¿No es a este a quien buscan para matarlo? Pues mirad, habla públicamente y no le dicen nada. ¿Habrán reconocido en verdad las autoridades que este es el Cristo?» La última pregunta insinúa la posibilidad de que los líderes hayan sido convencidos de que Jesús es el Cristo; si no, ¿por qué le permiten que enseñe en el Templo, en el centro del poder religioso? La conjunción «pero» le señala al lector que el pueblo de Jerusalén tiene una opinión diferente de la de los líderes religiosos. Se plantea la posibilidad de que los líderes hayan sido convencidos, pero tal no es el caso, pues ellos «saben» de dónde procede Jesús (Galilea) y afirman que cuando el Cristo aparezca nadie sabrá de dónde procede. Sin embargo esa opinión muestra que este grupo, al igual que el anterior, no mira más allá de la superficie, pues no ven las señales y enfocan la atención sobre el lugar de donde Jesús

Las señales y discursos públicos del Cristo (2.1–12.50)

procede. Esta referencia al origen galileo de Jesús parece indicar que la comunidad de Juan no está al tanto del nacimiento en Belén de Judá.

Aunque la gente sabe de dónde procede Jesús, este señala en alta voz, para que todos oigan, que en realidad ellos no saben de dónde procede. La ironía es que Jesús mismo aclara que él no ha venido de sí mismo; esto es, que él no se declara ser el Cristo por sí mismo, sino que Dios lo envió. Pero el pueblo prefiere la opinión que ellos mismos han podido deducir, erróneamente, a través de sus facultades intelectuales. El ser humano prefiere la autonomía de basar su opinión en sus propios recursos antes que en la revelación de Dios.

Con unas palabras que seguramente ofenden a muchos, congregados en los atrios del templo para celebrar la fiesta, Jesús aclara la razón por la que ellos no reconocen la realidad de quién Jesús es. No la reconocen porque no conocen a Dios. A diferencia de los otros allí presentes, Jesús sí conoce a Dios, y por tanto es el único que puede darle a conocer pues procede de él (tema central del Evangelio). La ofensa es tal, que ellos quieren arrestar a Jesús; pero, no siendo todavía la hora de su glorificación, no pueden.

Pero, en medio de la oposición e indecisión, hay algunos que se trasladan de las tinieblas a la luz y creen en él. Estos han visto las señales, juzgan rectamente y, no obstante la oposición del pueblo y de sus líderes, se añaden a los rangos de los discípulos.

e. *Intención de arrestarle (7.32)*

Los fariseos, aquellos individuos que en su propia opinión representaban lo mejor de la vida religiosa, oyen que la multitud escucha la enseñanza de Jesús y, lo más asombroso para ellos, que muchos inclinan su lealtad a Jesús. Para los fariseos esta inclinación implica que perderán influencia sobre la multitud. Seguidamente, se comunican con los principales sacerdotes (seguramente saduceos) para que estos envíen la guardia del templo para arrestar a Jesús. Los saduceos y los fariseos no pretendían concordar en toda su teología, ya que existían importantes diferencias entre ellos. La doctrina de la resurrección (o vida después de la muerte física) ofrece un ejemplo de estas diferencias. El apóstol Pablo, experimentado en las enseñanzas farisaicas, usa las diferencias en cuanto a la resurrección para interrumpir su juicio ante el Sanedrín (Hechos 23.6). Pero a pesar de esas y otras diferencias ninguno de los dos grupos negaba la identidad abrahámica del otro. (¡Qué diferente a lo que sucede en algunos grupos cristianos hoy día!) Encontrando en Jesús un enemigo común, los dos grupos unen sus fuerzas para eliminar al Maestro. El término «principales sacerdotes» dice literalmente «los sumos sacerdotes». Este uso refleja el hecho de que, aunque solamente un sacerdote asumía el titulo y la función de sumo sacerdote, aquellos que habían servido anteriormente usaban el titulo y hasta ejercían algún grado de autoridad. Juan aquí refleja conocimiento histórico, ya que sabemos que a fines de la segunda década del primer siglo, aunque Caifás era oficialmente el sumo sacerdote, su suegro Anás, quien había sido sumo sacerdote anteriormente, ejercía control sobre el oficio (véase Juan 18). (En Juan 18.19-23 Jesús es abofeteado cuando uno de los guardias supone que Jesús responde irrespetuosamente a la interrogación de Anás porque este es sumo sacerdote, aunque Caifás es el sumo sacerdote ese año). Los fariseos poseían gran influencia sobre el pueblo, pero no tenían autoridad para arrestar y, lo más importante, no tenían guardias a su disposición para despacharlos en una encomienda tan crítica. Los guardias del templo eran levitas que, aunque descendientes de Leví, no calificaban para ejercer el oficio de sacerdotes. Los levitas se encargaban de un sinnúmero de responsabilidades y quehaceres en el templo, tales como el mantenimiento del local y servir de guardias.

f. El regreso al Padre (7.33-36)

Confrontándose con los guardias enviados por los sacerdotes y fariseos, Jesús otra vez hace una declaración con doble sentido que nadie de entre los presentes en ese momento podía entender, pero que arroja luz sobre su misión. Dice que el tiempo que le resta es breve y que entonces retornará al que le envió. El tiempo referido es la futura glorificación del Hijo de Dios (a través de los eventos de la pasión, muerte y resurrección) que tendrá lugar en unos seis meses. Aunque lo busquen no lo encontrarán, pues estará con el Padre. Siendo imposible para los guardias, y para la audiencia presente, comprender exactamente lo que Jesús dice, dejan correr sus imaginaciones desenfrenadas. La «dispersión» son los judíos que, desde seis siglos atrás, habían sido dispersos a través del mundo

Las señales y discursos públicos del Cristo (2.1–12.50)

conocido y habían adoptado mucho de la cultura grecorromana. Sin embargo muchos de ellos son aun más fanáticos en cuanto a las tradiciones judías que los mismos judíos de Jerusalén (tal es el caso de Pablo de Tarso). Atónitos por el enigmático comentario de Jesús, los guardias no cumplen su misión y parten sin arrestarle.

g. Una profecía del Espíritu (7.37-39)

Según el Antiguo Testamento, la fiesta de los Tabernáculos se celebraba durante siete días (Lev 23.34) pero ya en la época de Jesús se había añadido un octavo día para culminar la fiesta. Durante los primeros siete días, los sacerdotes, acompañados de peregrinos, bajaban diariamente en solemne procesión al pozo de Siloe, cantando los Salmos de Ascenso (Salmos 121-134) y, así, celebrando la presencia de Dios con su pueblo. En el pozo sacaban agua y subían de nuevo al templo, donde litúrgicamente derramaban el agua frente al altar. En el séptimo día, la ceremonia se repetía junto a una celebración de luces. Diariamente el pueblo marchaba y participaba en el ritual, y visualizaba la provisión de agua y de luz otorgada por Yahvé, con lo que también anticipaba la gloriosa promesa de la venida del Mesías. El octavo día, el pueblo, en asamblea solemne, se regocijaba ofreciendo sacrificios y cantando el Halel (Salmos 113-118), celebrando así la fidelidad de Dios y alabando su nombre. Para el evangelista Juan este octavo día era el más importante por el simbolismo mesiánico evidente en la fiesta, particularmente en lo que se refiere al agua y a la luz. En ese gran día Jesús se pone en pie y declara en alta voz: «Si alguien tiene sed, venga a mí y beba. El que cree en mí, como dice la Escritura, de su interior brotarán ríos de agua viva». Ya no hay que bajar al pozo de Siloe para buscar agua, y ya no hay que esperar la futura provisión que ofrecerá el Mesías. Solamente hay que acercarse a Jesús y beber. Claro está que el vocablo «agua» aquí se usa simbólicamente para representar el acto de creer, de depositar toda confianza en él.

El Maestro también declara que él cumple la Escritura prometiendo ríos de agua viva que brotaran de él mismo, saciando la sed de todos los que, por fe, vienen a él. En Ezequiel 47.1-11, el profeta visualiza el templo restablecido en gloria, y del altar fluyen aguas cada vez más profundas que crean un refrescante río, el cual da vida a toda la región y hasta al mundo entero. El fruto de la tierra es continuo, no habrá ni hambre ni sequía en la tierra. Jesús dice que las aguas vivificantes brotan de él. En su persona, Jesús constituye la fuente de agua, y así perfecciona el simbolismo de las libaciones de la fiesta. El inagotable pozo prometido por la Torá y visualizado en la fiesta de los Tabernáculos se realiza en Jesús.

h. División (7.40-44)

Este breve pasaje resume la reacción de todos los que asisten a la fiesta, con la excepción de los líderes religiosos cuya reacción será narrada en 45-52. Se preguntan quién es Jesús (profeta o mesías) y cuestionan su origen (de Galilea) y esto genera división entre el pueblo, pues no llegan a un consenso.

i. Las autoridades fracasan en el arresto (7.45-52)

Los líderes religiosos nuevamente entran en la escena, inquietos por el fracaso de los guardias del templo en la encomienda de arrestar a Jesús. Como se ha indicado anteriormente, los guardias del templo eran miembros de la tribu de Leví, esto es, de la línea sacerdotal. Tenían más conocimiento bíblico y teológico que el resto de la comunidad judía, de modo que tenían aptitud para juzgar con cierto grado de certeza la enseñanza de Jesús. La excusa que dan por su fracaso, «¡Jamás hombre alguno ha hablado como este hombre!», sugiere que la enseñanza de Jesús les afectó de tal forma que no veían la necesidad de arrestarlo ya que en su opinión no había nada erróneo en ella. Otra opción es que quizás la enseñanza les produjo tal confusión que no sabían qué hacer. Sin embargo, la respuesta de los líderes nos inclina hacia la primera opción. Los religiosos responden despreciando el testimonio de los guardias e insultándolos. Los guardias son declarados ignorantes que no tienen conocimiento de la Ley. Así explican los líderes la inclinación de la multitud hacia Jesús. Al contrario de la multitud, ninguno de los líderes (gobernantes) o de los fariseos ha creído en Jesús, aunque más adelante encontraremos que José de Arimatea es discípulo en secreto. La ironía del asunto es que ninguno de los que se dedican al estudio de las Escrituras (los fariseos) ni de los que viven para servir en el templo (los sacerdotes) cree en Jesús, mientras que la multitud de ignorantes ha podido captar quién es él. No cabe duda de que el Señor

Las señales y discursos públicos del Cristo (2.1–12.50)

llama a los destituidos, a los pobres y a los débiles para que se unan al grupo de discípulos y a través de ellos transformar al mundo. Hoy día observamos la misma manera de obrar por parte de Dios.

Nicodemo, aquel miembro del Sanedrín que visitó a Jesús de noche (Juan3), observa el incumplimiento del proceso de la Ley, pronunciándose la sentencia sin hablar primero con Jesús, y es la única voz del concilio que desafía la voluntad de la mayoría. ¿Su recompensa? Se le califica de galileo.

j. La adúltera y Jesús (7.53–8.11)

Son pocos los pasajes del Nuevo Testamento que presentan al intérprete moderno tales dificultades textuales y teológicas como el de la mujer sorprendida en adulterio. Las versiones modernas señalan estas dificultades de una manera u otra (reduciendo el episodio a una nota al pie, a un anexo del Evangelio, etc.). Algunos comentaristas se desentienden completamente del relato; otros lo consideran en un anejo; otros intentan incluirlo en el texto de Juan. El resultado es una amplia cantidad de obras literarias dedicadas al análisis de la autenticidad y veracidad del episodio. Básicamente, la dificultad resulta de dos verdades sólidas. Primero, no hay duda de que la evidencia textual (los mejores y más antiguos de los manuscritos) demuestre que el pasaje no era parte del texto original de Juan. De hecho notamos en la evidencia textual que el episodio asume características de nómada, ya que lo encontramos en diversos lugares, en varios manuscritos diferentes: en Juan, tras 7.36; 7.44; 7.52; o 21.25, en Lucas tras 21.38. Estos testigos textuales muestran el gran esfuerzo de los escribas del cristianismo primitivo por preservar el episodio de una manera u otra. Valoraban tanto el relato que temían perderlo. ¿Por qué este interés en conservar el episodio? La respuesta se encuentra en la segunda verdad indubitable. En sí la historia contiene características que sugieren poderosamente su veracidad. Trataremos esas características en el comentario que sigue.

Puesto que en este comentario seguimos el texto de la Biblia RVR, y puesto que el autor de este comentario está convencido de la veracidad de la historia (aunque su lugar original no sea en este sitio dentro del Evangelio de Juan), presentamos este breve comentario sobre el episodio mismo.

El versículo 7.53 describe la dispersión de la multitud congregada en la fiesta de los Tabernáculos. Todos regresan a casa (esta conclusión es típica de muchos episodios del Antiguo Testamento) mientras que Jesús sube al Monte de los Olivos (8.1), seguramente con la intención de apartarse en oración. Esta descripción es más típica de Lucas que de Juan, donde vemos que Jesús se aparta para orar en varias ocasiones, particularmente antes de un evento importante. Al día siguiente Jesús regresa al templo para enseñar. En Lucas vemos que Jesús dedica mucho tiempo a la enseñanza en el templo. Pero también aquí, en Juan 7, encontramos a Jesús enseñando en el templo, y la multitud se acerca a él. Si sostenemos que los acontecimientos de Juan 8 ocurren en el mismo día culminante de la fiesta de los Tabernáculos, la cronología del texto tiene sentido. Jesús se retira por la noche y regresa para continuar en la celebración de la fiesta.

La enseñanza de Jesús es interrumpida por una delegación de escribas (la única referencia a escribas se encuentra en Juan) y fariseos, quienes tienen bajo su poder a una mujer que dicen fue sorprendida en el mismo acto de adulterio —esto es, que la encontraron en medio de actividad sexual con un hombre que no era su esposo. La ponen en medio del grupo de estudiantes atentos al Señor. Al decir que la mujer fue sorprendida en adulterio sus acusadores afirman que ya han pronunciado sentencia, pues su opinión es que la Ley resulta bien clara en este asunto: la Ley de Moisés requiere que apedreen a la mujer. Lo único que queda es llevar a cabo la sentencia. Pero, añaden maliciosamente, «Tú, pues, ¿qué dices?» Ya ellos saben lo que la Ley declara, y su intención es atrapar a Jesús. Así como saben muy bien lo que dice la ley mosaica, también piensan que saben de antemano lo que Jesús hará: despediría a la mujer sin condenarla, Y en efecto eso es lo que hace Jesús. En eso consiste la trampa que le tienden: coloca a Jesús ante la alternativa de condenar a la mujer o desobedecer la Ley.

El relato implica que los escribas y los fariseos de quienes trata carecen del amor y de la compasión que según la misma ley de Moisés todo judío debe practicar. La mujer ha sido sorprendida en el acto de adulterio, y ahora se encuentra allí, deshumanizada por sus acusadores, no bien vestida, cabello suelto, humillada ante todos los presentes (Jesús, escribas, fariseos y la multitud). Poco es para los acusadores no solamente la condición de la mujer, tampoco toman

Las señales y discursos públicos del Cristo (2.1–12.50)

en cuenta a su esposo y otros familiares. Obsesionados por atrapar a Jesús de alguna forma para condenarle ante el pueblo, echan a un lado las actitudes y prácticas que la Ley de santidad requiere (Lev 19-26), pues esa ley exige amor al prójimo y compasión para con los necesitados. La mujer es deshumanizada por sus acusadores, pues para ellos ella es una herramienta que usarán para desacreditar al Maestro. Tristemente existe esa misma perspectiva aún hoy día: hay hombres y mujeres que usan los preceptos bíblicos no para edificar el pueblo de Dios y servir al Reino de Cristo, sino para hacer prevalecer su propia opinión a costa de la reputación de otros.

No hay que especular sobre la razón por la que Jesús se inclina hacia el suelo y escribe en la tierra con el dedo. Esto es sencillamente una postura de indiferencia que muestra que Jesús no condenará a la mujer. Por tanto, los acusadores insisten en preguntarle por su opinión. La actividad de Jesús ya indica su decisión; pero ellos desean que Jesús la articule en voz alta para usarla como evidencia contra él pues tendrán una hueste de testigos. Por fin la insistencia de los acusadores, y quizás los gemidos de la mujer, constriñen respuesta de Jesús. Enderezándose invita a que la primera piedra sea arrojada por aquel o aquella persona que no tenga pecado alguno. Hecha la invitación, Jesús resume su postura de indiferencia. Por el momento parece desentenderse de la mujer acusada y del proceso que la Ley exige para examinar el corazón del fiscal.

El gentío allí reunido es acusado, no por otras personas ni por Jesús mismo, pero por sus propias conciencias, y comienzan a partir uno por uno. Los más viejos primero, pues tienen más experiencia y reconocen la misericordia de Dios hacia ellos mismos una y otra vez. Pronto se han ido todos, y quedan Jesús y la mujer, quien no ha aprovechado la oportunidad para huir del lugar de su desgracia. Quizás ella también sabe muy bien lo que dirá Jesús y anhela oírle decir esas maravillosas palabras. Nuevamente Jesús levanta su rostro, se endereza y pregunta por los acusadores de la mujer. Ella afirma que no queda ninguno de ellos.

En forma enfática (literalmente el griego lee «ni *yo* a *ti* condeno») Jesús declara que él, el único que está allí sin pecado, tampoco la condena. Los escribas y los fariseos deshumanizan a la mujer y la ven como una herramienta para ser usada en sus maquinaciones. Por su parte, Jesús le devuelve su humanidad, dirigiéndose directamente a ella con el uso del pronombre. Pero Jesús va más allá del acto de perdonar, por maravilloso que sea. Le ofrece la posibilidad de una vida nueva, un comienzo donde todo lo pasado queda perdonado y ella puede restablecer su relación con Dios: «vete y no peques más». Los fariseos y los escribas le prometían muerte; Jesús le promete nueva vida, y vida en abundancia.

15. Sexto discurso: La luz del mundo (8.12-59)

a. El testimonio del Padre (8.12-20)

Si aceptamos la premisa de que 7.53-8.11 no forma parte de la composición original de Juan, el presente pasaje (y el resto del capítulo) continúan el discurso en el último día de la fiesta y representan la intensificación de las diferencias entre Jesús y los líderes religiosos. En 8.52 la intensificación llega a un punto culminante cuando los judíos intentan apedrear a Jesús. Y, como en el caso de las palabras de Jesús en 7.37-38 y su invitación a que todo sediento acuda a él para saciar su sed, las palabras que siguen estremecerán a los oyentes.

Jesús declara: «Yo soy la luz del mundo; el que me sigue no andará en tinieblas, sino que tendrá la luz de la vida». Para entender bien el impacto de las palabras de Jesús debemos explorar el trasfondo cultural. Es notable que en el Antiguo Testamento la Torá se caracteriza como una luz, o lámpara, que alumbra el camino de los fieles (Sal 119.105; Prov 6.23). Según la tradición rabínica la Torá, como la luz, tenía que darse al mundo (*Sabiduría Salomón* 18.3). De este ultimo día de la fiesta el tratado de la Misná Sukkot (Tabernáculos) dice en 5.3: «De los calzones pasados de los sacerdotes . . . se prendía fuego. No había ningún patio en Jerusalén que no resplandeciese con el fuego de la recogida del agua . . . los piadosos y los hombres de acción . . . con antorchas en sus manos . . . cantaban salmos . . .». Esta descripción del octavo día de la fiesta pinta el cuadro de un festival de agua y luz. Es obvio que la luz representaba la presencia del Dios del pacto, quien está siempre con su pueblo. En este ambiente cargado de simbolismo, Jesús declara que *él* es la luz del mundo y por tanto la declaración causa turbulencia entre los presentes, sobre todo porque viene inmediatamente después de su declaración sobre

Las señales y discursos públicos del Cristo (2.1–12.50)

el agua. En la primera declaración Jesús se presenta como el lugar adonde la humanidad ha de acercarse para beber el agua del Espíritu; ahora se identifica como el guía que le permite a la humanidad salir de la opresión de las tinieblas. El eco que oímos en el prólogo (1.5) de la batalla entre la luz y las tinieblas se ve claramente en este pasaje. Para salir de las tinieblas hay que seguir a Jesús. Hecha en el lugar de las ofrendas del templo (v. 20), esta declaración es un desafío para los oyentes y lectores: hay que romper con el orden de la religiosidad que oprime a la humanidad (las tinieblas) y acercarse a la luz-vida. El orden religioso es opresor por cuanto desorienta a la humanidad haciéndole pensar que marcha bien, y no le permite ver la luz que brilla en las tinieblas. La luz que Jesús ofrece es la vida (véase 1.4, «la vida era la luz de los hombres»).

Los fariseos que han considerado a Jesús como impostor (7.47) ahora reaccionan inmediatamente y tratan de invalidar el testimonio de Jesús dándole aspecto legal al intercambio que sigue. En 5.31, Jesús admite que un testimonio aislado no es válido. Aquí, declara que aunque él es su propio testigo, su testimonio sí es válido. ¿Por qué? En 5.31 se trata de la relación entre Jesús y la Ley, pues ambos reclaman autoridad divina. En tal caso es imperativo que Dios afirme el testimonio de Jesús; un testimonio aislado en tal caso no es válido. Aquí Jesús hace una invitación universal y con su declaración se ha presentado como Mesías, esto es, enviado por Dios, y por tanto su testimonio es válido, pues intrínsecamente contiene el apoyo divino: él es Enviado de Dios. Nótese la segunda parte de la oración: los oyentes no saben de dónde procede ni adónde va Jesús, a pesar de que antes pensaban que sí sabían de dónde venía Jesús. En contraste, Jesús sí sabe bien de dónde ha venido y adónde va. Según la Ley, el testimonio de dos es válido, y aquí Jesús y el que lo envió son los dos que confirman las palabras de Jesús.

Los fariseos no pueden percibir adecuadamente quién es Jesús porque se mueven en el ámbito de la carne —esto es, juzgan por la apariencia basada en sus presuposiciones en cuanto al Mesías de Dios. Son personas que tienen fijo en sus mentes el perfil del Mesías, y quien no encaje en ese molde no puede ser el Mesías. En cambio Jesús no juzga a nadie. No excluye a nadie de la luz del mundo. Todos son invitados a seguirle. Y por tanto Jesús no condena a nadie. Una vez más los fariseos tratan de invalidar el testimonio de Jesús en vez de considerar su veracidad. Saben que Jesús habla de Yahvé como su Padre y preguntan, «¿Dónde está tu padre?» No están al tanto de que el rostro de Jesús es el rostro de Dios y que si no conocemos a Jesús no podemos conocer al Padre (Jn 14.9).

Es importante notar que Juan añade que esta conversación ocurre en el lugar del tesoro en el templo. La batalla entre las luz (Jesús) y las tinieblas (fariseos) es evidente no solamente por la oposición contra Jesús, sino también por el idioma empleado al narrar el episodio. El verbo «matar» (*apokteino*) se usa seis veces en 7-8 (7.19, 20, 25; 8.22, 37, 40) refiriéndose a las malas intenciones de los líderes religiosos asociados con el templo. En 2.16 Jesús declaró que el verdadero templo es su cuerpo, el mismo que estos ahora están dispuestos a matar aun en los atrios mismos del templo que es su orgullo y el centro de su devoción religiosa. Irónicamente, están listos para hacer la voluntad de Dios; pero todavía no, pues aún no ha llegado la hora.

b. La muerte en el pecado (8.21-24)

Otra vez Jesús responde con una frase enigmática que repite lo dicho en 7.34, pero con una advertencia del peligro que corren los fariseos. Sin saberlo, se encuentran en circunstancias desastrosas que los llevarán a la muerte. A través del capítulo, los líderes judíos tramaban la muerte de Jesús, y ahora Jesús les anuncia que son ellos quienes corren el peligro de morir. Claro está que ellos no entienden lo que Jesús dice por cuanto Jesús y los judíos emplean el mismo vocablo con sentidos diferentes. Los líderes judíos hablan de morir como el fin de la vida terrenal, mientras que Jesús habla de morir en el sentido de no participar en la vida eterna. El vocablo «pecado» trae a la mente del lector la declaración de Juan el Bautista en 1.29, «He aquí el Cordero de Dios que quita el pecado del mundo». El enemigo que ellos quieren eliminar es el único que les puede salvar. ¡Los adversarios muestran su falta de conocimiento al especular que aquel a quien ellos quieren eliminar va a suicidarse!

El comentario que aparece en 8.22 revela en qué plano se mueven. Pertenecen al mundo (abajo) mientras que Jesús no es de este mundo (arriba). Por fin les indica que el peligro se encuentra precisamente en la hostilidad contra Jesús. Pero tienen una oportunidad: «a menos que (pues así debe traducirse el modo condicional griego *ean me*) creáis que

Las señales y discursos públicos del Cristo (2.1–12.50)

yo soy». La frase «yo soy» sin predicado alguno es ambigua. ¿Quiere decir a menos que creáis que Jesús es la luz del mundo, o que es de arriba? Anteriormente en el Evangelio, Jesús ha usado la misma expresión sin predicado dos veces: En 4.26, en su conversación con la samaritana, y en 6.20, cuando se acerca a sus discípulos caminando sobre el mar de Galilea. En ambos casos, «yo» funciona como el predicado, «soy yo,» e identifica a alguien conocido por los oyentes. En el primer caso la identificación es con el Mesías, mencionado por la mujer (4.25), y en el segundo caso Jesús simplemente quiere identificarse para aliviar el susto que experimentan los discípulos al ver a alguien caminando sobre las aguas. En 8.24, el uso de la expresión no es tan fácil de comprender. Una interpretación prevaleciente entre los comentaristas es que Jesús usa la frase para identificarse con la expresión que Dios emplea en el Antiguo Testamento para referirse a sí mismo (Dt 32.39; Is 41.4; 43.10, 25; 45.18, 19; 48.12). Empero, no está claro que los oyentes entiendan la expresión en ese sentido, pues preguntan «¿quién eres tú?» (8.25). Como veremos, más adelante, en 8.58, el uso sí implica asociación con la deidad.

c. *El Padre y el Hijo (8.25-30)*

Los presentes no comprenden la declaración de Jesús en cuanto a su identidad y le preguntan directamente: «Tú, ¿quién eres?» La pregunta es idéntica a la que se le dirige a Juan el Bautista (1.19) y solicita una respuesta igualmente directa. Un vistazo a varias versiones modernas instruirá al lector sobre la dificultad de traducir y entender la respuesta de Jesús. Algunas versiones presentan la respuesta como un interrogatorio de Jesús: «¿Qué os he estado diciendo desde el principio?» o «¿De qué estoy hablando con vosotros?». El griego es difícil de traducir, particularmente cuando consideramos que Jesús se está expresando enigmáticamente. Quizás con un tono de exasperación Jesús les recuerda lo que les ha estado diciendo desde el principio, y añade que hay aún mucho más que él quisiera compartir con ellos, particularmente en cuanto a revelar lo que ha oído de parte de Dios. Resulta difícil para nosotros, quienes leemos estas palabras después de la resurrección y de siglos de meditación cristiana, entender que una mera respuesta «Yo soy el Mesías» o «Yo soy Dios» no bastaría. Hay mucho más que entender y que decir. El mismo título «Mesías» estaba repleto de diversas connotaciones para cada grupo de judíos y aun para cada individuo. Las expectativas históricas que se habían estado desarrollando en el judaísmo del segundo templo (400 a.C.–100 d.C.) en cuanto al Mesías habían nublado el entendimiento del pueblo de tal manera que una declaración abierta por parte de Jesús de que él era el Mesías daría por resultado una confusión no muy diferente a la que experimentan los judíos en este pasaje. En efecto, Jesús responde que para comprender quien es él es necesario que escuchen atentamente y crean en él. Pero nuevamente vemos que aunque muchos de ellos entienden que Jesús les habla de Dios Padre, también muchos permanecen en las tinieblas.

Aunque al momento no entienden, Jesús les ofrece un pequeño rayo de luz. Cuando el Hijo del Hombre sea levantado (la crucifixión, véase 3.14), entonces comprenderán quién es él. En ese momento de supremo castigo contra el pecado, cuando todos concluirán que el crucificado ha sido abandonado por Dios, aun en ese momento, Dios está con Jesús. ¿Por qué? Porque él hace todo lo que agrada a Dios; esto es, vive una vida sin pecado para quitar el pecado del mundo. Por fin muchos comprenden y creen en él. Es necesario hacer una pausa aquí y notar que no todos los oyentes permanecen en las tinieblas. Muchísimas veces oímos de la dureza de los corazones de los judíos en estos pasajes de nuestro Evangelio, pero olvidamos que muchos creen en Jesús. Ese énfasis en la incredulidad de los judíos es un prejuicio que debemos de evitar a toda costa, pues puede afectar la manera en que hoy día nos relacionamos con el pueblo judío. Observamos el mismo error cuando hablamos de los incrédulos de Atenas sin notar que otros creyeron el mensaje predicado por el Apóstol Pablo en esa ocasión (Hch 17.34).

d. Esclavos del pecado (8.31-47)

Jesús ahora dirige su discurso al grupo de adversarios convertidos en discípulos. Es una escena con reminiscencias al discurso sobre el pan de vida (Jn 6), cuando aun los discípulos titubean, muchos se apartan de Jesús y los fieles concluyen «¿adónde iremos si tú tienes vida eterna?». Aquí vemos, al final del discurso, que quienes le escuchan toman piedras para eliminar al que ellos estiman como blasfemador (8.59). El tema de esta porción del discurso se presenta como un juicio para determinar la paternidad de los participantes (los judíos, los discípulos y Jesús mismo).

Las señales y discursos públicos del Cristo (2.1–12.50)

Dirigiéndose a los que ahora creen en él, Jesús les exhorta a que se mantengan fieles a su palabra —esto es, a su enseñanza. Esa es la condición para ser verdaderamente discípulo del Maestro. El permanecer en Jesús se refiere al deber del discípulo de permitir que la enseñanza del Señor transforme su vida entera, su perspectiva, su pensamiento y su modo de vivir. Tristemente, muchos mal llamados «discípulos» llaman al Maestro «mi Jesús» y piensan en él como una mera conveniencia personal. Veremos en el resto del capítulo cómo este concepto de Dios está detrás de la falta de compromiso de estos tales discípulos.

Al mantenerse firmes en la enseñanza de Jesús, sus discípulos conocerán la verdad y la verdad los liberará. Esta es una de las citas bíblicas que más oímos en nuestros esfuerzos evangelizadores. La verdad a que Jesús se refiere aquí es su identidad, quién él es. A esto se alude antes, cuando Jesús reclama que todavía tiene mucho más que enseñar. El discípulo no puede comenzar su jornada de fe con pleno conocimiento de quién es su Señor, ni exactamente qué es lo que ese Señor requiere. Pero, al conocer al Señor, el discípulo quedará libre y podrá vivir para Dios y no para sí mismo.

El compromiso superficial de algunos que se cuentan entre los discípulos comienza a influenciar su entendimiento. Reclamando que son hijos de Abraham y que nunca han sido esclavos demuestran que no entienden claramente lo que Jesús les dice. Ellos piensan en la realidad socio-política. Aunque habían servido bajo otras naciones (y ahora eran súbditos de Roma) los judíos espiritualizaban su condición nacional y afirmaban que, aun en medio de la opresión política, ellos eran libres. Esto no es muy diferente a la perspectiva cristiana hoy día. Un creyente puede vivir en una situación política de suma opresión e imaginar que es completamente libre. Estos «discípulos» son análogos a los sanos que no necesitan médico. Jesús explica que él habla de la esclavitud al pecado. En contraste con quien es verdaderamente libre al tiempo que reside en una sociedad opresiva, tenemos el ejemplo de quien vive en una sociedad completamente libre en el sentido socio-político, pero es esclavo del pecado. La intención de matar a Jesús es un ejemplo de esa esclavitud. Aunque son hijos de Abraham («sé que sois descendientes de Abraham») quieren eliminar a quien no ha hecho mal alguno (véase más adelante: «¿quién me acusa de pecado?»).

La afirmación de que eran hijos de Abraham («nuestro padre es Abraham»), aunque veraz, condujo a muchos judíos a depender de su linaje étnico-cultural y no de su linaje espiritual. Juan el Bautista, y después Jesús, afirmarían que aun de las piedras Dios puede hacer hijos o hijas. La manera de vivir es índice del linaje de la persona, y por tanto Jesús afirma que los oyentes demuestran la naturaleza de su padre —a quien todavía no identifica aunque en breve lo hará. Los judíos afirman nuevamente que son hijos e hijas de Abraham, y Jesús reitera que el deseo de matarle revela de quién proceden y añade que él dice lo que ha oído de su Padre (tema común en todo este capítulo).

El discurso intensifica la polémica. Los judíos recurren a las tácticas de descalificación empleadas anteriormente y acusan a Jesús de ser ilegítimo. Al decir que ellos no habían nacido de fornicación, insinúan que están al tanto de que el nacimiento de Jesús fue algo irregular. El lector moderno de los Evangelios, familiarizado con las narraciones de la natividad de nuestro Señor, pierde el sentido de escándalo que seguramente se asociaba con el nacimiento de Jesús en la comunidad judía. ¿Quién hoy día aceptaría como veraz el cuento de una joven que dice que su embarazo es producto del Espíritu Santo de Dios? El mismo escepticismo existiría en el primer siglo. Lo creemos porque esto afirman los Evangelios y la tradición cristiana. Los participantes de la historia que aquí se narra, los judíos, no tienen acceso a esta tradición. Su intención es invalidar la enseñanza de Jesús denigrando su persona. ¿No hacemos lo mismo nosotros hoy día?

Jesús responde a la difamación señalando que los verdaderos hijos e hijas de Dios aman al que Dios envió (el Hijo). Estos otros ni comprenden ni aceptan lo que Jesús dice sencillamente porque son hijos e hijas del diablo. La afirmación de que el diablo es asesino desde el principio y padre de mentira es una referencia al Génesis 3 (el diablo en Edén) y Génesis 4 (Caín y Abel). Jesús no responde a la insinuación de nacimiento ilegítimo, sino que pregunta de qué pecado le acusan y afirma nuevamente que los verdaderos hijos de Dios oyen las palabras de Dios (esto es, la enseñanza de Jesús, «permaneced en mí»). Por tanto, ellos no son de Dios.

Las señales y discursos públicos del Cristo (2.1–12.50)

e. La gloria del Padre al Hijo (8.48-59)

La acusación de ser samaritano es otra forma de invalidar a Jesús, ya que desde el punto de vista judío los samaritanos ilegítimamente se declaraban descendientes de Abraham. Si Jesús es samaritano, o si es poseído por un demonio, entonces su enseñanza es inválida. Mas Jesús repite detalles mencionados anteriormente en el discurso (él honra a Dios, no busca su gloria sino la de Dios) y declara fuertemente que el que guarda (mantenerse en el v. 31) su palabra nunca verá muerte. La declaración es mal interpretada por los oyentes quienes preguntan, «¿quién crees que eres que piensas que eres mayor que Abraham?». Jesús no puede negar que conoce a Dios, pues sería entonces mentiroso. En la respuesta de Jesús vemos una alusión a la opinión de muchos judíos del primer siglo, que pensaban que Abraham era profeta y había visto el glorioso futuro prometido por Dios. Jesús dice que Abraham se gozó al ver el día de Jesús. Los judíos entienden la referencia literalmente y responden: «¿apenas tienes cincuenta años y dices que has visto a Abraham?».

En respuesta, Jesús articula la afirmación más clara que ha hecho hasta entonces en el Evangelio. (No debemos confundir los comentarios del evangelista, tales como las declaraciones en el prólogo, con las afirmaciones del mismo Jesús). Empleando otra vez una fórmula de autoridad («de cierto, de cierto os digo»), Jesús dice «antes que Abraham fuera, yo soy». La frase «yo soy» ha sido discutida brevemente más arriba, pero este uso aquí es muy singular y resulta claro que la referencia es al uso del nombre divino en Éxodo 3.14. Jesús declara que existió antes que Abraham y ahora está presente con sus oyentes. Claramente la divinidad de Jesús se afirma con este pasaje. La existencia de Jesús es continua ya que su vida es la fuente de la vida (véase 1.1-4) y todo tiene vida por él. Estas últimas palabras de Jesús fuerzan a los presentes a abandonar toda inclinación de seguir a Jesús, y toman piedras para arrojárselas. ¿Por qué? Porque por fin comprenden lo que Jesús ha estado insinuando en el discurso y en otras ocasiones en el Evangelio. Jesús entonces se aparta de ellos.

La tradición cristiana y la teología ortodoxa han afirmado por siglos que Jesús es Dios encarnado y que en él reside la plenitud de la deidad. Acudimos a él como a Dios y le debemos el mismo honor y respeto que le debemos a Dios. Si no fuese Dios en la carne, los judíos en este episodio estaban obligados a llevar a cabo su intención de apedrearle. El que Jesús se aparte de ellos sin aclaración alguna sobre lo que ha declarado es una afirmación de que ellos (los judíos) por fin captaron la realidad de quién Jesús dice que es.

16. Sexta señal: Vista al ciego de nacimiento (9.1-42)

La curación del ciego de nacimiento (9.1-38) y el discurso del Buen Pastor (9.39-10.21) son una unidad literaria de estilo joanino (primero una señal y luego un discurso relacionado con ella). En 9.1-38, el ciego de nacimiento recibe la vista causando un intercambio dramático entre los caracteres narrativos (ciego, vecinos y otros, fariseos, Jesús), y el discurso del Buen Pastor concluye con la interrogación «¿acaso puede un demonio abrirles los ojos a los ciegos?». La falta de artículo temporal implica, contra la opinión de la mayoría de los comentaristas, que el episodio del capítulo 9 ocurre inmediatamente después del discurso sobre la luz del mundo. El 10.22 introduce la fiesta de la Dedicación y por tanto anuncia el paso del tiempo.

En la fiesta de los Tabernáculos Jesús declara que él es la luz del mundo (8.12) y ahora Juan nos presenta un ejemplo de la realidad de esa verdad en la vida cotidiana. Un hombre que ha vivido toda su vida en las tinieblas es recipiente de la luz y al concluir la historia ve física y espiritualmente, mientras que quienes no tienen limitaciones físicos que les impidan ver, al concluir el episodio son declarados espiritualmente ciegos.

Estilísticamente, el episodio ante nosotros (9.1-34) refleja las curaciones narradas en los Evangelios Sinópticos. Una obra milagrosa es seguida por una controversia. En la tradición sinóptica la curación de ciegos era sello del ministerio mesiánico de Jesús. En el Antiguo Testamento la recuperación de la vista se asociaba con Dios mismo (Ex 4.11; Sal 146.8) y sería señal evidente de la era mesiánica (Is 29.18; 35.5; 42.7). Resulta claro que los autores de los Evangelios entienden esta actividad mesiánicamente, pues encontramos varios episodios de ciegos curados en sus compilaciones literarias (Mt 11.5; Mc 10.46-52; Lc 4.17; 7.22; 18.35-43; Jn 9, y otros pasajes). Las semejanzas de Juan 9 con el episodio en Jn 5.1-18 son notables: dos personas con crónicas necesidades físicas (paralítico por 38 años, ciego de nacimiento);

Las señales y discursos públicos del Cristo (2.1–12.50)

ambos son sanados un sábado; ambos dialogan con líderes; ambos se encuentran con su benefactor después de ser curados. Pero las reacciones de los dos sanados son muy diferentes. Mientras que el paralítico no confiesa relación alguna con Jesús, sino que, al contrario, parece acusar a Jesús ante los oficiales del judaísmo, el ciego se incluye a sí mismo entre los llamados discípulos.

a. Jesús sana al ciego (9.1-7)

Jesús se separa de sus adversarios y en el camino («al pasar») ve a un ciego de nacimiento. Este mendiga, pues no tiene ninguna otra forma de proveer para sí mismo (v. 8). El concepto que el mal que la gente sufre se debe al pecado, y no al capricho divino, es común en la Torá (Ex 20.5; Nu 14.18; Dt 5.9). Estos y otros pasajes afirman que Dios visita la maldad de los padres sobre los hijos. Los rabinos, y antes que ellos los profetas de Israel (véase por ejemplo Jer 31.29) debatían el punto, particularmente en los casos en que quien sufre aparentemente no es culpable por lo que le ocurre. Los discípulos de Jesús (la última vez que el grupo como un todo participó en la narración es 6.60-71), reconociendo la obra de Maestro en Jesús («Rabí»), indagan en cuanto al mal que ha venido sobre el ciego toda su vida: ¿pecaron sus padres, o pecó el hombre cuando estaba todavía en el vientre de su madre? Jesús rechaza las opciones consideradas y ofrece otra opción: el ciego ofrece una oportunidad para que las obras de Dios se manifiesten en él.

La mayoría de las traducciones modernas interpretan mal el uso de la partícula *jina* (normalmente usada para expresar causa o resultado). Si entendemos esto aquí en el sentido de causa, querría decir que Dios causó que este hombre naciese ciego para que después de años de sufrimientos Dios fuera glorificado. Esta interpretación suena caprichosa y crea un concepto de un Dios cruel que para su gloria hace a un hombre sufrir. En las Escrituras Dios nunca es la causa del mal que sufre la humanidad o la creación. Ese es el fundamento de la pregunta de los discípulos al ver al ciego de nacimiento. En este caso es mejor entender *jina* como resultado. (En Mc 4 y paralelos vemos que Jesús explica su uso de parábolas empleando *jina*, no como causa [Jesús habla en parábolas causando que la humanidad no entienda] sino como resultado [Jesús habla en parábolas y el resultado es que la humanidad no entienda]). En tal caso el sentido es que ni este hombre ni sus padres pecaron para que naciese ciego. Pero el resultado es que Dios se glorificará en él. Por tanto, continúa Jesús, «es necesario hacer las obras del que me envió». El uso de *jina* no es lo único que complica la interpretación de este pasaje. La traducción del versículo 4 confunde al lector al sugerir que Jesús es el único que hace las obras de Dios. El pronombre y el verbo están en plural y sería mejor traducir la oración como «Nos es necesario que hagamos las obras de Dios ...». El sufrimiento del ciego es una oportunidad para que Jesús y sus discípulos hagan las obras de Dios, o sea, pongan en práctica los principios de amor y compasión que son característicos de nuestro Dios.

Nuevamente encontramos en estos versículos alusiones a la celebración de la fiesta de los Tabernáculos. Mientras haya luz («dura el día») hay que hacer las obras de Dios. Pronto vienen las tinieblas (la noche) cuando no se puede trabajar. Hoy día nuestra familiaridad con la luz artificial nos hace perder de vista el poder de la metáfora luz-tinieblas. En la antigüedad, el anochecer implicaba el fin de toda obra. Jesús aquí alude a que vendrá un tiempo cuando sus discípulos estarán rodeados por las tinieblas y no podrán hacer el bien. Por tanto ahora han de aprovechar el tiempo. Para que sus discípulos no pierdan el sentido de sus palabras Jesús añade: «Mientras estoy en el mundo, luz soy del mundo». La referencia a Jesús como la luz del mundo implica que quienes creen en él permanecen en el día y por tanto pueden hacer el bien.

Con una acción que trae a la memoria la creación de la humanidad (Gn 2), Jesús toma tierra, escupe y hace lodo. Sus acciones sugieren que lo que va a ocurrir es un acto de creación más bien que de recuperación: Jesús está creando algo nuevo. Después de ungir los ojos del ciego con el lodo, Jesús lo envía al estanque de Siloé —el mismo estanque diariamente usado durante la fiesta de los Tabernáculos para sacar agua. Juan traduce el nombre del estanque para sus lectores griegos, «enviado». En el último día de la fiesta Jesús proclamó que todo necesitado podía venir a él y beber agua viva, que no había que bajar al estanque de Siloé a buscar agua. Ahora envía al ciego a lavarse en el estanque de Siloé para que pueda ver —hay que acudir al Enviado para ver espiritualmente. En obediencia el hombre va al estanque, se lava y regresa viendo.

Las señales y discursos públicos del Cristo (2.1–12.50)

b. El efecto en los vecinos (9.8-12)

Con breves palabras el evangelista ágilmente narra la reacción de las personas familiarizadas con el hombre y su previa condición. Rápidamente oímos tres reacciones representativas: la de los vecinos, la de otras personas y la del hombre mismo. Primero los vecinos. Quizás algunos de ellos lo acompañaban de vez en cuando hasta el lugar donde usualmente mendigaba, y ahora se preguntan: «¿No es este el que se sentaba y mendigaba?» Esta pregunta parece extraña en labios de quienes diariamente veían a este hombre, pero debemos considerar que la identificación principal que ellos tenían de él era como un ciego y por tanto al verlo caminando como ellos —sin ayuda o sin indicación alguna de su ceguera— piensan que quizás *sus* ojos los engañan. Nosotros reaccionaríamos de manera semejante en tal circunstancia.

La reacción del segundo grupo, quienes están más distantes del hombre, ofrece dos opciones. Unos dicen que sí es el mismo hombre, mientras otros toman la posición opuesta, añadiendo que se parece, pero no es la misma persona. Por fin el hombre habla por sí mismo y responde que él sí es el hombre que antes era ciego y mendigaba, y que ahora ve. El «Yo soy» del hombre es gramaticalmente idéntico al «Yo soy» pronunciado por Jesús en varias ocasiones en el Evangelio de Juan. Este uso (9.8) sirve como advertencia frente a dos errores que escuchamos frecuentemente desde un buen número de púlpitos cristianos: Primero, que el uso del «Yo soy» es indicativo de la divinidad de Jesús. Como hemos visto en varias ocasiones en este Evangelio, el uso es cotidiano (véase la declaración ante la samaritana en el capítulo 4 y la afirmación de la identidad de Jesús ante los discípulos durante la noche en el 6). Pero hay ocasiones cuando el uso sí tiene connotaciones divinas. Esto ocurre en 8.58 y más adelante. El segundo error tiene que ver con el uso de la frase «yo soy». Algunos dicen que los judíos se abstenían de usar esa frase, fuese en hebreo, arameo o griego, por su asociación con el nombre divino (Ex 3.14). Eso no es verdad. Sabemos que el lenguaje funciona contextualmente y en la comunicación lo dicho (sea escrito u oral) ha de entenderse teniendo en cuenta a los participantes. Por tanto se comprende claramente cuando el uso es cotidiano y no había que evitar el uso de la frase.

Una vez determinado el hecho de que el hombre es el mismo que mendigaba, esto resulta en la pregunta lógica: «¿Cómo te fueron abiertos los ojos?» Hasta ahora el lector no ha tenido el privilegio de oír lo que este hombre opina de Jesús. De aquí en adelante observaremos una trayectoria que se mueve desde la indiferencia («aquel hombre») hasta la adoración. En 9.11 conoce solamente el nombre de su benefactor, aquel hombre que se llama Jesús. Sucintamente el hombre narra su experiencia. Primero el Jesús hizo lodo y con este ungió los ojos del ciego. Además el mismo hombre Jesús le ordenó que fuese al Siloé y se lavase. Es importantísimo para el conflicto que sigue subrayar que el hombre previamente ciego entiende muy bien que Jesús hizo lodo, lo untó en sus ojos y le ordenó que se lavase en Siloé. Para los judíos hacer lodo y ungir a alguien con intenciones de sanar, así como lavarse, eran actividades prohibidas en el sábado. Por tanto acusarían a Jesús no solo de quebrantar la ley del sábado, sino también de incitar a otros a hacer lo mismo.

Habiendo recibido tan glorioso don de parte de Jesús esperaríamos que el hombre supiera más de Jesús, pero solo sabe el nombre de quien le sanó, y ni siquiera sabe dónde está. Muy diferentemente a nosotros actúa Jesús en este acto curativo. Esperamos elogios y reconocimientos de parte de aquellos a quienes servimos, y hasta lo esperamos antes de actuar para su bien. Las obras de Dios en beneficio de la humanidad no dependen de la disposición de la humanidad para con Dios (el sol brilla sobre los buenos y los malos, esto es, sobre quienes sirven a Dios y sobre quienes son sus adversarios), sino de la compasión divina hacia los necesitados. Las obras que los discípulos de Jesús (nosotros) han de realizar durante el día de su existencia han de hacerse sin esperar que las personas se añadan al grupo de creyentes (nuestra iglesia). Lo glorioso es que «por sus obras reconocerán que son hijos e hijas de Dios», así los beneficiados glorificarán a Dios por nuestras buenas obras.

c. *El que antes era ciego y los fariseos (9.13-34)*
i. Discusiones preliminares (9.13-17)

El hombre que había sido ciego es llevado a los fariseos. El texto es ambiguo en cuanto a quién le lleva, aunque es probable que sean los

Las señales y discursos públicos del Cristo (2.1–12.50)

vecinos y otros mencionados arriba. El narrador nos informa que el día de la curación fue sábado, y es por eso que los fariseos muestran interés por lo acaecido. La narración del episodio se presenta de tal manera que Juan insinúa que el interés de los fariseos no es la curación del hombre, ni aun la persona de Jesús mismo, sino que su interés se debe al quebrantamiento de las tradiciones del sábado y a su deseo de conservar las tradiciones legales. La obsesión con la Ley domina su perspectiva. El que había sido ciego cuenta nuevamente lo ocurrido, esta vez más sucintamente: me puso lodo, me lavé y veo. El enigma para los fariseos es evidente de inmediato, y responden en base al modo en que entienden y juzgan a la persona de Jesús: «Ese hombre no procede de Dios, porque no guarda el sábado.... ¿Cómo puede un hombre pecador hacer estas señales?» La identidad religiosa de algunos se fundamenta en las tradiciones legales y su observancia. Para ellos Jesús es un pecador. Otros optan por la identificación de la curación como una señal (de Dios) y por tanto no pueden, por el momento, aceptar la declaración de que Jesús es pecador. Están perplejos por lo que ocurrió, pues ni su experiencia personal ni su conocimiento de la Torá les ofrecen la flexibilidad necesaria para discernir lo que está pasando ante ellos.

Mientras los fariseos muestran que se encuentran en declive hacia la ceguera espiritual, el hombre que había sido ciego se encuentra también en una cuesta, pero de ascenso hacia la luz. La indecisión de los fariseos, y la división entre ellos, se debe a que ven que el hombre ha sido sanado. En cuanto al hombre mismo, aunque no está completamente seguro de quién es Jesús (¡el hombre ni siquiera ha visto a Jesús!) su experiencia y su conocimiento le conducen a decir «que [Jesús] es profeta». Esta debió haber sido una de las opciones ante los fariseos, pero en sus mentes el sábado quebrantado es un pecado tan absoluto que no pueden aceptar que sea obra de Dios, y buscan alguna forma de invalidar lo acontecido (la señal) en vez de justificar la violación del sábado con la salud del ciego. Con ese propósito convocan a los padres del hombre curado.

ii. Preguntas a los padres del hombre (9.18-23)

La fe está fuera del alcance de los fariseos, y por tanto no creen (*oukepisteusan*) que el que ahora está frente a ellos haya sido ciego.

Buscan probar la imposibilidad de lo acaecido, y por ello convocan a quienes pueden dar pie a su sospecha de que el hombre no nació ciego: sus padres, quienes que le trajeron a la luz del día. Los fariseos articulan su pregunta cuidadosamente, sugiriendo que los padres han estado mintiendo en cuanto a la ceguera de su hijo («el que vosotros decís que nació ciego»). Para mortificación de los fariseos, los padres insisten en que este sí es su hijo y que sí nació ciego, pero no tienen idea alguna de cómo es que ahora ve. Deseando apartarse de la controversia, hábilmente esquivan la pregunta de los fariseos. Al decir «edad tiene», les recuerdan a sus inquisidores que según la Torá y las tradiciones judías, el que había sido ciego, siendo ya mayor de edad, ha de dar cuenta por sí mismo. Ya no está bajo la jurisdicción de sus padres, ni es responsabilidad de ellos. Su distanciamiento legal les libra de la obligación de responder por el curado, obligando a los fariseos a depender del testimonio del hombre que había sido ciego.

En los vv. 22-23 tenemos un comentario del evangelista explicando por qué los padres responden bruscamente a la interrogación de los fariseos: «Esto dijeron sus padres porque tenían miedo de los judíos, por cuanto los judíos ya habían acordado que si alguno confesaba que Jesús era el Mesías, sería expulsado de la sinagoga». El uso del título «el Cristo» en este contexto es sorprendente, pues es la primera vez que ocurre en la conversación. Lo que se discute es si Jesús es o no es enviado por Dios (16) o un profeta (17). La discusión en 7.41-43 nos informa que entre los judíos presentes para la fiesta algunos consideraban la posibilidad de que Jesús fuera el Cristo, mientras que otros rechazaban tal opinión. Aparentemente ahora la influencia farisaica es suficientemente fuerte para eliminar toda discusión sobre el tema.

La frase «fuera de la sinagoga» ocurre en tres lugares en Juan (aquí, en 12.42 y en 16.2), pero no aparece en ningún otro lugar en toda la literatura griega, aparte de las discusiones patrísticas sobre estos versículos. Empero, en el judaísmo se practicaba la excomunión como disciplina temporal —aunque a primera vista Juan 9.22 parece sugerir una expulsión permanente. La expulsión de judíos por lealtad a Jesús como el Cristo, en Juan 9, parece anacrónica, pues no es sino más tarde, en las llamadas *Dieciocho bendiciones*, que encontramos evidencia de conflicto mesiánico en las sinagogas (aunque allí no aparece la frase «fuera de la sinagoga»). La llamada *Bendición del hereje* (que es en realidad una maldición) forma parte de las oraciones sabatinas y dice: «Para los renegados no haya esperanza, que el reino arrogante sea desarraigado en nuestros días, y que los nazarenos [cristianos] y los herejes mueran en un momento, sean borrados del libro de la vida y no sean contados con los justos. Bendito eres O Señor que humillas al arrogante». Al añadir esta maldición a las oraciones sabatinas, en los años 90, esta oración hacía que los cristianos judíos se apartasen por fin de las sinagogas y dejasen de adorar en ellas. La falta de evidencia literaria sugiere que esta práctica no era común a mediados del primer siglo, y por tanto parece fuera de lugar aquí. Existe la posibilidad de que la expulsión mencionada en Juan 9.22 sea de carácter temporal e infrecuente (sin olvidar que lo dicho en 9.34 es la única referencia histórica que apoya tal expulsión, pues no existen otros ejemplos). Es probable que los judíos cristianos, entre los lectores originales del Evangelio, encontrándose a fines del primer siglo de nuestra era, también experimentaran hostilidad y conflictos con sus vecinos que no eran discípulos. Puesto que esta es la primera referencia histórica para tal expulsión, es posible admitirla como cronológicamente correcta, o también, aceptar la sugerencia de que la tradición es tardía.

iii. El hombre queda excomulgado (9.24-34)

Concluida la interrogación de los padres sin la información y prueba esperadas, de nuevo (literalmente: por segunda vez) el que había sido ciego es interrogado por los fariseos. Los fariseos acusan al hombre de falsificar la historia de alguna manera y, utilizando una fórmula de juramento común en el judaísmo, «da gloria a Dios» (Jos 7.19; 1 Cr 30.6-9; Jer 13.16), le instan a que diga la verdad. Irónicamente, el hombre, al mantenerse firme en su historia y al confesar lo que sabe con seguridad, glorifica a Dios, que es exactamente lo que los fariseos desean que haga. La insinuación de la culpabilidad del hombre surge de la conclusión que los fariseos buscan pero no encuentran. Sin haber interrogado a Jesús, quien es juzgado en ausencia, los fariseos saben que Jesús es pecador. Esta declaración, hecha inmediatamente después de la amonestación al hombre para que dé gloria a Dios es una forma de sugerir lo que ellos quieren que el hombre diga: que

Jesús es un pecador. Ya no tienen interés alguno en los detalles del acto curativo; solamente buscan apoyo para la conclusión a que quieren llegar. El juicio de Jesús en el capítulo 18 seguirá el mismo esquema. Los líderes religiosos están convencidos de la culpabilidad de Jesús, y solamente buscan quienes verifiquen lo que ya ellos han concluido. El que los testimonios no lleven a su conclusión no les importa. Aquí observamos que todos los testigos confirman que un milagro extraordinario ha ocurrido, y en la teología de los judíos solamente el poder de Dios podía hacer tal señal o milagro. Por tanto, algunos de los mismos fariseos se preguntan «¿cómo puede un pecador hacer semejantes señales?»

Por su parte, el que había sido ciego no puede aceptar el «conocimiento» de los reconocidos maestros de su día y declara «si es pecador, no lo sé». El hombre, con su limitado entendimiento de la Torá y falta de experiencia en deliberaciones jurídicas, es quien razona justamente como las Escrituras demandan. Sobre la base de lo que él sabe, no puede determinar si Jesús es pecador o no. Pero sabe algo de mucha importancia, y es su propia experiencia, de modo que afirma su evaluación de Jesús en ese fundamento: «habiendo yo sido ciego, ahora veo». Por tercera vez, el que antes fue ciego cuenta su historia sin desviarse de ella. Los fariseos tratan una vez más de ver si el hombre cambia la historia y preguntan: «¿Qué te hizo? ¿Cómo te abrió los ojos?» Exasperado por la insistencia de los fariseos, el hombre responde «ya os lo he dicho» y sugiere que quizás los fariseos deseen hacerse discípulos de Jesús también. El adverbio «también» indica que aparentemente el hombre ya piensa de sí mismo como discípulo.

La audacia del hombre sorprende a los fariseos, quienes responden insultándole y declarándole discípulo de Jesús, mientras que ellos se jactan de ser discípulos de Moisés. Ellos saben (ya antes han dicho que saben que Jesús es pecador) que Dios le habló a Moisés, pues sus Escrituras y sus tradiciones lo confirman. La intención es crear dos bandos en la batalla para así identificar las diferencias; Moisés y el judaísmo en un bando, Jesús y sus discípulos en el otro. Pero, como vimos en un discurso anterior, Jesús declara que si ellos de veras fuesen discípulos de Moisés, creerían en Jesús, pues Moisés habló de él (5.46). Ellos le han prestado tanta atención y respeto a las palabras de Moisés como al testimonio de este hombre.

Las señales y discursos públicos del Cristo (2.1–12.50)

Su desprecio hacia Jesús resulta evidente por su punto de referencia: «pero respecto a *ese*». Ni siquiera pronuncian su nombre, admitiendo que no saben de dónde ha salido Jesús. Esta declaración es al mismo tiempo sorprendente y contradice lo que ellos mismos ya han admitido. Varias veces en su conversación con los judíos, incluso con los fariseos, Jesús explica que él es el enviado por Dios y que ha bajado del cielo. Además, en 7.17 los judíos afirman que saben de dónde procede Jesús —aunque en realidad no lo saben— y añaden que cuando el Mesías venga nadie sabrá de dónde procede. Lo que demuestra esta confusión por parte de los fariseos es que su interés no es determinar si Jesús es realmente el Mesías o no. Están convencidos, ya que por su ceguera están en las tinieblas, de que no lo es. Por tanto dedican todo esfuerzo a desacreditar cualquier testimonio que aparentemente defienda a Jesús.

Los vv. 30-33 nos dan la respuesta del hombre a las interrogantes de los fariseos. En tono irónico él expresa lo maravilloso (*thaumaston*, palabra que solamente aquí aparece en Juan, pero que es común en los Sinópticos para describir la reacción a los milagros de Jesús) de la situación. Los fariseos, con toda su educación y piedad no saben de dónde ha salido Jesús (quizás al usar el verbo «saber» el hombre tiene en mente las afirmaciones hechas por ellos con el mismo verbo). Sin embargo (el conjuntivo «y» es enfático y ha de entenderse en el sentido «y aun así»), dice el hombre, a mí me abrió los ojos. El uso de los pronombres «vosotros» y «a mí» subraya la ironía. *Vosotros* los religiosos y educados no saben de dónde ha salido Jesús, y *a mí*, un pobre hombre nacido ciego, me abre los ojos.

El hombre continúa con otra declaración basada en las tradiciones de los judíos: «sabemos que Dios no oye a los pecadores». No debemos pensar que con estas palabras el hombre (o el evangelista) establece una verdad absoluta, sino que habla en generalidades. La curación de la ceguera del hombre es muestra de que Dios oyó la oración de Jesús —aunque el relato no nos dice que Jesús orara antes de realizar la señal— porque el hombre fue curado. El ciego sanado declara entonces su conclusión: si Jesús no viniese de Dios nada podría hacer. Esta es la conclusión a que los fariseos debían haber llegado, pero su ceguera les impide llegar a ella. Insultados, los fariseos acusan al hombre de pecado por la simple razón de haber nacido ciego, y le expulsan de la sinagoga.

d. Fe en el Hijo de Dios (9.35-38)

Al enterarse de la expulsión del hombre de la sinagoga, Jesús le busca y lo involucra en un breve discurso en el que afirma el papel de discípulo ahora asumido por el hombre. En el Evangelio de Juan, el título «el Hijo del Hombre» en labios de Jesús se usa para referirse a la función de Jesús de revelar a Dios ante la humanidad. La encarnación del Hijo de Dios y su presencia con nosotros revelan a Dios y traen juicio (9.39). Jesús le pregunta si cree en el Hijo del Hombre; en otras palabras, le pregunta si cree que Jesús fue enviado por Dios para que la humanidad conociese a Dios. Perplejo ante la pregunta de Jesús, el hombre pide que Jesús le identifique al Hijo del Hombre para que crea en él. Todavía no tiene suficiente información para poder decidir si cree o no en él. Ha de notarse cierta ironía en el contraste entre el hombre que admite su falta de conocimiento, aunque ha tenido una experiencia única, y los fariseos, quienes festinadamente deciden en contra de Jesús. La respuesta de Jesús combina algunos términos centrales para comprender la cristología de Juan. Es imposible que alguien vea a Dios (1.34) o llegue a su conocimiento (1.38; 5.37) pero es Jesús quien revela lo que ha visto (3.11; 8.38). Como Jesús descendió del cielo y fue enviado por Dios Padre, él puede darle a conocer y a ver. Por tanto quien cree ve (1.50-51), y quienes rechazan a Jesús no pueden ver. Jesús le pide al hombre que reconozca que a Dios se le conoce a través de Jesús diciendo «pues lo has visto; el que habla contigo, ese es». El episodio concluye con un acto de devoción. El hombre cree y adora. Ha vivido toda una vorágine. Nació ciego y por años sufrió las consecuencias de su condición física. Cuando fue curado, los vecinos y los presentes dudaron de la veracidad del milagro. Acusado por los fariseos, abandonado por sus padres, forzado a hablar por sí mismo ante jueces reconocidos por su supuesta piedad y conocimiento religioso, y finalmente, expulsado de la sinagoga, el hombre tenía razón más que suficiente para permanecer en las tinieblas. Pero a través de la larga travesía de su viaje, su vista espiritual ha sido curada al igual que su vista física. De modo que al fin ve al Hijo de Dios y lo adora. Ahora tiene vista tanto física como espiritual. ¿Y qué de los fariseos? El pasaje que sigue presenta su reacción.

Las señales y discursos públicos del Cristo (2.1–12.50)

e. La condenación de los fariseos (9.39-41)

Los fariseos responden a la señal (vv. 1-7) con una interrogación que toma forma de juicio, y que hasta concluye en un veredicto: «y le echaron a fuera». Ahora Jesús expone que él ha venido al mundo para un juicio. El Evangelio de Juan afirma que Jesús no vino al mundo para juzgar al mundo (3.17) sino que el juicio tiene lugar a consecuencia de la presencia del Hijo de Dios en el mundo —él ha venido para un juicio (9.39). El encuentro con Jesús es una encrucijada en la jornada de la vida, la persona se ve forzada a tomar una decisión jurídica en cuanto a la identificación del encontrado. En otras palabras, el juicio que Jesús efectúa es el acto de discernir y separar a quienes están dispuestos a creer de quienes no lo están; a quienes están en la luz de quienes permanecen en las tinieblas («para que los que no ven, vean; y los que ven, sean cegados»). El hombre que había nacido ciego, uno de los que no ven, recibe la vista y en la encrucijada de su vida reconoce a Jesús como Señor y le adora. Los fariseos han afirmado a través de todo este episodio que ellos ven, y repetidamente declaran lo que ellos saben. Están segurísimos de que ven. La soberbia y la autosuficiencia fluyen de su postura como jueces como de un manantial. Reconocen que Jesús habla de ellos, pues preguntan: «¿Acaso también nosotros somos ciegos?». La respuesta de Jesús toma como punto de partida la insistencia de sus adversarios en que ellos ven: «si fuerais ciegos» (y no lo son), «no tendríais pecado». Pero, como ellos dicen «vemos» (y no ven), permanecen en pecado. Esta respuesta juega con la postura religiosa asumida por los discípulos al comienzo del capítulo, es decir, la asociación del sufrimiento con el pecado. Al ver al ciego de nacimiento ellos solicitan de Jesús una explicación sobre quién pecó para causar la ceguera del hombre. Ahora Jesús declara que la autosuficiencia, la arrogancia humana que presupone que lo sabe todo y que no depende de nadie excepto de su propia habilidad innata, permanece en estos fariseos causándoles ceguera espiritual.

17. Séptimo discurso: El buen pastor (10.1-42)

El entramado de Juan 10 es difícil de percibir con certeza. Como ya hemos observado, esto es típico de nuestro Evangelio. Las figuras retoricas utilizadas por Jesús son fluidas, y cambian de un párrafo al otro, pero siempre mantienen un hilo de continuidad temática. La relación de 10.1-21 con 9.39-41 y con lo que sigue (10.22-42) complica la lectura del capítulo.

Los comentaristas debaten si Juan 10.1-21 forma parte del discurso anterior o es un discurso que acontece en otro momento y lugar. Hay varias razones por las que opino que es mejor considerar la alegoría del Buen Pastor como parte del discurso con los fariseos (9.39-41). El capítulo 10 comienza sin ruptura alguna con la narración del capítulo anterior. El próximo indicador de tiempo ocurre en el 10.22, donde el narrador nos informa que el contexto es la fiesta de la Dedicación, que se celebra en diciembre. El autor de nuestro Evangelio tiende a indicar al comenzar su narración el tiempo en que ocurre. La expresión joanina «de cierto, de cierto os digo» nunca comienza un discurso en el Evangelio. En 10.21 los presentes hacen referencia a la curación del ciego de nacimiento.

Es posible que el discurso del Buen Pastor se extienda hasta el 10.42, y que se sitúe en la fiesta de la Dedicación, tal como se insinúa en 10.22. El repentino cambio de metáforas (luz en 9.39-41, el pastor en 10.1ss.) sugiere un contexto diferente. El 10.27 hace referencia a las ovejas y su disposición de escuchar la voz de su propio pastor. Mi evaluación personal me lleva a proponer que el capítulo 10 ha de dividirse entre las dos fiestas: Tabernáculos (10.1-21) y Dedicación (10.22-42), aunque en su estructura literaria la intención del Evangelista es que el lector comprenda todo el capítulo 10 como una unidad literaria.

a. El buen pastor (10.1-6)

Jesús garantiza la veracidad de lo va a declarar con la frase «de cierto, de cierto os digo» ya familiar para el lector del Cuarto Evangelio. Lo diferente de este uso en particular es que la frase modifica no un versículo solamente, sino la primera parte del capítulo 10, los vv. 1-6.

La figura del pastor era común en la antigüedad en general y en Israel en particular. El estudio de las figuras o metáforas demanda que el lector use su imaginación y no se pierda en los detalles rudimentarios asociados con la realidad de la metáfora. Cuando, por ejemplo, leemos en la Biblia que «Dios es mi roca» (Salmo 18) no podemos permitir que la definición científica de lo que verdaderamente es una roca domine la manera de comprender la imagen literaria de Dios

Las señales y discursos públicos del Cristo (2.1–12.50)

como roca. Está claro que la roca que el salmista asocia con Dios no es lo que el geólogo clasificará como una roca. Dios se identifica como el pastor de Israel (Gn 48.15; 49.24; Sal 23.1; 28.9; 77.20; 80.1; Is 40.11; Jer 31.10; Ez 34.11-31), pero no debemos permitir que todo lo asociado con los pastores en la antigüedad tome prioridad en nuestro entendimiento de esa metáfora en las Escrituras. Solamente ciertas cualidades de los pastores están en la mente del autor bíblico al declarar «Yahvé es mi Pastor...» (Sal 23).

Juan 10.1.6 también utiliza la figura de las ovejas para representar al pueblo de Dios y a los designados para servirles como su protector y proveedor (Sal 74,1; 78.52; 79.18; 95.7; 100.3; Ez 34.31). El autor define el pasaje como una *paroimian* (alegoría, parábola, figura, expresión retorica). En la historia de la interpretación de este texto, y en la tradición cristiana, este pasaje se conoce como la Parábola del Buen Pastor. Pero no cabe duda de que el párrafo difiere en estilo de las parábolas que encontramos en los Evangelios Sinópticos. Claro está que no tiene mucho en común con las parábolas narrativas (Lc 10, 15, 16) aunque podemos clasificarla con aquellas parábolas que utilizan ejemplos o ilustraciones de la vida cotidiana. Por ejemplo: Los sanos no necesitan de médico (Mc 2.17); el ayuno tiene lugar en el contexto de la muerte y el luto, pero no en la celebración de una boda (Mc 2.18-20); el vino nuevo se guarda en odres nuevos (Mc 2.22). Estos ejemplos tomados del evangelio de Marcos presentan respuestas comunes a problemas o asuntos cotidianos, algo que toda la comunidad reconocía como parte de la vida. Igualmente aquí, todos saben que si alguien salta la cerca del redil, no se acerca a las ovejas con buenas intenciones, pues viene a robar y a asaltar.

En la antigüedad, en una sociedad agrícola como la de Palestina, era común que las familias con recursos limitados se agruparan para colaborar en el cuidado de sus animales domésticos, tales como las ovejas. Algunas comunidades construían un redil para el uso común. Este corral estaba situado quizás al extremo de la comunidad, cerca de los pastos y de alguna fuente de agua. Allí cada familia colocaba sus ovejas por algún tiempo predeterminado. En algunos casos, cada familia se ocupaba de guardar la puerta del redil; pero lo más común era que emplesen a alguna persona que asumía esa responsabilidad en nombre de la comunidad —por supuesto, por un salario. Por eso se llama el «asalariado». Era responsabilidad de esa persona asegurarse de que solamente el propietario, o algún otro pastor asalariado para cuidar de los rebaños, sacase sus ovejas. Aquí (10.1-2), la primera característica del buen pastor es que entra por la puerta. Quien entra por otra parte, a escondidas, no tiene buenas intenciones. No cabe duda de que la realidad expresada es universal en cualquier sociedad.

La frase «las ovejas oyen su voz» parece ser una referencia a la realidad de que las ovejas reconocen la voz de su pastor; pero hay que notar que el vocablo «las ovejas» no está acompañado por un adjetivo posesivo, lo cual da a entender que todas las ovejas oyen la voz pero solamente las suyas la reconocen. En el contexto de la fiesta de los Tabernáculos, y de la acusación lanzada a los fariseos de que juzgan por apariencia en vez de por hechos, la referencia a oír la voz del pastor sugiere que hay que estar atento a las palabras del Verbo (el Hijo de Dios). Pero, como ya hemos visto en el Evangelio, solamente quienes creen son los que verdaderamente oyen la voz. Las ovejas propias del pastor, reconociendo quién les llama, le siguen. Esta práctica del Medio Oriente, donde el pastor va delante de las ovejas, difiere del modo en que los pastores en otras partes del mundo «pastorean» sus ovejas desde atrás y con perros. Jesús emplea frecuentemente el término «ovejas» para referirse a la impotencia de las ovejas de proveer por sí mismas. Dependen completamente del pastor, quien las guía al pasto y las cuida de todo peligro. En la imagen que Jesús crea con esta alegoría, él como el pastor busca a sus ovejas, las llama por nombre y las guía en la jornada de la vida. La relación es de cariño y trae a la mente al pastor del Salmo 23. Tal pastor se distingue del extraño, quien induce temor y huida en quienes le oyen. El evangelista agrega un comentario muy apropiado. Acabando Jesús de proclamar que solamente sus ovejas oían y respondían a su voz, Juan escribe: «Esta alegoría les dijo Jesús, pero ellos no entendieron qué era lo que les quería decir». Es decir, no entendieron porque no son sus ovejas.

b. La aplicación a Cristo (10.7-18)

Jesús repite su declaración, es decir, que él es la puerta de las ovejas, y subraya la seriedad de sus palabras al afirmar que «todos los que antes de mí vinieron, ladrones son y salteadores, pero no los oyeron las ovejas». En la antigüedad, desde tiempos de Homero, era común

Las señales y discursos públicos del Cristo (2.1–12.50)

imaginar una puerta que regulaba la entrada al cielo. En el Antiguo Testamento y en la literatura apocalíptica esta visualización se utiliza hábilmente en obras como Henoc y 3 Baruc (Gn 28.17; Sal 78.23; 1 Henoc 72-75; 3 Bar 6.13). «Todos» es una afirmación absoluta. ¿Se refiere Jesús a todos los profetas que le preceden, como ladrones? Ciertamente, la afirmación ha de entenderse como una hipérbole. Jesús sencillamente exagera su postura, lo cual sacude a sus oyentes y por tanto les fuerza a considerar con más cuidado lo que se expone. Pero si leemos el adverbio «antes» como un adverbio de lugar en vez de tiempo, como encontramos la palabra traducida en la mayoría de las versiones modernas, el sentido sería que, a través de la historia, todos los que se han presentado ante Dios como agentes mesiánicos son ladrones y salteadores. La historia del judaísmo, en los siglos antes y las décadas después de Jesús, produjo un gran número de individuos que se hacían pasar por el Mesías. Aunque estos engañaron a muchos, jamás convencieron a la mayoría del pueblo. Salteadores son aquellos que consideran a las ovejas como oportunidades para engrandecer sus propios recursos materiales. Empero, lo que Jesús indica aquí es que sus propias ovejas (aquellos que verdadera y auténticamente creen en él) no se dejan engañar («pero no los oyeron las ovejas»).

En contraste con estos que intentan engañar, hallamos a Jesús, quien declara que aquel que entra por él «será salvo, entrará y saldrá, y hallará pastos». La posición prominente de la frase «por mí» indica que de todas las puertas posibles, solamente por medio de Jesús se entra al redil. En la jornada de fe solamente hay un camino a Dios (vea 14.6). La metáfora ahora cambia su enfoque. En el versículo 8, Jesús es la puerta que cierra la entrada a los usurpadores; pero en 10.9, él es la puerta por medio de la cual las ovejas tienen entrada. Toda persona (literalmente «cualquiera») que entre por medio de Jesús será salvo. El Señor es una puerta abierta para toda la humanidad. En Juan 6.51 («si alguno comiere de este pan vivirá»), en 7.17 («el que quiera hacer la voluntad de Dios») y en 8.51 («el que guarda mi palabra, nunca verá muerte»), encontramos el mismo concepto afirmado por Jesús: el que cree en él, tendrá vida eterna. El verbo «salvar» no es común en Juan. Solamente en 3.17 y 12.47 se utiliza en el sentido de salvación eterna. En el contexto de la metáfora del pastor, las ovejas y el redil tienen el sentido de seguridad y cuidado en medio de ladrones y salteadores.

Las ovejas están en libertad de entrar y salir a gusto, teniendo acceso a pastos agradables —lo cual es otra manera de indicar que «si el Hijo os libertare seréis verdaderamente libres».

El triple uso de los verbos hurtar, matar y destruir es un semitismo para expresar el superlativo: los ladrones vienen con intenciones malísimas, esto es, usar las ovejas para su propio beneficio y hasta con intención de destruirlas. La conversación previa entre los fariseos y el hombre ciego de nacimiento (9.14-34) exhibe evidencias de esas intenciones de los pastores/ladrones. En vez de glorificar a Dios por el milagro, se apoderan de las irregularidades del milagro en cuanto a la observancia del sábado y usan al hombre para controlar a Jesús. El hombre queda reducido a una simple herramienta para promover la agenda de ellos. Adicionalmente, el sistema sacrificial de los judíos era propenso a abusos por parte de quienes controlaban las actividades y el mercado en el templo. Según Josefo y otros testigos contemporáneos, el oficio del sumo sacerdote en particular sufría de ese mal. Hoy día vemos evidencia de las mismas tendencias en el cristianismo: hombres y mujeres que ven la iglesia como un método para mejorar su propio bien, y las ovejas sencillamente se trasquilan. En contraste con estas tendencias pecaminosas, el Buen Pastor vive para que sus ovejas tengan vida, y para que la tengan en abundancia.

La descripción del buen pastor continúa diferenciando la postura de los pastores ante los peligros y riesgos asociados con la responsabilidad pastoral. Está claro que con la frase «el buen pastor da su vida por las ovejas» Jesús alude a la decisión que él mismo tomará de ofrecer su vida en la cruz del Calvario para la redención de la humanidad, las ovejas. En la tarea cotidiana de cuidar animales como las ovejas, resulta ridículo imaginar al pastor entregarse a las garras del lobo para así salvar a sus ovejas. Si esto ocurriera el resultado sería exactamente lo contrario a lo esperado, pues al morir el pastor las ovejas quedarían indefensas y serían víctimas de los lobos. El pastor dueño de las ovejas arriesga su vida para proteger a las ovejas (como el joven David, quien se enfrenta a los leones y osos para cuidar de su rebaño). Por ello se ve que en el pasaje que estudiamos esto es una alusión a los acontecimientos del monte Calvario. Jesús expande la figura un poco al introducir el vocablo «asalariado» para describir a individuos asignados para cuidar las ovejas de otros. El asalariado

Las señales y discursos públicos del Cristo (2.1–12.50)

no está personalmente comprometido con el bienestar de las ovejas. Para tales las ovejas sencillamente ofrecen la oportunidad de ganarse el pan diario, y cuando los riesgos exceden la ganancia personal abandonan a las ovejas y buscan su propia seguridad («abandona las ovejas y huye»). En Ezequiel 22.27, vemos el peor de los casos, cuando el pastor mismo es el riesgo (lobo) que ha de temerse.

Jesús repite su declaración, «yo soy el buen pastor». A diferencia de estos lobos disfrazados de pastores, Jesús conoce a sus ovejas y ellas lo reconocen a él —tienen una intima relación que limita la posibilidad de ser engañados. Las ovejas son de él, quien no es ladrón. Este mutuo conocimiento ha de yuxtaponerse al extraño a quien se describe en 10.5. Es interesante notar la progresión estructural del versículo 14:

«yo conozco las mías,
las mías me conocen
el Padre me conoce
yo conozco al Padre».

En la primera y en la última línea Jesús es el sujeto de la acción, mientras que en las líneas 2 y 3 él es el objeto. El verbo «conocer», que aparece cuatro veces en la oración, explícitamente presenta la relación entre el Buen Pastor (Jesús) y sus ovejas (los que creen en él). La estructura del versículo nos ayuda a comprender que el mutuo conocimiento entre Jesús y los suyos tiene por modelo el conocimiento entre Jesús y el Padre. Este es un conocimiento que produce devoción y compromiso. Por tanto, Jesús nuevamente enfatiza que él da su vida *por* las ovejas. La preposición griega *hyper* (por) se utiliza en Juan solamente con el genitivo, y como en español, su sentido depende del contexto y de la construcción gramatical. Aquí en Juan (vv. 11 y 15), tiene el sentido de *en vez de* o *para beneficio de* las ovejas. La primera opción sugiere la idea de que en vez de permitir que las ovejas mueran, el Buen Pastor muere en vez de ellas, o sea, en lugar de ellas. Teológicamente este concepto se conoce como propiciación (aplacar la ira de Dios contra el pecado de la humanidad). Si entendemos la preposición en el sentido *para beneficio de*, la acción cae mayormente en el objeto (las ovejas), el Buen Pastor da su vida para que las ovejas se beneficien en el sentido de ganar el favor divino. No es necesario optar por una de estas opciones como única alternativa, y es mejor entretejer los dos sentidos en una explicación que incluya ambos.

Históricamente la iglesia ha entendido esta doctrina de ese modo. En el acto salvífico (encarnación, pasión, crucifixión, resurrección), Jesús derrama su sangre para aplacar la ira de Dios y para proveer a quienes creen en él del beneficio de ganar acceso a la vida eterna. ¿Entenderían los discípulos y otros oyentes el sentido de esta declaración al oírla de labios de Jesús? Me imagino que no. Por lo menos, los presentes que no son discípulos debaten entre sí la veracidad de lo pronunciado. Empero, después de la resurrección, al encontrarse a las orillad del mar con el Jesús resucitado, los discípulos comprenden claramente el acto salvífico del Buen Pastor. Hoy día ocurre el mismo fenómeno: quien cree en Jesús tiene vida eterna porque conoce al Salvador y sabe que dio su vida por él o por ella. Como discípulos de Jesús, y en gratitud a su sacrificio, perseveramos en la jornada de la fe.

El contexto histórico y geográfico coloca el pasaje en el primer siglo, en Galilea, y los oyentes de Jesús son principalmente judíos. Sin embargo la actividad del Buen Pastor no se limita a los judíos, pues Jesús amplía la identificación de su rebaño para incluir a toda la humanidad («tengo otras ovejas que no son de este redil»). Aquí vemos que los beneficios del sacrificio de Jesús no se limitan a los judíos solamente, sino que ese sacrificio beneficia a toda la humanidad —y encontramos en embrión la idea de la gran comisión («debo de atraer») de ir por todo el mundo anunciando las buenas nuevas de Jesús (Mt 28.18-20). Las otras ovejas, además, no son añadidas al redil de Israel, sino que de los dos rediles el Señor hará uno nuevo y tendrán un solo Pastor. El apóstol Pablo se apodera de esta idea cuando declara en Efesios que de las dos razas (judíos y gentiles) Jesús ha creado una nueva raza, los cristianos, compuesta de todo grupo étnico y cultural, sin diferencias sociales ni económicas, todos redimidos por la gracia de Dios.

La dedicación del Buen Pastor por la vida de sus ovejas resulta («por eso») en el amor del Padre por el Hijo. Jesús amplía aun más su declaración salvífica, «yo pongo mi vida para volverla a tomar». Pronto, en seis meses de acuerdo a la cronología joanina, Jesús será crucificado en Jerusalén. Fácilmente pensarían algunos que los adversarios de Jesús vencieron al Maestro, ya que lo arrestaron, lo juzgaron y lo crucificaron. Pero todo eso se lleva a cabo porque Jesús da su vida. Sin su acto voluntario de ofrecerse por el bienestar de sus

Las señales y discursos públicos del Cristo (2.1–12.50)

ovejas, los adversarios no podrían realizar sus malas intenciones. Jesús da su vida *para tomarla de nuevo*, esto es la resurrección. Como Hijo de Dios, Jesús tiene potestad sobre la vida y la muerte, y por tanto la muerte no puede vencerle. Cuando los adversarios estén felicitándose mutuamente por su victoria sobre el Maestro de Galilea, y cuando los discípulos estén escondidos y deprimidos por la aparente destrucción de todas sus esperanzas, es entonces cuando experimentarán la gloriosa resurrección que pone el sello de aprobación sobre el mesianismo de Jesús. Para los discípulos esta noticia será de gran gozo; pero para los adversarios será una desgracia, pues rechazaron al Enviado de Dios («este mandamiento recibí de mi Padre»).

c. La reacción de los judíos (10.19-42)

Las palabras de Jesús resultan en una división entre los oyentes. Confundidos y atónitos por lo que escuchan, algunos opinan que las palabras de Jesús son loquerías influenciadas por un demonio. Otros, escuchando las mismas palabras, opinan que no suenan como ilusiones endemoniadas, y recuerdan la señal dada recientemente: ¿puede acaso un demonio abrir los ojos de los ciegos?

La fiesta de la Dedicación se celebraba en diciembre y conmemoraba la santificación del templo después de la abominación perpetrada por el rey sirio Antíoco Epifanes, quien había profanado el templo (165 a.C.). Era un festival de luces y no tenía que celebrase en Jerusalén, sino que cada familia podía celebrar la fiesta en su propio hogar. Sin embargo Jesús se encuentra en Jerusalén. Los judíos se acercan a Jesús, le rodean (para que no escape) y demandan que declare abierta y claramente quién es. La respuesta de Jesús indica que las señales (Juan 5 y 9 en particular) realizadas en presencia del pueblo funcionan como una abierta declaración que Jesús es el Mesías, pero solamente para quienes pertenecen al redil de Jesús. Declarándose por medio de las señales, Jesús es reconocido como Mesías por aquellos que creen, mientras que quienes no creen no le pueden reconocer. Quienes reconocen la voz de Dios en Jesús le siguen y reciben vida eterna. Además reciben la seguridad de que nunca perecerán, pues nadie les puede arrebatar (con la intención de matarles) de las manos del Buen Pastor. Jesús fuerte y poderosamente tiene a los suyos en el puño de sus manos. «Arrebatar» trae a la memoria la imagen del lobo que ataca las ovejas con el propósito de dispersarlas y matarlas. Además, la aserción de que nadie las puede arrebatar afirma que el acto de dar la vida por las ovejas es completamente voluntario y no se debe a la habilidad ni al poder del lobo. Pero nótese el sutil cambio que Jesús introduce aquí. Dios Padre, quien le dio las ovejas al Hijo, es mayor que todos. Seguramente esta afirmación sería aceptada como verdad absoluta por todos los que andaban con Jesús en los pórticos del templo ese día. Dios es todopoderoso y toda la creación es sostenida por su poder. Nada, absolutamente nada, puede ir contra la voluntad del Dios todopoderoso (Isa 43.13). ¡Las ovejas están en las manos del Padre mientras que en el versículo anterior están en las manos de Jesús! Por si acaso los oyentes no captaran la declaración mesiánica, Jesús declara con autoridad y sin titubear que «el Padre y yo uno somos». Si las ovejas están en las manos de Jesús y en las manos de Dios a la misma vez, no cabe duda de que Jesús se identifica como Dios. Verdaderamente la piedra angular es para unos piedra de salvación y para otros, piedra de tropiezo.

Esta afirmación es la cumbre del presente capítulo e importantísima para comprender correctamente la presentación de Jesús en nuestro Evangelio (compare con 8.58). Los judíos tenían grabada en su mente la esencia de su fe en Dios, de igual modo que los cristianos a través de los siglos han citado y citan de memoria el Credo Apostólico. La esencia del judaísmo se resumía en: «Oye o Israel, Yahvé tu Dios, Yahvé uno es» (Dt 6.4). Y ahora Jesús asevera que él es uno con Dios, pero es una persona distinta al Padre. «El Padre y Yo uno somos» es una frase que afirma tajantemente que Jesús y Dios Padre comparten las mismas obras o tienen la misma voluntad. Pero va más allá, pues se refiere a una unidad ontológica. La palabra «uno» en griego es *hen*, en neutro, sugiriendo unidad en esencia; como decir «una cosa somos». El uso de la palabra *hen* distingue entre las dos Personas identificadas. Para identificar a las dos Personas (Jesús y el Padre) como una sola, el evangelista, usaría la palabra *eis*, uno, y no utilizaría el plural del verbo, como aquí lo hace. Juan aquí afirma la deidad del Salvador y mantiene la diferencia entre las personas de la Trinidad, un Dios en tres personas. Aunque el énfasis en esta aseveración cae sobre el Padre y el Hijo, más adelante la persona del Espíritu Santo será introducida para completar lo absolutamente esencial en la doctrina cristiana— un Dios Trino, Padre, Hijo y Espíritu Santo.

Las señales y discursos públicos del Cristo (2.1–12.50)

Los judíos comprendieron que Jesús estaba reclamando para sí una igualdad absoluta con Dios. Si Jesús estuviese equivocado en su afirmación («el Padre y yo uno somos») entonces los judíos tendrían toda razón al declarar a Jesús blasfemo. En tal caso, su deber según la Ley era apedrear a tal individuo. Por tanto los judíos volvieron a «tomar» piedras para apedrearlo. La palabra griega traducida por «tomar» se usa en otros lugares en Juan con el sentido de llevar (12.6) o cargar (16.12; 20.15). Se entiende entonces que los judíos se fueron a un lugar cercano, buscaron piedras (quizás en un lugar todavía bajo construcción) y las cargaron hasta el Pórtico de Salomón para apedrear a Jesús. «Volvieron» le informa al lector que esta no es la primera vez que intentan apedrear a Jesús como blasfemo. Pero su premisa de que Jesús es blasfemo no es correcta. Jesús ya ha dado amplias evidencias que indican que él es el enviado del cielo.

Jesús demanda una explicación por la reacción de los judíos: «¿por cuál de mis buenas obras me quieren apedrear?». El Señor les había mostrado muchas obras maravillosas (vea 2.23; 5.1-18; 6; 9) que debían haber dejado claro ante todos quién es Jesús. Pero ellos no observan las obras (el tema de la ceguera espiritual es obvio) pues solamente consideran lo que acaban de oír de labios de Jesús: «Por buena obra no te apedreamos, sino por la blasfemia, porque tú, siendo hombre, te haces Dios». Ellos admiten que Jesús ha hecho buenas obras, pero prefieren pasarlas como inconsecuentes ante la declaración de Jesús. Su falla se encuentra en que no consideran las obras ni las palabras de Jesús como un testimonio, sino que prefieren separarlas y negar la mitad de la evidencia provista por Jesús. Ellos consideran a Jesús meramente como un ser humano y nada más. Que entendían las alusiones de Jesús sobre su verdadera identidad resulta obvio en este y otros pasajes (vea 5.17-18 y 8.58-59).

Los adversarios no pueden refutar la defensa de Jesús y deciden proseguir con sus intenciones de apedrearlo (v. 39). Primero, Jesús establece una diferencia entre él y la manera en que «los judíos», esto es sus adversarios, entendían la Ley. Nótese la frase «vuestra Ley». No es que Jesús no acepte la Ley, sino que los adversarios deben saber lo que va a elucidarse. «Yo dije, dioses sois» es una cita del Salmo 82.6. Jesús explica que los jueces y los profetas de Israel («a quienes vino la palabra de Dios») hicieron esta declaración y que los judíos no se han ofendido por ella, ya que la Escritura no puede ser alterada. ¿Por qué entonces su reacción ahora? El hecho de que la Escritura no puede ser quebrantada sugiere que aunque el pasaje sea dificultoso, oscuro y enigmático no se puede echar a un lado, no se puede borrar de las Escrituras. Ya está escrito, forma parte de la Ley, y por tanto hay que considerar su uso, como ahora lo hace Jesús. Aparentemente Jesús afirma que aquellos individuos en el Antiguo Testamento, que recibieron la palabra de Dios, eran como dioses, ya que hablaban la palabra de Dios. Jesús señala al Salmo 82.6 como evidencia que han de considerar los judíos antes de apedrear a Jesús, la cual muestra que en las Escrituras se encuentran porciones que son inexplicables para la mente humana. Jesús ha sido separado (santificado) para la obra de Dios (enviado al mundo), y por tanto los judíos no han de ofenderse ante su declaración «Hijo de Dios soy».

Jesús concluye su defensa apuntando a sus obras, las señales que han de ser obvias para quienes ven. No pueden negar la evidencia de esas señales. Si no hubiese hecho Jesús obra alguna, entonces sí tendrían razones para no creer. Y si afirman que las obras son realidad, entonces aunque no crean en Jesús, han de creer sus obras. Nuevamente encontramos aquí el uso irónico que hace Juan del lenguaje, y el doble sentido de algunas palabras. En el versículo 37 «creáis» tiene el sentido básico de creer, esto es, de aceptar una declaración. En el 38, «no me creáis a mí» el sentido es que no escuchen solamente sus palabras sino que escuchen las obras, y lo que ellas afirman. De hacerlo así, los adversarios reconocerían y creerían que Dios Padre está en Jesús, y Jesús en el Padre. No teniendo otra opción aceptable ante Jesús, aparte de la de creer en él, los judíos intentan nuevamente matarle. Empero Jesús se les escapa. ¿Cómo? No lo explica el evangelista.

Jesús se traslada al otro lado del Jordán, donde comenzó su jornada de redención a favor de su pueblo. Allí encuentra una audiencia más receptiva, y muchos creen en él.

18. Séptima señal: la resurrección de Lázaro (11.1-57)

Los capítulos 11 y 12 cierran el ministerio público de Jesús. Con la resurrección de Lázaro de entre los muertos, el evangelista llega a la cumbre de señales que revelan quién es Jesús. No obstante la

Las señales y discursos públicos del Cristo (2.1–12.50)

extraordinaria muestra de la gloria de Dios, la resurrección de Lázaro precipita a los líderes de una vez por siempre a matar a Jesús, aunque desde el capítulo 5 muchos habían ya decidido que Jesús tenía que ser arrestado y ejecutado. En los Evangelios Sinópticos los acontecimientos asociados con la purificación del templo conducen a los líderes a esta decisión; pero, ya que Juan ha situado la purificación en el contexto del principio del ministerio público de Jesús, la resurrección de Lázaro es el evento que por fin precipita a los líderes religiosos a la decisión (11.45-57). Más adelante (12.1-8) María, la hermana de Lázaro, prepara el cuerpo de Jesús para el día de su sepultura. Después, Jesús triunfalmente entra a Jerusalén (12.12-19), el centro principal del judaísmo, escena de varias controversias entre Jesús y los judíos, y por tanto, el lugar donde recientemente procuraban apedrearle (11.8). El interés de unos griegos de encontrarse con Jesús lleva a la hora decisiva en el plan de Dios («ha llegado la hora para que el Hijo del Hombre sea glorificado», 12.23) y por tanto Jesús se esconde de los judíos que quieren arrestarle (12.36). La sección final del capítulo 12 explica la ceguera de los líderes religiosos (12.37-43) y termina con un llamado final a responder en acto de fe (44-50).

El episodio de la resurrección de Lázaro es uno de los más fascinantes de todos los milagros de Jesús. Ha inspirado a millares de artistas, músicos, narradores, etc., a reproducir la escena en diversas formas artísticas.

El evangelista introduce el episodio en forma que recuerda la curación del hijo del oficial (4.46: «Había un oficial del rey cuyo hijo estaba enfermo ...»). y la sanidad del paralítico en el estanque de Betania (5.5: «se encontraba allí cierto hombre que había estado enfermo ...») Pero aquí encontramos que el enfermo es conocido por nombre, Lázaro, y por sus dos hermanas, María y Marta. Algunos opinan que este Lázaro es el mismo que se nombra en la parábola de Lucas 16, ya que en ambos un Lázaro muere. Pero aparte del nombre no hay mucho más en común. En Lucas encontramos un mendigo destituido que aparentemente no tiene quien le socorra, ya que lo dejan en la puerta del rico para que este le alimente. Aquí Lázaro vive con sus dos hermanas y una de ellas tiene suficientes recursos financieros para derramar un perfume de casi trescientos denarios al ungir a Jesús. El Lázaro de Lucas no resucita, aunque el rico en su agonía quisiera que resucitase para el bien de sus hermanos, mientras que el Lázaro joanino resucita.

Lázaro es mejor conocido como el hermano de Marta y María, residentes de Betania, una aldea cerca de Jerusalén. Parentéticamente, el evangelista nos informa que la hermana de Lázaro, María, fue quien ungió al Señor con perfume y le secó los pies con sus cabellos. «Ungió» se encuentra en aoristo, indicando que la acción de María ya había ocurrido aunque ha de narrarse más adelante. Además, implica que el lector ya está familiarizado con la historia del ungimiento. Los tres personajes así introducidos alertan al lector que debe seguir leyendo para descubrir lo que Jesús hará con Lázaro y con María.

La amistad de Jesús con Lázaro es bien conocida por las hermanas, pues estas informan al Señor de la enfermedad del «que amas» con la expectativa que Jesús vendrá de inmediato para sanarle. (En el Evangelio de Juan encontramos varias referencias al discípulo que Jesús amaba [13.23 y otros pasajes] quien no es identificado, aunque la gran mayoría de los estudiantes del Evangelio lo reconocen como el apóstol Juan. La designación, «el que amas» para identificar a Lázaro ha resultado en la sugerencia de que Lázaro es el discípulo amado y quizás el autor del libro). Notificado de la enfermedad, Jesús inmediatamente declara, con palabras que recuerdan el episodio del capítulo 9, que la enfermedad no es para muerte sino «para la gloria de Dios, para que el Hijo de Dios sea glorificado por ella». La declaración no implica tanto que la enfermedad haya ocurrido para que Dios fuese glorificado como que la enfermedad ofrece una oportunidad para que Dios se glorifique. Esto es análogo a terribles acontecimientos hoy día (huracanes, terremotos y epidemias) que ofrecen la oportunidad para que los creyentes glorifiquen a Dios al responder con amor y compasión. En aparente contradicción al declarado amor por Lázaro y sus hermanas, Jesús no se apresura a ir para socorrer al enfermo, sino que se detiene dos días más donde estaba. Intencionalmente Jesús espera hasta que la fiebre destruya la vida de su amigo y no haya duda alguna que ha muerto.

Transcurridos los dos días, Jesús decide regresar a Judea provocando asombro entre sus discípulos: «Rabí, hace poco (10.39) los judíos intentaban apedrearte, ¿y otra vez vas allá?» En otras palabras, los discípulos no esperan una calurosa recepción en Judea. Al contrario,

Las señales y discursos públicos del Cristo (2.1–12.50)

piensan que un viaje a Judea resultaría en gran peligro para el Señor y sus seguidores. En su respuesta, Jesús evoca el tema de la luz. Las referencias a las doce horas del día y las horas de la noche traerían a la mente de los lectores originales la realidad de la vida sin luz artificial, que hoy para nosotros convierte la noche en día. En la antigüedad, la noche es el tiempo donde el tropiezo era muy común. Pero Jesús comunica algo más que la simple realidad que gobierna el día y la noche. Habiendo ya declarado que él es la luz del mundo, Jesús ahora les recuerda que los que andan de día ven la luz del mundo (Jesús mismo) y por tanto no tropiezan. Por tanto, los discípulos no han de temer las amenazas de los líderes judíos.

Por fin Jesús explícitamente muestra interés en la condición física de su amigo Lázaro. Cuando Jesús dice «Lázaro duerme», utiliza el verbo dormir en un sentido metafórico común en el Antiguo Testamento (2 Cr 9.31 «Salomón durmió con sus padres») y muchas otras culturas, para referirse a la muerte. Es su intención ir a Betania para despertar a su amigo. Por su parte, los discípulos no captan el sentido de Jesús y piensan que el enfermo duerme en sueño recuperativo. El Señor corrige el mal entendido de los discípulos y expresa alegría porque la muerte y la resurrección de Lázaro servirán para que los discípulos crean. La resurrección de Lázaro y la glorificación del Hijo no están en la mente de los discípulos, pues están convencidos de que una jornada a Jerusalén resultará en la muerte de todos ellos. Tomás exclama en nombre de todos: «Vamos también nosotros, para que muramos con él». Más adelante en el Evangelio, Tomás tendrá un papel mucho más importante en el crecimiento de la fe de los discípulos. Ahora simplemente se nos informa que es un gemelo, aunque desconocemos el nombre de su hermano, y que da señales de una perspectiva muy realista. Las circunstancias y los peligros presentes son más importantes para Tomás que las posibilidades mesiánicas que les esperan en Judea. Aunque Tomás indica que él y sus condiscípulos están dispuestos a morir con Jesús, veremos que todos abandonaran a su Maestro. Ellos no morirán con el Señor, sino que él morirá por ellos.

No es sorprendente que cuando Jesús llega a Betania, Lázaro lleve cuatro días de estar en el sepulcro, lo cual sugiere que el cuerpo ya estaría en un avanzado estado de descomposición. Hábilmente, el narrador traslada al lector a contemplar la situación de las hermanas del muerto. Están en su casa, en luto por su hermano. Como era costumbre, cuentan con el apoyo de muchos de sus compatriotas, mujeres y hombres conocidos de la familia. Es la intención de estos aliviar el desconsuelo que ha llegado a la familia. No obstante este noble propósito de brindar apoyo a las hermanas en su pérdida, el narrador tiene otros propósitos al mencionar la presencia de los consoladores. El Evangelista primeramente explica que la aldea de Betania se encuentra cerca de Jerusalén, a unos quince estadios (alrededor de dos millas). Este detalle es sorprendente, pues el narrador no demuestra interés en la distancia que Jesús tiene que viajar para llegar a Betania —esto es, a qué distancia de Betania se encuentra Jesús cuando recibe la petición de las hermanas. La corta distancia de Betania a Jerusalén sirve para explicar que muchos de los judíos hubieran ido para consolar a María y a Marta. No cabe duda que el término «judío» se emplea aquí en el sentido particular de este Evangelio, pues se refiere a los judíos que no creen en Jesús, sus adversarios. En la escena que sigue, todos los presentes son judíos: las hermanas, el muerto, los discípulos y el mismo Jesús. La referencia a los judíos de Jerusalén advierte al lector que algún conflicto va a surgir en consecuencia a lo que queda por narrar.

Notificadas de la llegada de Jesús a Betania, las hermanas responden de acuerdo a las características que ellas mismas muestran en el Evangelio según San Lucas (10.38-42), donde vemos que Marta aparenta ser la más activa de las dos, mientras que María parece más meditabunda. Marta se levanta para ir adonde se encuentra Jesús. Por su parte María se queda en la casa, acompañada por los consoladores. En el relato que sigue, tres veces se dice que Lázaro habría sido sanado si Jesús hubiera llegado a tiempo (21, 32, y 37). El poder curativo de Jesús es conocido por todos, incluso por los judíos de Jerusalén. Detrás de esta declaración yace una acusación latente: ¿Podría ser que el amor de Jesús por Lázaro es fingido, o quizás Jesús no podía sanar la enfermedad de Lázaro? En el caso de los judíos (37) esa es la razón implícita de su opinión. En el caso de las hermanas las dudas surgen en el lector y no en ellas, ya que afirman confianza en el Señor aun frente a la muerte.

Las señales y discursos públicos del Cristo (2.1–12.50)

Aun en medio de su pérdida, Marta confiesa su convicción del poder milagroso de Jesús: «sé ahora que todo lo que pidas a Dios, Dios te lo dará» (22). Ella reconoce que Jesús, como maestro enviado del cielo, tiene un especial acceso a Dios. Como ya hemos visto en el Evangelio, otros (Nicodemo, 3.2 y los judíos 10.21 y 33) expresan la misma convicción de que Jesús puede hacer milagros, pero no creen en él (en el sentido de que él es el Hijo de Dios). No debemos imaginarnos que, en su confesión, Marta expresara convicción de que Jesús ahora resucitaría a Lázaro de entre los muertos. Lo que ella afirma es que su evaluación de Jesús como hacedor de milagros no ha cambiado aunque él no se hubiera apresurado para sanar a Lázaro. En medio del desconsuelo, ella admite que Jesús es su Señor.

Marta —ni tampoco ni María como veremos en breve— está al tanto del propósito de la visita de Jesús a Betania. Los judíos vinieron a consolar a las hermanas en su dolor, preocupados como están por las tinieblas de la muerte. Jesús vino a despertar a Lázaro del sueño de la muerte (v 11). Siendo la luz del mundo, Jesús se mantiene en la luz del día. Consecuentemente Jesús corrige el malentendido de: Marta «Tu hermano resucitará». Marta continúa en la incertidumbre e indica que sabe muy bien lo que Jesús ha declarado antes: «Yo sé que resucitará en la resurrección, en el día final». Parece ser que Marta ha sido bien instruida en el judaísmo contemporáneo, que anhelaba el día del Señor y la resurrección de todos los muertos. La doctrina de la resurrección de los muertos se desarrolla progresiva y lentamente en la teología del Antiguo Testamento y del judaísmo neotestamentario. En la muerte, el alma se separaba del cuerpo físico para morar en el Seol, lugar de tinieblas, sin esperanza alguna. Lo peor de todo, para los israelitas fieles, era la idea de separación total de Dios. Con el tiempo los salmos expanden el entendimiento de la presencia de Dios al afirmar que aun en el Seol la presencia de Dios es evidente. En medio toda esta falta de esperanza de vida más allá de la muerte, encontramos alusiones a la vida eterna. Henoc caminó con Dios y ha desaparecido, lo cual sugiere que está con Dios. Job afirma la realidad de un redentor que vive (Jb 19.25-26), insinuando que después de la muerte Job se encontrará con ese Redentor cara a cara. Daniel 12.2 es la primera referencia explícita a la resurrección de todos los muertos. En la era intertestamentaria, la doctrina de la resurrección se refina en el pensamiento judío y, con la notable excepción de los saduceos, la mayoría de los judíos creían en la resurrección en el último día. Para Marta no quedaba otra opción aparte del Día del Señor. Es notable que todas las referencias a la resurrección de los muertos en nuestro Evangelio declaran que será en el último día (6.39, 40, 44, 54). Podemos ver una nota de autosuficiencia en la frase «yo sé», que no toma en serio lo que el Señor ha dicho. En su breve conversación con Jesús, dos veces Marta señala que ella «sabe». Quizás la respuesta de Marta contiene un tono de exasperación, como si dijese «yo sé muy bien todo eso, así que no hay necesidad de consolarme meramente con palabras».

En su afán por demostrar la esperanza que reside en su ser, Marta afirma que su confianza se basa en la doctrina de la resurrección. Esto es lo que ella acaba de afirmar en público. Otra vez Jesús corrige a la aspirante al discipulado, dirigiéndola a no depender tanto en la doctrina como en una persona, él mismo: «*Yo soy* la resurrección y la vida; el que cree en mí, aunque esté muerto, vivirá». Igualmente hoy día encontramos hombres y mujeres cuya esperanza reside en sus tradiciones eclesiásticas (católicos, ortodoxos o protestantes) o teológicas (calvinistas o arminianos) más bien que en la persona del Salvador. Puesto que confían más en su conocimiento («yo sé») que en nuestro Dios y Salvador, esas falsas esperanzas conducen a las divisiones entre nosotros. Por ello más adelante encontramos a nuestro Señor orando por la unidad entre los llamados a ser sus discípulos.

Jesús declara sin equívoco alguno que él es la fuente de la resurrección y que aparte de él no hay vida. Para quien deposita su confianza en Jesús («que cree en mí») la muerte física (la primera muerte según Apocalipsis) no tiene poder. La muerte física se convierte en un canal que traslada al creyente de este mundo provisorio al mundo eterno. En la teología popular describimos la muerte como el Jordán que debemos cruzar para poseer la tierra prometida—es decir, las moradas celestiales. Jesús reitera su declaración diciendo «y todo aquel que vive y cree en mí, no morirá eternamente». Esto se refiere primeramente a Lázaro, quien ya murió; pero también, en segundo lugar, a la situación de Marta y María. Marta responde con una confesión que refleja el propósito explícito del Evangelio (véase Jn 20.30-31) y muestra lo que

Las señales y discursos públicos del Cristo (2.1–12.50)

ella sabe muy bien: «he creído que tú eres el Cristo, el Hijo de Dios, que has venido al mundo». El perfecto del verbo creer (he creído) expresa que ella ya cree en Jesús desde un pasado indefinido y que no ha titubeado en su posición, sino que continúa creyendo.

Hábilmente, el narrador dirige la atención del lector a la segunda hermana de Lázaro, María. Apenas articula Marta su confesión cuando la vemos al lado de María hablándole en secreto —esto es, a su oído— para que los presentes no estén al tanto del mensaje comunicado. Juan no explica cómo ni cuándo se trasladó Marta ante la presencia de María. Quizás envió un mensajero. Es un detalle que no es necesario para el narrador aunque todo lector desde entonces se ha tratado de explicar lo que ocurre. El mensaje comunicado refleja la sencillez y la profundidad del Evangelio. Marta le informa a su hermana que Jesús la llama. Esto es fácil de entender, pero si tenemos en mente la Parábola del Buen Pastor (Jn 10) recordaremos que las ovejas del Buen Pastor reconocen su voz y vienen a él. Las diferencias entre María y Marta comienzan a resaltar, llamándonos a prestar más cuidadosa atención a los detalles. La acción de Marta comienza en su propia decisión, no es llamada por el Señor. Ella se entera de que Jesús esta cerca («oyó . . . salió a encontrarlo»), sin ser invitada se acerca a él, y de una vez expresa todo lo que ella sabe y cree. Aparenta ser una excelente teóloga, pues posee un conocimiento cristológico envidiable. María actúa muy diferentemente, ya que su relación con Jesús es personal.

Los judíos acompañan a María en su casa, consolándola en su pérdida. Viéndola que de prisa sale de la casa le siguen imaginándose que va al sepulcro para llorar. Aparentemente hasta ahora ella no ha llorado, y aclaramos que el mismo detalle carece en la descripción de Marta. María se acerca a Jesús y se postra a sus pies, o sea se humilla ante el Señor. La posición de María a los pies de Jesús sugiere lo que sucederá en 12.1-8. Al describir el encuentro de Marta con Jesús, Juan no indica que Marta, por su parte, reconozca la superioridad de Jesús. Notamos además que, aunque la declaración de María concuerda con lo que Marta declaró al acercarse a Jesús (v. 21), ella no repite la nota de conocimiento autosuficiente expresada por su hermana («yo sé . . .») María no pretende conocer los planes del Señor ni aparenta encontrar consolación en afirmar, como Marta, que la muerte de su hermano no es suficiente para que ella pierda su confianza en Jesús. A mi entender, la forma en que Marta pronuncia su confianza en el poder milagroso que mora en Jesús es una manera en que ella trata de decir que, aunque Jesús le ha fallado (no se apresuró para sanar a Lázaro), nada ha cambiado entre ellos. Esto es análogo a las circunstancias cuando un amigo le falla a otro y le dice que nada ha cambiado entre ellos. Rara es la vez cuando tales palabras son verdaderamente honestas.

Al no concordar con su hermana en este detalle María demuestra afinidad con las quejas del Salmista cuando con ímpetu se pregunta dónde está el Señor cuando más lo necesita. El verdadero discípulo de Dios, mujer u hombre, no solamente tiene conocimiento de quién es el Señor, sino que su relación es tan íntima que derrama todo lo que tiene en su corazón, sin tratar de lisonjear a su maestro con palabras de dulzura. El profeta Jeremías en varias ocasiones se encuentra en momentos tan difíciles que no solamente piensa que el Señor le abandonó, sino que hasta se atreve a decir que el Señor le engaño («¿serás para mí como cosa ilusoria, como aguas que no son estables?» Jer 15.18; véase también 20.7-18). La declaración de María, a diferencia de la de su hermana, va acompañada con llanto.

Al verla llorando Jesús reacciona con una de las escenas más difíciles e interesantes en los Evangelios: Jesús «se estremeció en espíritu y se conmovió». Una breve excursión a través de otras versiones a idiomas modernos es indicativa de la dificultad que conlleva el entender las palabras de Jesús:

«se conmovió en espíritu y se turbó» RVA

«se turbó y se conmovió profundamente» NVI

«se conmovió profundamente y se entristeció», *Dios Habla Hoy*

«se sintió muy triste y les tuvo compasión», *Lenguaje Actual*

« se estremeció en espíritu y se conmovió» RV95

La palabra griega *enebrimesato* tiene varios sentidos, desde el relincho de un caballo hasta el enojo profundo, e incluso la acción de advertir. La segunda palabra, *etradzen*, normalmente expresa la idea de ser sacudido o estremecido. La utilización de las dos palabras para expresar la reacción de Jesús ante María y ante los judíos sugiere que Jesús reacciona con enojo y está profundamente conmovido. Las traducciones modernas evitan referencia alguna al enojo normalmente asociado con *enbrimesato* (se conmovió). ¿Qué ha

Las señales y discursos públicos del Cristo (2.1–12.50)

pasado para que el Señor reaccione de esta manera? Las traducciones modernas y la gran mayoría de los intérpretes y predicadores sugieren que al enfrentarse a la realidad de la muerte y sus consecuencias Jesús es movido al llanto. Todos citan el versículo 35 en apoyo de esta conclusión. Personalmente, no concuerdo con esta explicación. Seguramente que la realidad de la vida en la Palestina del primer siglo ofreció considerables oportunidades para que Jesús se enfrentase con las consecuencias de la muerte. Los Sinópticos narran otros milagros de resurrección (la hija de Jairo y el hijo de la viuda de Naín) y en ninguno de estos casos vemos que Jesús se conmueva como se dice aquí en Juan. Es notable que en el Evangelio de Lucas, el evangelista indica que Jesús es movido a compasión (*esplagchnisthe*, literalmente «conmovido en las entrañas», 7.13) al encontrarse con la viuda llorando. En ambas historias (Lucas 7 y Juan 11), Jesús se enfrenta a la muerte de un ser querido y en ambos casos hay llanto tanto de parte de las personas más afectadas, la madre y las hermanas, como de parte de sus consoladores. La historia de Lucas 7 nos ayuda a ver esto, pues encontramos allí que una viuda pierde a su único hijo y por tanto la escena inspira más lástima y llanto; sin embargo no hay evidencia alguna de que Jesús llore al encontrarse con la viuda y su pérdida. ¿Por qué en Juan 11 Jesús reacciona en la manera narrada?

María, como oveja del Buen Pastor, ha respondido a la voz del Señor Jesús; pero ahora une su voz con los adversarios de Jesús, los judíos. Jesús se enfrenta a la realidad de que aun los suyos encuentran dificultades en el camino de seguirle como sus discípulos. ¡Aquí la más fiel de los discípulos está perdiendo confianza en él! Verdaderamente la falta de fe ha invadido el círculo de discípulos, y Jesús reacciona ante la realidad del pecado que reside en la humanidad, el pecado de la incredulidad.

Cuando Jesús indaga acerca del lugar del sepulcro, María responde con las palabras que Jesús utilizó para invitar a los primeros discípulos a caminar con fe en él, «ven y ve» (Jn 1.39). Jesús invita a sus discípulos a seguirle para que encuentren la vida; María (y Marta) invitan a Jesús a seguirle para que encuentre el lugar de la muerte. Invitado a ver el sepulcro, «Jesús lloró». Esta reacción sorprende al lector, ya que en 11.11 Jesús afirma que viaja a Judea para levantar a Lázaro de entre los muertos. El verbo griego usado para describir el llanto de Jesús (*edakrusen*) es diferente del llanto de María y de los judíos (*klaiousan*). *Klaio* contiene la idea de llorar a gritos, lamentar en alta voz. *Dakuo,* aunque sinónimo, no se usa en ningún otro lugar en el Nuevo Testamento (mienras que el sustantivo *draku* «lágrima» sí aparece en el Nuevo Testamento [Mc 9.24; Hch 20.19, 31; 2 Co 2.4; He 3.7; Ap 7.17; 21.4]) y significa derramar lágrimas, sin implicación alguna de gritos en alta voz. Mientras todos a su derredor lamentan en alta voz, con gritos y fuerte llanto, la muerte que se encuentra tan cerca, Jesús derrama lágrimas por el dolor de la muerte, pero no se deja controlar por el poder de la muerte. En otras palabras, Jesús no se deja abrumar por el dolor de la muerte, ya que él es la resurrección y la vida. Los judíos interpretan mal las lágrimas de Jesús y afirman que Jesús verdaderamente amaba a su amigo Lázaro y se preguntan por qué Jesús no se interesó en sanar a su amigo antes que muriese. Detrás de sus palabras está la sospecha de que Jesús verdaderamente no tiene el poder curativo que el episodio con el ciego (Juan 9) reveló.

El evangelista describe el sepulcro brevemente. Era una tumba típica de aquel día y lugar, una cueva con una piedra puesta en la entrada. Irónicamente la tumba de Jesús se describe de manera semejante (19.41; 20.1-12). Inmediatamente Jesús toma control de las circunstancias y ordena que se quite la piedra que sella el sepulcro. El pragmatismo de Marta (véase Lc 10.38-42) es evidente en las palabras «Señor, hiede ya, porque lleva cuatro días». Sus palabras muestran más que la triste realidad de la muerte. Los judíos no embalsamaban el cuerpo al morir, como los egipcios, pero sí ungían con hierbas aromáticas el cuerpo y así cubrían el mal olor del cuerpo en su descomposición. En el judaísmo de su día muchos creían que al morir, el alma de una persona permanecía cerca del cuerpo por unos tres días, para el caso de una resucitación del cuerpo. Al incluir el detalle de que Lázaro murió cuatro días antes, Juan deja claro que el milagro que pronto se efectuará será absolutamente extraordinario. Las palabras de Marta revelan también el horror que ella se imagina, aunque momentáneamente —que Jesús les mostraría el cuerpo fétido de su querido hermano. Toda su experiencia demanda sumisión completa a la realidad de la muerte, y aunque cree que Jesús es la resurrección y la vida (11.25-27), no cabe en su mente la posibilidad que la vida reine allí mismo donde ella se encuentra. Por tanto, Jesús

Las señales y discursos públicos del Cristo (2.1–12.50)

le trae a la memoria lo que ella misma afirmó apenas minutos antes, «¿No te he dicho que si crees verás la gloria de Dios?». Confrontados con la realidad de su confesión, no hay más remedio que obedecer al Maestro y por tanto quitan la piedra del sepulcro donde ha sido puesto el muerto.

Jesús entonces ora. En una oración semejante a las que encontramos en los salmos (Sal 118.21) Jesús invoca a Dios como «Padre» y da gracias porque sabe que Dios Padre oye sus oraciones. El acto de alzar los ojos era, y es, una postura asumida por quien se acerca a Dios en oración. Esto no significa tanto el lugar donde se piensa que Dios esté al momento (arriba en los cielos), sino indica que la persona que ora reconoce que la respuesta procede fuera de sí misma, en otro Ser —en este caso, Dios. La idea de oír sugiere una respuesta positiva a la petición que pronto se hará. Pero antes de su petición, Jesús explica en alta voz su misión y la razón de lo que ha dicho: «lo dije por causa de la multitud que está alrededor, para que crean que tú me has enviado». La doctrina de que Jesús es el Enviado de Dios es un elemento primordial en la teología joanina. Todo lo que Jesús hace y dice sirve para llevar a quienes escuchan y ven a creer que él es el enviado —como se ve en las palabras de Marta poco antes (11.27).

A gran voz Jesús ordena por nombre al que yace muerto en el sepulcro frente a él: «Lázaro, ¡ven fuera!» ¡Mi alma se goza al recordar lo que oí decir, cuando niño, al pastor de la iglesia a la que asistíamos, quien nos dijo que Jesús tuvo que usar el nombre de Lázaro porque, de otro modo, todos los muertos en aquel lugar, incluso los no creyentes, se habrían levantado en resurrección y vida!

El llamado de Jesús es fuerte para que la multitud, familiarizada con las prácticas mágicas de aquellos que con encantamientos y con bullicio engañaban a muchos, oyese la sencillez y la autoridad de las palabras mismas. Lázaro, como buena oveja, oye la voz de su Pastor, y en obediencia se levanta y sale fuera. La descripción del evangelista («el que había muerto salió, atadas las manos y los pies con vendas, y el rostro envuelto en un sudario») enfatiza que aun la muerte no puede contra el poder que se encuentra en Jesús —la vida. El paralelismo con la muerte de Jesús, que se acerca, continúa con el uso de la palabra *tethnekos* (el muerto), que aparece aquí en 11.44 y más adelante en 19.33. Puesto que las ataduras limitan el movimiento de Lázaro, Jesús ordena a los presentes que le desaten. Podemos imaginar que las hermanas corren junto a su hermano, pero Juan no está interesado en tal detalle. El lector ha de tener en mente el detalle del sudario para compararlo con el rostro de Jesús en su sepultura, y notar además que en el caso de Jesús nadie tiene que desatarle.

El resultado del milagro es que muchos de los que habían venido a acompañar a María en su pérdida creyeron en Jesús. Una vez más Juan nos hace ver que la misma señal conduce a la fe de algunos y al rechazo de otros, pues hay quienes aun después de presenciar tan gran señal piensan solo en informar a los fariseos lo que Jesús ha hecho. Todos los presentes ven los acontecimientos, pero solamente los creyentes ven la gloria de Dios.

Enterados de los acontecimientos en Betania, los principales sacerdotes y los fariseos convocan al Concilio, o Sanedrín, —el consejo de gobierno y el tribunal supremo de la nación judía. Bajo la jurisdicción general de los romanos, el Sanedrín administraba el sistema judicial. En el primer siglo, el sumo sacerdote y su familia tenían vasta influencia sobre el Concilio, incluso para nombrar a sus miembros —en su mayoría sacerdotes y saduceos. Los fariseos también estaban representados en el Sanedrín, y su influencia es evidente tanto en Juan como en Hechos. El sumo sacerdote tenía autoridad para convocar a una reunión oficial del Sanedrín, y además presidía sobre sus procedimientos. Parece que esta reunión del Sanedrín no es una convocación formal, ya que el sumo sacerdote se introduce en medio de la escena, lo cual implica que no está ejerciendo su autoridad como moderador.

Los congregados consideran las señales que Jesús hace en público y las repercusiones que pueden tener. Primero consideran que si Jesús sigue por el mismo camino sin interrupción («si lo dejamos así») todos creerán en él— es decir, que dejaran de obedecer el Sanedrín como el cuerpo legislativo de la nación y acudirán a Jesús para obedecerle. Reemplazado entonces el Sanedrín, los romanos vendrán para restablecer su autoridad y reconstituir el gobierno de la nación. Aparentemente la noción de la soberanía del Señor ha quedado olvidada. Más adelante el mismo cuerpo afirmará que no hay otro rey que el César. El Sanedrín teme que los romanos, la fuerza militar más potente de aquel entonces, destruyan el lugar santo (el

Las señales y discursos públicos del Cristo (2.1–12.50)

templo) y hasta la nación misma. Anteriormente Jesús llevó a cabo un acto simbólico y profético en la purificación del templo (Juan 2), y seguramente los principales sacerdotes lo recuerdan. Como líderes religiosos saben muy bien que en la historia de la nación, Dios mismo ha castigado al pueblo, y el templo ha tenido un papel importantísimo en esos tiempos. En realidad dialogan sobre su propio futuro, pues poco les importa que la autoridad romana sea respetada. Por tanto se preguntan «¿Qué haremos?»

El sumo sacerdote ofrece su opinión como miembro del Sanedrín. La frase «sumo sacerdote aquel año» sugiere que el puesto de sumo sacerdote alternaba cíclicamente. Pero es mejor entenderla como una forma de enfatizar la importancia del momento —como si dijera «en aquel año decisivo, Caifás era sumo sacerdote». Esto concuerda con datos históricos que prueban que Caifás fue sumo sacerdote por largo tiempo. Abruptamente Caifás les dice a sus colegas que ellos no saben nada. Esta grosera entrada de Caifás en la conversación concuerda con la evaluación de Josefo (*Guerra de los Judíos* 2.8.14 §166) en cuanto a los saduceos. La solución de Caifás requiere que ellos (los líderes religiosos) estén dispuestos a eliminar directamente la amenaza de Jesús, y no permitir que todo el pueblo sufra las consecuencias.

Un comentario del evangelista concluye la narración sobre la convocatoria. Desde la perspectiva de Juan y de sus lectores, Jesús sí murió por toda la nación. Por tanto al oír las palabras de Caifás los creyentes se preguntarán cómo es que Caifás tenía tan profundo conocimiento teológico. Juan explica que en su oficio formal, como sumo sacerdote, Caifás profetizó aunque carecía de fe en Jesús. El versículo nos informa que desde ese momento procuraban matar a Jesús.

Otro resultado de la resurrección de Lázaro es que Jesús, reconociendo que la hora de su glorificación ya está por interrumpir la historia humana, no puede andar abiertamente entre los judíos, quienes buscan matarle. Por tanto se aparta al desierto, donde concluirá su ministerio entre sus discípulos. Rápidamente el narrador conduce a sus lectores hacia los últimos días de Jesús. Se acerca la fiesta de la Pascua, y muchos se preparan para la celebración. Con expectativas mesiánicas, los congregados en Jerusalén buscan a Jesús, seguramente convencidos que un acto decisivo va a tener lugar. Esperan a Jesús, pero no están seguros de que irá a la fiesta. Hay otros que también esperan a Jesús, pero estos han determinado arrestarle para así apagar la llama mesiánica en medio del pueblo. Abusando de su autoridad, ordenan al pueblo que les informe cuando Jesús llegue a Jerusalén.

19. Se completa el ministerio público (12.1-50)

Continuando la historia en los alrededores de Betania y Jerusalén, Juan concluye el ministerio público de Jesús narrando episodios a los que el público en general no tiene acceso. Jesús dirigirá palabras exclusivamente a sus discípulos y así los preparará para su pronta partida. El tema de la muerte domina en el capítulo 12. María unge el cuerpo de Jesús en preparación para su muerte, y los sacerdotes deciden matar también a Lázaro (12.1-12). La entrada a Jerusalén incluye referencias a la muerte y resurrección de Lázaro. Los judíos, se exasperan ante la influencia de Jesús (12.13-19). En reacción a la búsqueda de unos griegos, Jesús interpreta su muerte como la hora de su glorificación, y su enaltecimiento como la ocasión para atraer a todos hacia él (12.20-36). En conjunto, estos pasajes interpretan el significado de la muerte de Jesús.

a. María unge a Jesús (12.1-8)
Por segunda vez el narrador indica que la fiesta de la Pascua se acerca (11.55 y 12.1) y de momento encontramos a Jesús, no en Jerusalén haciendo preparativos para la fiesta, sino en Betania, la aldea de Lázaro, Marta y María. El episodio de la resurrección de Lázaro (Juan 11) comienza con un anuncio del acontecimiento que le sigue (Jesús ungido por María, 11.2). Ahora notamos que el episodio del ungimiento comienza haciendo alusión a la resurrección de Lázaro (12.1). No cabe duda de que el narrador quiere que los dos episodios se lean como una unidad literaria, entretejidos e inter dependientes, pues apenas Jesús resucita a Lázaro, su cuerpo es preparado para la sepultura. Desafortunadamente la división del capítulo le oculta esto al lector moderno. En la memoria de Juan y su comunidad está fija la idea de que Jesús muere como el Cordero de la pascua (véase Jn 1.29). Más adelante veremos que el evangelista señala dos veces más que la Pascua se aproxima (12.12 y 13.1). En los Evangelios Sinópticos

Las señales y discursos públicos del Cristo (2.1–12.50)

el ungimiento en Betania ocurre después de la entrada triunfal (Mc 14.1, Mt 26.2), mientras que Juan lo localiza antes de la entrada a Jerusalén. Este cambio de orden nos lleva a ver la entrada a la ciudad santa como un acto preparativo para su muerte. Esta perspectiva se preserva en la tradición en la que el Domingo de Ramos (entrada triunfal) inicia la Semana Santa.

La escena es una cena celebrada para recibir a Jesús, quizás en gratitud por la resurrección de Lázaro, y para darle la bienvenida después de una breve jornada por lugares no muy lejanos. Marta sirve la cena, Lázaro está sentado a la mesa con otros invitados —entre ellos Judas Iscariote quien aprovechará la ocasión para expresar su desencanto con el ungimiento. Esta es la única ocasión en Juan donde encontramos a Jesús en un banquete público, una actividad muy frecuente en Lucas. El tercer evangelista utiliza el banquete para presentar las diferencias entre Jesús y los tradicionalistas (fariseos y escribas) de su día (véase Lc capítulos 7 y 14). En cambio, en Juan el banquete es ocasión íntima del grupo con su Maestro. En este esquema resalta la horrenda traición de Judas Iscariote, a quien se menciona por nombre.

María, la hermana de Lázaro y discípula ejemplar, aparece en el relato. Se acerca a Jesús con una libra de perfume de nardo puro, unge los pies de Jesús y los seca con sus cabellos. En los Evangelios Sinópticos no se da el nombre de la mujer, quien tampoco es uno de los invitados al banquete. Pero Juan nos informa que se trata de María, hermana de Marta y Lázaro. El perfume es puro y carísimo —lo cual provocará la indignación de uno de los discípulos. El olor del perfume llenó la casa e insinúa el exceso de perfume utilizado. Es interesante notar que en la resurrección de Lázaro Marta teme la manifestación del mal olor del cuerpo en descomposición y que ahora, anticipando la muerte del Mesías, Juan pinta un cuadro de buen olor. Las buenas nuevas de Jesús el Hijo de Dios son como una fragancia que llena el mundo con dulce aroma de salvación.

Los otros Evangelios simplemente indican que «algunos» presentes cuestionan el malgasto de un perfume tan caro. Juan identifica al que protesta como Judas Iscariote, uno de los discípulos, quien fue presentado en 6.71 como un discípulo que estaba por entregarle. En la presente escena la reacción de Judas Iscariote parece pintar un cuadro favorable. Un jornalero ganaba aproximadamente un denario por un día de trabajo, de modo que trescientos denarios eran una cantidad significante. Teniendo en mente la práctica judía de dar limosna y de ayudar a los menesterosos como expresión de la piedad religiosa, Jesús y sus discípulos acostumbrarían ayudar a los necesitados. Pero Juan inmediatamente aclara que el gesto y las palabras de Judas Iscariote solamente fingían piedad, ya que acostumbraba robar parte de los recursos del grupo. Esta aclaración nos ofrece una tentadora ventana a la actividad de Jesús con sus discípulos ya que el que Judas fuera el tesorero («teniendo la bolsa») implica que el grupo de discípulos estaba organizado según funciones que cada uno de ellos realizaba por el bien de todos.

Respondiendo al desencanto del discípulo, Jesús pide que dejen a la mujer en paz y añade que ella prepara su cuerpo para la sepultura. En los Evangelios Sinópticos Jesús hace énfasis en la obra de la mujer (María, en Juan) como un acto que ha de conmemorarse. Aquí el énfasis recae en lo que el acto significa para Jesús. Jesús declara que de todos los discípulos María es la primera, y quizás la única, en entender que es necesario que Jesús muera, y por tanto prepara su cuerpo para la tumba. Con la muerte y sepultura tan cerca, en menos de una semana, Jesús revela que los «pobres siempre los tenéis», esto es, en breve tendréis la oportunidad de servir sus necesidades. La explicación ofrecida por Jesús no permite pensar que los pobres no han de ser recipientes de nuestro socorro. La frase «los pobres siempre los tenéis» sugiere que la presencia de los pobres a nuestro derredor ofrece la oportunidad para que los discípulos ejerciten la piedad. Por ahora el enfoque del grupo de discípulos es prepararse para la muerte del Maestro.

b. La entrada triunfal (12.9-19)

La resurrección de Lázaro resulta en curiosidad e interés entre los judíos. Muchos de los judíos (aparentemente procedentes de Jerusalén) se acercan a Betania para ver a Jesús y a Lázaro —dando a entender que Dios sí ha sido glorificado por la señal de la resurrección de este último. Pero como toda buena obra de Dios, esa resurrección resulta también en mayor oposición. Los principales sacerdotes deciden que para terminar con la amenaza que Jesús representa deben eliminar

Las señales y discursos públicos del Cristo (2.1–12.50)

también a Lázaro. Su interés es silenciar el testimonio que declara que Jesús es el Enviado de Dios, y la presencia de Lázaro anuncia la presencia de Dios en Jesús.

La versión joanina de la entrada triunfal en Jerusalén es más breve que las sinópticas (Mt 21.1-11; Mc 11.1-10; Lc 19.28-40), pues incluye solamente los elementos esenciales para identificar la acción de Jesús. Primero Juan narra lo que el gentío hizo y luego lo que Jesús hizo, aunque la secuencia histórica parece ser contraria. El evento conocido desde entonces como Domingo de Ramos, que inicia la conmemoración de la Semana Santa en el calendario cristiano, debe su nombre al Cuarto Evangelio ya que solamente en él se dice que «tomaron ramas de palmera y salieron a recibirlo».

Cinco días antes de la fiesta, la multitud reunida para celebrarla oye que Jesús está en la ciudad y se prepara para recibirlo. No está claro si esta multitud es la misma que fue a verle en Betania el día anterior (vv. 9-11), ni cómo se enteraron de que Jesús estaba presente. El gentío sale de la ciudad para recibir a Jesús y conducirle a la ciudad en triunfo —esto es, como se recibía a un líder militar después de una gran victoria. Acercándose a Jesús, la multitud clama (canta) parte del Salmo 118.25-26. Los Salmos 113-118 eran favoritos durante la Pascua, y la exclamación «hosanna» («salva ahora») era una petición. Pero aquí se usa como alabanza. «Bendito el que viene en el nombre del Señor» se utilizaba para referirse a todo peregrino al acercarse a la ciudad santa acompañado por otros peregrinos, particularmente cuando subían al templo por primera vez después de la jornada. Su uso mesiánico en este contexto se manifiesta en la frase «el Rey de Israel». La multitud no celebra su propia llegada a Jerusalén, sino que sale de Jerusalén para encontrarse con Jesús, y alaban a Dios porque el Rey de Israel entra a su ciudad. Anteriormente (Jn 6) la multitud busca a Jesús para hacerle rey y él se esconde. Ahora proclaman a Jesús como Rey y él simplemente acepta en silencio el título.

Jesús encuentra un asnillo, lo monta y sigue en procesión a la ciudad. El elaborado plan para entrar a la ciudad, que vemos en los Sinópticos (el cual señala que Jesús conscientemente decide entrar a la ciudad como Rey), no aparece en Juan. El evangelista añade una cita bíblica (Zac 9.9) que ayuda al lector a comprender lo que ocurre. En el texto de Juan lo más importante no es lo que Jesús hace o dice sino quién es él —entra a Jerusalén como un Rey que regresa a su ciudad. La proximidad de la muerte lleva a Jesús a mostrarse como rey —pero un rey que entra sentando sobre un asno en lugar del caballo de guerra de un jinete triunfante. (En contraste, Apocalipsis 19.11ss. visualiza el retorno del Señor montado en un caballo, acompañado por el ejército de los santos). La exclamación de la muchedumbre se basa en el testimonio de quienes vieron lo ocurrido en Betania, la resurrección de Lázaro. El hacedor de milagros (Jesús) y la evidencia de su poder como hacedor de milagros (Lázaro) son admirados por la multitud y menospreciados por lo principales sacerdotes, pues la influencia de los líderes religiosos se ve amenazada.

De momento los discípulos, aquellos que se han dedicado a seguir a Jesús y creen en él, no entienden lo que acontece, a pesar de su dedicación al Señor. Para ellos es una sorpresa. Es algún tiempo después, cuando Jesús es glorificado en la resurrección, que entienden el episodio. Por su parte, los fariseos encuentran que sus esfuerzos de silenciar a Jesús han fracasado. Sus planes y amenazas no han dado resultado, pues el número de quienes creen en Jesús crece, mientras ellos pierden seguidores. La búsqueda de la verdad no es la razón por la cual los líderes se oponen a Jesús. Juan describe la escena pintando un cuadro de envidia que lleva a los líderes a buscar la muerte de Jesús y de Lázaro.

c. Los griegos buscan a Jesús (12.20-36)

Juan anuncia la llegada de la hora de Jesús con las acciones de unos griegos que vinieron a la fiesta. Estos son «temerosos de Dios» término que describe a los gentiles que admiraban y vivían el judaísmo lo mejor que podían. Se encuentran en Jerusalén para celebrar la fiesta. Su deseo de ver a Jesús comprueba el temor de los fariseos: ¡todo el mundo se acerca a Jesús! Siendo griegos, estos se acercan a uno de los discípulos cuyo nombre es griego, Felipe, y quien procede de Betsaida, una ciudad cercana a la Decápolis gentil. Se acercan a este discípulo porque reconocen en él a alguien semejante a ellos mismos y que puede simpatizar con ellos. El término «ver» se emplea en este contexto con el sentido de manifestación, o visión. Habiendo observado la entrada en Jerusalén y oído el testimonio de quienes estuvieron en Betania, estos griegos quieren saber más de

Las señales y discursos públicos del Cristo (2.1–12.50)

Jesús. Por su parte Felipe se acerca a otro discípulo procedente de la región de Decápolis, y juntos hablan con Jesús. Felipe y Andrés unen sus esfuerzos para apelar por los griegos.

La petición de los griegos comienza una escena nueva. Jesús declara que la hora de su glorificación ha llegado. En varias ocasiones Juan señala que todavía no es la hora de Jesús (2.4; 7.6, 8, 30 y 8.20). Anteriormente hubo alusiones a un «levantamiento» (3.14 y 8.28), pero ahora Jesús habla de una entrega (12.24) que resulta en el levantamiento de la tierra del Hijo de Dios, con el resultado de que todos vendrán a Jesús (12.32). Al fin llego la hora; Jesús no puede atrasarse, pues el mundo se ha acercado a él. La glorificación del Hijo es su crucifixión y resurrección. La metáfora del grano de trigo que queda solo si no cae en la tierra y muere describe la muerte del Salvador. Al entregar su vida, él reunirá a muchos («lleva mucho fruto»). Es necesario que la semilla caiga en la tierra para que «muriendo» resulte en mucho fruto. De igual modo es necesario que Jesús muera. Pero Jesús no describe su muerte como una caída, sino como un levantamiento, aludiendo a la manera en que morirá, la crucifixión. Jesús declara que quienes deseen compartir la vida eterna deben estar dispuestos a entregar sus propias vidas, así como el Maestro pronto entregará la suya. Pero esta entrega por parte de los discípulos no es un acto simplemente altruista. Quienes aman sus propias vidas fracasan, pues quieren aferrarse a la vida y la pierden en ese proceso. Quien verdaderamente ama la vida la pierde en este mundo, pero la gana en el venidero. Unos piensan que lo que este mundo ofrece es todo. Por tanto se aferran a lo que esta vida ofrece y pierden la vida eterna. Otros estiman menos lo que este mundo ofrece («odia») y ganan la vida eterna. Esa es la triste realidad que observamos hoy. La comodidad y el materialismo se han posesionado de tal manera de la humanidad, que se pierde la perspectiva eterna. Se vive unas décadas y se pierde una eternidad. El verdadero discípulo debe entregarse por el bienestar de otros, vivir para servir, como nuestro Señor nos enseña en el Evangelio. Con tal servicio Dios Padre se regocija. El autor de la Epístola a los Hebreos alude a esta realidad al señalar que quien tiene fe considera que la vida que el Señor le ofrece y le promete es mucho mejor que lo que el mundo pueda ofrecerle o quitarle (He 11.32-38).

La hora de su glorificación, que se acerca, aterra a Jesús. Es hora de sufrimiento, de rechazo e ignominia. Esto demuestra en Jesús el instinto humano por la preservación de la vida (que puede resultar en el aferramiento a esta vida). ¿Buscará Jesús salvar su propia vida? ¡NO! Él pide que el Padre le mantenga firme en su misión y propósito («para esto he llegado a esta hora») y que Dios glorifique su nombre en el Hijo. Al ir obedientemente a la cruz del Calvario, Jesús honra a Dios Padre y Dios es glorificado. Todo lo que Jesús hace (sus hazañas milagrosas y su entrega de sí mismo a la cruz) es obra de Dios en él. Jesús no vive para glorificarse a sí mismo, sino para glorificar al Padre. Así también los siervos de Dios hoy. Nuestro afán y deseo no ha de ser nuestra gloria y fama, sino que el nombre de Dios sea glorificado en la obra que realizamos.

Desde el cielo, la voz de Dios responde a la petición. En otras dos ocasiones se oye la voz de Dios en los Evangelios: en el bautismo de Jesús y en su transfiguración. Pero Juan no relata ninguno de esos dos episodios. Aquí la voz se oye en un ambiente público, y los presentes oyen algo aunque no entienden bien lo que acontece. Continúa el tema de la incredulidad en cuanto a la procedencia de Jesús (el Enviado de Dios). Algunos oyen truenos. Para estos no hay más que ruido. Otros piensan que oyen la voz de un ángel. Estos entienden que algo se ha dicho, aunque no lo comprenden. Jesús está seguro de su origen y de su misión, y por tanto la voz no es para él, sino para que la audiencia, incluso los discípulos, esté convencida de quién es Jesús. Lo importante es que todos saben que el cielo responde a la petición de Jesús.

La frase «lo he glorificado» no se refiere a un evento o episodio en particular. Es una referencia a la totalidad de la vida de Jesús y a la relación única que tiene con Dios Padre. En su discurso en el capítulo 8, Jesús declara «yo hago siempre lo que le agrada» al Padre. En toda su vida Dios se glorifica. Claro está que la frase «lo glorificaré otra vez» se refiere a la crucifixión, cuando Dios obrará la redención de la humanidad por medio del sacrificio del Cordero de Dios. Dios es altamente glorificado en el acto de redención, pues desaparecen las consecuencias del pecado y el juicio que este requiere.

El tiempo de la glorificación del Hijo es «ahora el juicio del mundo» ya que «el príncipe de este mundo será echado fuera». En Juan, los «príncipes» son los principales sacerdotes y gobernantes de los judíos.

Las señales y discursos públicos del Cristo (2.1–12.50)

Ellos están convencidos que su postura es la única válida, y que tienen a Dios como padre. Pero ya Jesús les informó que el padre de ellos no es Dios sino el padre de mentiras, el diablo. Ahora es la hora de juzgar al padre de mentira, el príncipe de este mundo. La frase «echado fuera» nos recuerda los exorcismos que se narran solamente en los Sinópticos, pero no en Juan. El juicio sobre el pecado (la muerte del Cordero Pascual, Jesús) opera como un exorcismo sobre el diablo, quien es echado fuera y no tiene potestad sobre la humanidad. El poder y la autoridad que los principales sacerdotes y los gobernantes ejercían sobre el pueblo será quebrantado en la cruz. Al ver al Hijo levantado sobre la tierra (crucificado) podrán reconciliarse con Dios en Cristo Jesús. En Cristo, el sistema religioso-político ha sido juzgado.

La interpretación de la frase « a todos atraeré a mí mismo» permite varias opciones teológicas. A primera vista, la frase sugiere un universalismo que no aparece en el Evangelio hasta este momento. Las ovejas del prado oyen la voz de su pastor y se acercan a él. Otras veces, Jesús habla de aquellos a quienes el Padre llama. ¿Será posible que ahora Jesús quiera decir que toda la humanidad vendrá a él? Algunos intérpretes ven la palabra «todos» como término neutro y traducen «todas las cosas», lo cual lleva a una dimensión cósmica, la redención de toda la creación. Otros entienden «todos» en sentido genérico, como todo grupo étnico o nación. Y otros opinan que el sentido universal ha de mantenerse, pero con la intención de juicio — esto es, que el Señor atrae a todos hacia él para juicio. A mi entender, la palabra «todos» se utiliza aquí en un sentido muy particular como «todos los que el Padre me ha dado» o «todos los que aceptan que yo soy el Enviado de Dios». Ya hemos notado que el evangelista emplea el término «los judíos» en un sentido muy particular—los judíos que no aceptan el mesianismo de Jesús—aun cuando algunas veces usa el mismo término en su sentido común como referencia a todos los judíos. Jesús atrae hacia sí a quienes oyen su voz y, reconociéndole como su pastor, acuden a él.

La audiencia reacciona con perplejidad y recurre al debate teológico. Le preguntan, «¿Cómo, pues, dices tú que es necesario que el Hijo del Hombre sea levantado? ¿Quién es este Hijo del Hombre?» Entienden que Jesús habla de su muerte, pero quieren que sea más explícito. Jesús habla de juicio y ellos quieren hablar de posturas teológicas. ¡No estarían fuera de lugar en nuestro propio tiempo!

En su respuesta, Jesús dirige a sus oyentes a la consideración de una de sus aseveraciones («yo soy la luz del mundo»). La luz está frente a ellos y deben aprovechar el tiempo y andar en la luz —esto es, creer en él. Malgastar el tiempo en asuntos tales como los debates teológicos dará oportunidad para que las tinieblas ejerzan autoridad, y ello llevará a una vida sin rumbo. Creer en Jesús les permitirá andar continuamente en la luz. Con estas palabras Jesús concluye su ministerio y se aparta de los judíos.

d. El testimonio acerca de Jesús (12.37-43)

No obstante los signos y las palabras de Jesús, los judíos (aquí Juan se refiere a todos los judíos que no han creído en él) rechazan la Luz, como Isaías profetizó (Is 53.1). Pero, ¿cómo puede ser que el mensaje de Dios sea rechazado? El evangelista emplea otra cita de Isaías para explicarlo (6.10). Dios cegó sus ojos para que no vieran ni entendieran con el corazón. ¿Cómo explicamos este acto de parte de Dios? En su soberanía, Dios le ofrece al ser humano la oportunidad de acercarse a él. Pero la humanidad prefiere comunión con las tinieblas, se aferra a la realidad de este mundo y prefiere lo que el mundo le ofrece. A estos Dios les cierra los ojos y endurece sus corazones sellando así su fin. Otros aparentan fe en Jesús, pero solamente en secreto. No están completamente comprometidos a seguir a Jesús, pues temen ser expulsados de sus comunidades.

e. La última invitación (12.44-50)

De repente, desde su lugar secreto, Jesús pronuncia una solemne declaración sobre su ministerio. El tema central es lo que significa creer en él. Anteriormente Jesús ha explicado que su enseñanza no procede de sí mismo sino de Aquel que lo envió (7.16). Ahora declara explícitamente que creer en él es creer en Dios («el que me envió»). Quienes oyen esas palabras y no creen (los judíos mencionados antes) no son juzgados por Jesús, pues él vino a salvar y no a juzgar al mundo. Quienes rechazan a Jesús son juzgados por la palabra que Jesús ha predicado, que proviene de Dios Padre. Él es quien los juzga. Como fiel Hijo, Jesús ha presentado y pronunciado el mensaje de quien lo envió. Jesús es el Verbo o Palabra de Dios, la Luz del Mundo.

4
Discursos de despedida (13.1–17.26)

Al acercarse la hora decisiva para cumplir la misión del Enviado de Dios, el evangelista dedica los próximos cinco capítulos (13.1–17.26) para presentar enseñanzas e instrucciones para los discípulos, preparándoles para la misión que asumirán al ser enviados por el Maestro. Las instrucciones que se encuentran en este discurso interpretan la partida de Jesús anteriormente anunciada. Algunas de las señales que Juan narra se interpretan inmediatamente mediante un discurso que les sigue. (Por ejemplo a la alimentación de los 5,000 en el desierto le sigue el discurso sobre el pan de vida.) La gran señal que se aproxima (la glorificación del Hijo como el Enviado de Dios quien es levantado para que todos lo vean, Juan 18-20) se interpreta de antemano en el discurso de los capítulos 13–17.

En su estilo literario, las enseñanzas que aparecen en los capítulos 13–17 toman la forma de discursos de despedida, como es el caso de Moisés (Dt 31-33) y los de otros dignatarios del Antiguo Testamento (Gn 49; Jos 23-24; 1 S 12; 1 R 2.1-12). En el periodo intertestamentario, los discursos de despedida llegaron a ser un método popular para comunicar un mensaje religioso o político (véanse los varios «testamentos» de los patriarcas en las obras literarias de la época). Este género literario tenía ciertos elementos en común: (1) predicción de la muerte y partida del patriarca o maestro; (2) predicción de retos y obstáculos que sobrevendrán contra los hijos o seguidores de quien pronto partirá; (3) preparativos para los sucesores o para la continuación de la familia o grupo; (4) exhortaciones a vivir vidas idóneas; (5) comisión al grupo, con reiteración de las promesas de Dios; y, (6) una doxología. El discurso de despedida de Jesús no adopta toda esta estructura, pues tiene más en común con la despedida de Moisés (Dt 31-33) que con los otros ejemplos.

Sobre el estilo de vida que los seguidores han de adoptar, la frase «amaos los unos a los otros» (13.34) tiene una importancia casi absoluta como resumen de toda la enseñanza de Jesús. En cuanto a la sucesión, vemos la promesa del Consolador, el Espíritu Santo, quien continuará la misión de Jesús a través de los discípulos (la comisión).

Pero también notamos diferencias importantes. La despedida de Jesús es provisional. Él pronto regresará, y por tanto el foco está en el futuro, mientras que los discursos de despedida bíblicos se concentran en el pasado —la historia del pueblo con su Dios como fundamento para la continuidad de la comunidad en el futuro. El discurso de despedida concluye con una oración sacerdotal en la que Jesús ora por sus discípulos.

1. Acciones significativas (13.1-30)

a. Jesús lava los pies de los discípulos (13.1-20)

El versículo 1 introduce toda la sección, que va desde el 13.2 hasta el 17.26 —o quizás hasta el fin del libro. El lector ya sabe que la fiesta de la Pascua se acerca y que ha llegado la hora de la glorificación del Hijo. Pero el narrador declara algo nuevo: que Jesús «había amado a los suyos que estaban en el mundo, los amó hasta el fin». El que Jesús ama a los suyos está implícito en varios lugares del Evangelio, pero aquí se hace explícito. A través del Evangelio hemos visto que Dios ama al mundo (3.16), que el Padre ama al Hijo (3.35; 5.20), que el Señor los eligió a ellos (6.70) y que Jesús amaba a ciertos individuos (11.5). Aquí nos dice Juan que Jesús ama a sus discípulos. La frase «hasta el fin» se refiere al cumplimiento de la obra. Jesús les ama hasta cumplir la misión que les conducirá de las tinieblas a la luz, de la muerte a la vida. Nótese que los discípulos, «los suyos», anteriormente son del Padre, quien se los da a Jesús.

Los sentimientos de Jesús se manifestarán en un acto de suma humildad y amor. El participio «cenaban» introduce la escena. Juan describe la cena vagamente, de modo que no sabemos con certeza si

Discursos de despedida (13.1–17.26)

era una cena especial o no. Como el tiempo es «antes de la fiesta de la Pascua» no es la misma cena que se narra en los Evangelios Sinópticos.

Según los Evangelios Sinópticos, la noche antes de morir Jesús comió una cena pascual con sus discípulos (Mc 14.12 y paralelos). La cena celebrada por Jesús y sus discípulos en el Evangelio de Juan no es la cena pascual. En Juan no encontramos seña alguna de los preparativos para la cena. Más notable es la ausencia de las palabras eucarísticas durante la cena. Tales palabras instituyen la Cena del Señor, acto tan significativo e importante para el cristianismo a través de los siglos que es difícil comprender por qué Juan no las incluye. En este punto, las diferencias entre Juan y los Sinópticos son tales que los comentaristas e historiadores piensan que uno de los dos ha alterado la cronología para sus propósitos teológicos. Algunos comentaristas han sugerido que Jesús seguía el calendario solar de los esenios, y de ese modo explican las diferencias. Pero es difícil aceptar esta opción, ya que Jesús no era esenio y la aceptación de ese calendario era un acto religioso para esa secta. Otros, sin evidencia alguna, sugieren que había diferencias entre los calendarios de los fariseos y de los saduceos, y que esas diferencias se reflejan en las dos cronologías. Según C.K. Barrett y R.T. France es difícil de comprobar la cronología sugerida por los Sinópticos. Para ellos la cronología de Juan ha de aceptarse como correcta. La realidad es que al presente es imposible reconciliar los relatos bíblicos en todo detalle. Cualquier solución que adoptemos tendrá sus fallas. Mi opinión es que la cena que se celebra no es una cena pascual oficial sino otra. Por razones teológicas, los Sinópticos llaman «pascual» a la cena.

Lo que Jesús y sus discípulos comen en Juan 13 no es la cena pascual, sino una cena que anticipaba la Pascua, pues Jesús sabía que durante la Pascua él colgaría de una cruz. Claro está que esta opción implica que el cordero comido esa noche no fue debidamente consagrado por los oficiales del templo. Es muy difícil imaginar que los principales sacerdotes permitieran que se sacrificase un cordero fuera de tiempo simplemente para acomodar los deseos del grupo que seguía a Jesús. Sin embargo, la realidad es que ninguno de los Evangelios menciona un cordero pascual como parte de la cena.

La introducción al discurso final de Jesús (13.1-3) claramente comunica que el Señor Jesús estaba en control de todas las circunstancias, en particular de las circunstancias de su muerte en la cruz. Jesús sabe que su hora llegó, y voluntariamente se entrega por los suyos. Pasar de este mundo al Padre nos recuerda la misión de Jesús como el Enviado de Dios. La misión se completará cuando Jesús regrese al Padre, y la cruz será la única manera en que esa misión pueda cumplirse. El tema de la muerte, que juega un papel significante en los capítulos 11 y 12, continúa, pero ahora con un enfoque más particular: la muerte de Jesús. El diablo (Satanás en el v. 27) aparece en el relato como el instrumento que induce a uno de los discípulos (Judas Iscariote) a traicionar al Maestro. En el Evangelio de Juan no encontramos exorcismos, pero vemos que la traición de Judas es inspirada por el diablo. Esta aclaración antes y después del lavacro de los pies señala que Judas está entre aquellos cuyos pies lava Jesús. El narrador señala antes y después de la nota sobre el diablo y Judas que Jesús sabía que había venido del Padre y al Padre regresaba. Esto subraya que Jesús esta al tanto de la traición. Todas las cosas están en sus manos.

En un ambiente árido, con caminos polvorientos y el uso de sandalias, como señal de hospitalidad se les daba a los invitados medios para lavar y refrescar los pies. Normalmente esta humillante tarea le correspondía a algún siervo o esclavo. Entre los rabinos no se pensaba que los discípulos debieran lavar los pies de los maestros. ¡Cuán sorprendente sería para los discípulos lo que ahora ocurre! Jesús asume la postura del más humilde esclavo y les lava los pies. Debemos recordar el episodio reciente del ungimiento de Jesús por María. Jesús «se levantó de la cena, se quitó su manto y, tomando una toalla, se la ciñó». Jesús asume la postura de un esclavo.

El intercambio entre Jesús y Pedro nos ayuda a entender el significado del lavacro de los pies. Pedro, quizás en nombre de todos, abiertamente expresa su sorpresa al declarar que Jesús no le lavará los pies, aun cuando Jesús le promete que más adelante los discípulos entenderán. La respuesta de Jesús, «si no te lavo, no tendrás parte conmigo», ha causado mucha perplejidad. Algunos piensan que Jesús hace referencia enigmática al bautismo, que se entiende entonces como un acto redentor.

La noción «tener parte» ocurre en otros lugares en el NT (Lc 15.12) y ha de considerarse a la luz del concepto veterotestamentario de la

Discursos de despedida (13.1–17.26)

herencia que cada tribu recibe en la tierra prometida (Nu 18.20; Dt 12.12; 14.27). En Apocalipsis 20.6, 21.8 y 22.19, el vocablo aparece con referencia a la porción o lugar asignado para cada cual en el Reino eterno.

Mas adelante, Jesús explica que lo que acaba de hacer es un ejemplo (*hypodeigma*, véase He 8.8; 9.23) del servicio que sus discípulos han de ofrecerse unos a otros en amor y humildad. Él, que es llamado Señor y Maestro, se ha humillado y lavado los pies de sus discípulos. Nuevamente el evangelista presenta contraste con los ejemplos de los grandes y poderosos del mundo grecorromano. Las virtudes admiradas por los paganos (valentía, poder militar, fuerza) son reemplazadas por la humidad y el amor sacrificial. Los discípulos de Jesús han de hacer lo mismo en el sentido de que el grande se haga el menor.

b. Jesús predice la traición (13.21-30)

La frase transicional «habiendo dicho esto» nos recuerda el anuncio de Jesús, que uno de los discípulos lo traicionará. «Se conmovió en espíritu» (*tarass*, el mismo verbo utilizado en Jn 11.33 para describir la reacción de Jesús ante el llanto de María) expresa las emociones humanas de Jesús ante la expectativa que uno de aquellos a quienes él escogió sirve al diablo. Tres de los usos de este verbo en Juan se relacionan con la muerte. Las Escrituras enseñan que el pago del pecado es muerte y consecuentemente aquel que vino a redimir a la humanidad del pecado se confronta cara a cara con la muerte y se muestra en espíritu de tal manera que todos los presentes notan la reacción profundamente emotiva. Ante la acción de uno de los suyos (véanse en 6.70, 6.71 y 12.4 otras referencias a Judas como «uno de vosotros») Jesús se estremece. En la tradición cristiana se mira a Judas con desprecio; pero por su parte Jesús lo mira y se estremece al pensar que uno de los suyos está condenado a la muerte eterna.

Asombrados, los que están a la mesa con Jesús se miran los unos a los otros tratando de discernir quién será el traidor. La noticia de que hay un traidor entre ellos causa sospechas y tensión entre el grupo. Simón Pedro y el «discípulo amado» intercambian miradas y deciden inquirir acerca de la identidad del traidor. La proximidad del discípulo amado al Maestro le ofrece la oportunidad de preguntar directamente quién es el traidor. Por primera vez en el Evangelio se nombra un discípulo «al que Jesús amaba» (Jn 19.26; 20.2; 21.7, 20). De acuerdo a las costumbres del tiempo, en ocasiones especiales (banquetes y días solemnes) los participantes se reclinaban sobre divanes, apoyándose con el codo izquierdo y con el cuerpo extendido hacia la izquierda. Este discípulo se encuentra recostado a la derecha de Jesús, y al echarse hacia atrás se recuesta al pecho de Jesús una posición de intimidad y confianza. Jesús revela la identidad del traidor tras un gesto de amor —le ofrece a Judas Iscariote un pedazo de pan mojado con las hierbas amargas que formaba parte de la cena, un gesto que significaba aceptación. El gesto no revela la identidad del traidor ante la actitud inquisidora de los recostados sobre la mesa. ¿Cuántos otros habrían recibido de Jesús pedazos de pan mojados? Jesús no revela el nombre del traidor ni lo denuncia en presencia del grupo de discípulos. Al contrario, le ofrece pan al traidor, el Justo ofreciendo su vida por el injusto. En nuestro Evangelio no encontramos las palabras de Jesús sobre el pan y el vino (la institución de la Santa Cena), pero aquí observamos un gesto (acentuado por cuanto cuatro veces el narrador hace referencia al trozo de pan en los vv. 26-30) que sirve como señal que apunta hacia el significado de la Cena.

Tomado el trozo de pan, Juan evita decir que Judas comió el pan. Satanás entra en Judas, quien ahora tiene el trozo de pan en la mano y el Enemigo por dentro. Es una escena llena de suspenso representativa de la decisión que Judas ha de tomar en breve —alinearse con Jesús o entregarle a quienes quieren matarle. Judas decide alinearse a los poderes diabólicos y, después de un breve diálogo con Jesús, parte hacia las tinieblas (la noche). Percibiendo la decisión definitiva que Judas ha de tomar, Jesús le ofrece una salida: «Lo que vas a hacer, hazlo pronto». Es inútil prolongar la decisión y permanecer en la indecisión. Solamente Jesús y Judas comprenden el intercambio verbal (y posteriormente los lectores), mientras que los otros discípulos no lo entienden. Para ellos Judas, como tesorero del grupo, sale para hacer preparativos para la fiesta o para dar limosna a los necesitados. El párrafo termina en la oscuridad de la noche. Las tinieblas arropan al grupo de discípulos, y a Judas en particular, quien anda en la noche.

Discursos de despedida (13.1–17.26)

2. Las preguntas de los discípulos (13.31–14.31)

Con la salida de Judas, Jesús continúa su discurso en un estilo oracular. Con su partida, Judas expresa su decisión de entregar al Enviado de Dios a los príncipes de este siglo. Esa decisión declara igualmente que el tiempo de la glorificación del Hijo del Hombre ha llegado. La glorificación del Hijo resulta en la glorificación de Dios pues Jesús será levantado para dar a conocer a Dios (Jn 3.14 y 8.28). Jesús será glorificado en la cruz, pues su muerte revelará la gloria de Dios.

Con tiernas palabras («hijitos») Jesús confronta a sus discípulos con la realidad de su partida de entre ellos. Le queda breve tiempo con ellos, pero en breve les dejará. La chocante noticia se subraya cuando Jesús les recuerda las palabras dirigidas a «los judíos» durante la fiesta de los Tabernáculos (7.33-34). Ni los judíos ni los discípulos pueden ir adonde Jesús va. Y, como los judíos, los discípulos no comprenden el significado de las palabras de Jesús. La hora de la glorificación (la muerte en la cruz) confundirá a los suyos, quienes le buscarán. A primera vista parece que Jesús piensa que los discípulos no son muy diferentes a los judíos —ambos grupos están confundidos y ninguno encuentra a Jesús. Pero si leemos nuevamente el relato, en Juan 7 notamos que allí los judíos buscaban a Jesús para arrestarle y matarle (7.19, 25, 30). Su deseo de arrestar a Jesús se frustra, pues Jesús entregará su vida por sí mismo cuando llegue la hora. Ahora los discípulos buscarán a Jesús para superar el dolor de su ausencia. Más adelante, en 14.1-31, Jesús declara que su partida es provisional y que los discípulos serán huérfanos por breve tiempo, pues él regresará a ellos. En el relato durante la fiesta de los Tabernáculos Jesús aclaró que iría al que lo envió. Aquí no dice adónde va. La pregunta, ¿adónde vas? se repetirá varias veces en el discurso que sigue, y en sus respuestas Jesús revelará detalles de su misión y de la de los discípulos.

El deber de los discípulos ante la partida de Jesús es el tema de los versículos 34-35: «Un mandamiento nuevo os doy: que os améis unos a otros; como yo os he amado, que también os améis unos a otros». ¿Por qué es este un mandamiento nuevo? ¿Será que es nuevo y reemplaza algún otro mandamiento? O, ¿será un mandamiento adicional? Esta segunda opción es preferible. En otras ocasiones

Jesús habla de «hacer la verdad» (Jn 3.21), «hacer obras buenas» (5.29) y «haciendo su voluntad» (7.17) implicando que él espera una conducta fiel a la Torá. Jesús les dijo a los judíos que si creyeran en Moisés, creerían también en él (5.46). Este nuevo mandamiento no es el único que han de seguir. Tres veces (14.15, 21 y 15.10) Jesús insiste en la obediencia a sus mandamientos (en plural). De modo que el mandamiento de amarse los unos a los otros no es el único, aunque sí es de suma importancia. Este nuevo mandamiento tampoco reemplaza el mandamiento de amar a Dios y al prójimo (Mc 12.28-34 y paralelos), sino que se le añade. Aquí el objeto de nuestro amor no es el prójimo, que en la tradición sinóptica incluye hasta al enemigo, sino quienes, como ellos, confiesan a Jesús como el Enviado de Dios.

El mandamiento corresponde al ejemplo que Jesús les ha dado al lavarles los pies —«como yo os he amado» (véase 13.15). El lavarles los pies simboliza la entrega total de Jesús por los suyos en la cruz del Calvario. Por tanto el amor de los discípulos entre sí ha de ser un amor sacrificial (*agape*) que muestre la devoción hacia los compañeros en la fe. Jesús concluye su nuevo mandamiento con una promesa. En su ausencia «todos» —esto es todos aquellos que no son discípulos— verán la relación entre los discípulos del Señor y por esa evidencia por todos, confirmarán que verdaderamente son de Jesús. El vínculo de amor entre los creyentes ha de ser extraordinario. Sí, debemos amar a todas las personas, creyentes o no, y hasta al enemigo (quien es enemigo en su propia opinión no en la del creyente), empero el amor entre los creyentes ha de ser ejemplar. El apóstol Pablo, aunque no fue testigo ocular de lo que se narra en los evangelios, refleja esta enseñanza en su epístola los Gálatas: «Por tanto, mientras tengamos oportunidad, hagamos el bien a todos, y en especial a los de la familia de la fe» (Gl 6.10). Tristemente hoy algunos creyentes muestran animosidad entre sí, con el resultado de que «todos», viendo esto, se alejan de Dios en vez de ser atraídos.

Aparentemente olvidando la amonestación de amarse incondicionalmente unos a otros, los discípulos hacen una serie de preguntas que muestran que lo que más les llamó la atención fue la declaración de Jesús, que pronto partirá y, aunque le buscarán, no le encontraran (13.36, «Señor, ¿adónde vas?»; 14.5, «¿cómo podemos saber el camino?»; 14.8, «muéstranos al Padre, y nos basta»; 14.22,

Discursos de despedida (13.1–17.26)

«¿cómo es que te has de manifestar a nosotros y no al mundo?»). En sus respuestas Jesús explica adónde va, cuáles serán los beneficios de su partida, y cuándo retornará.

Pedro, al parecer sin preocuparse más sobre la identidad del traidor, lanza la primera pregunta: «¿adónde vas?». La pregunta es sorprendente, pues Pedro ha estado con Jesús desde el principio, ha escuchado los discursos de Jesús anunciando su partida de regreso a quien lo envió y al sitio de donde bajo. En realidad Pedro no es muy diferente a los judíos en el capítulo 7: no comprenden totalmente el origen de Jesús. Jesús reitera su anuncio que adonde él va Pedro no puede seguir *ahora*. Después, Pedro seguirá a su Maestro. El destino inmediato de Jesús es su confrontación con la muerte y el retorno al cielo de donde vino. Pedro igualmente pasará por la muerte hacia la eternidad, pero todavía no.

Arrogantemente Pedro insiste en que está dispuesto a seguir a Jesús hasta la misma muerte. Pedro insinúa que quizás el Señor no reconoce la devoción que él le tiene. Es como si Pedro dijera: «quizás estos otros que están aquí con nosotros no estén dispuestos a dar sus vidas por ti, Señor, pero yo soy diferente; yo daré mi vida por ti». La respuesta de Jesús revela la debilidad y lo falible que es la devoción basada en fuerzas meramente humanas. Repitiendo la frase de Pedro («¿Tu vida darás por mí?») Jesús solemnemente anuncia que antes que cante el gallo, esto es en pocas horas, Pedro negará a su Maestro, no una vez, sin tres veces. El espíritu humano desea siempre hacer lo noble cueste lo que cueste; empero la flaqueza humana («la carne» en la teología neotestamentaria) busca sobrevivir a todo costo. Por tanto, al enfrentarse al peligro inmediato, quienes carecen del poder del Espíritu Santo suelen preservar sus vidas a todo costo. En un futuro Pedro, lleno del Espíritu Santo, se enfrentará a los principales del templo y anunciará su fe en Jesús aun cuando será físicamente maltratado por sus palabras. Pero eso está por delante. Ahora Pedro depende solamente de su humanidad. Pero uno de los gloriosos beneficios de la partida de Jesús es que enviará al Espíritu para que apoye a los suyos.

El tema de la partida de Jesús domina la escena en el capitulo 14. El separar el capitulo 14 de lo que le precede deja a Pedro, después de oír el anuncio de que pronto negará a su Maestro (13.36-38), sin palabras de consuelo y esperanza. Además, esa división de capítulos oculta el significado al separar la sección que sigue (14.1-7) de su contexto (la serie de preguntas de los discípulos en 13.36-14.31). Cada una de las preguntas trata sobre la partida del Señor. Pedro y los discípulos están turbados, pues que uno de ellos lo va a traicionar y otro le negará tres veces; pero las palabras de Jesús aseguran al grupo que, con todo y eso, continúan siendo de los suyos. Las preguntas de Tomás (5), Felipe (8), y Judas (22) ofrecen la estructura literaria para organizar el material del capítulo. Las preguntas de los discípulos van desde la ignorancia («no sabemos adónde vas; ¿cómo pues, podemos saber el camino?») hasta la curiosidad («Señor, ¿cómo es que te manifestarás a nosotros y no al mundo?»).

Anticipando los efectos secundarios que su partida tendrá en la vida de sus seguidores, Jesús les anima a través de un diálogo que les asegura que han de ser admitidos en el hogar del Padre, adonde Jesús va. Las preguntas revelan que el conocimiento de los discípulos todavía es muy limitado y no es tan diferente al de los judíos a través del Evangelio—no saben adónde va, buscan señales indubitables. En la tradición de la Biblia Hebrea, el pueblo israelita es amonestado en varias ocasiones a no tener miedo ante las demandas del Señor. Por ejemplo, encontrándose el pueblo ante la tierra prometida, Dios le exige que no tenga temor (Dt 1.21, 29; 20.1-3; Jos 1.9). Siglos después, ante la amenaza de los invasores, Dios repite la misma amonestación a través de sus profetas (2 R 25.24; Is 10.24).

La frase «no se turbe vuestro corazón» puede traducirse como presente de imperativo, «dejad de estar atribulados» lo cual da a entender que los discípulos sí están atribulados (turbados) por las noticias de un traidor y por la falta de Pedro ya anunciada. Después de tres años juntos, años dedicados a la instrucción para así forjar un grupo de fieles seguidores, encuentran que el más sobresaliente entre ellos (Pedro) pronto estimará que salvar su reputación y su propia vida es preferible a confesar su relación con Jesús. Seguramente todos ellos, sin excepción, tenían la misma opinión que Pedro, y por tanto pensarían que las palabras de Jesús se referían a ellos también y que quizás ellos igualmente negarían al Señor. Posiblemente sus mentes estén turbadas bajo el peso del fin de todos sus esfuerzos sin haber llagado a lo que esperaban de Jesús. Lo habían dejado todo para

Discursos de despedida (13.1–17.26)

seguir a Jesús, aceptando a Jesús como el Mesías prometido; como quien, según la opinión popular de su día, restablecería la gloria pasada del pueblo judío. Viviendo en un ambiente sociopolítico donde predominaba esa expectativa mesiánica, muchos de entre el grupo, si no todos, tendrían expectativas semejantes. La declaración de Jesús en cuanto a su partida, y sus anuncios de traición y negación, causan tristeza, frustración y temor en cuanto al futuro.

Según la antropología hebrea, el corazón es el centro de las emociones y de la voluntad. Consecuentemente, ellos se encuentran emocionalmente desorientados e incapaces de discernir los efectos positivos de la partida de Jesús. Se mantienen en la congoja de la anunciada separación. A la tribulación que amenaza su paz, los seguidores de Jesús han de responder con fe en Dios y en Jesús («creéis en Dios, creed también en mí»). El orden de las palabras en griego es importante (*pisteuete eis ton theon kai eis eme pisteuete*, creed en Dios y en mi creed). El modo del verbo *creed* puede ser (en ambos casos) indicativo o imperativo. Luego el intérprete tiene que decidir cuál es su uso en esta oración. Si se trata de un indicativo en ambos casos, lo que tenemos es una declaración que describe la actitud del discípulo ejemplar: cree en Dios y cree en Jesús. Mas el contexto contradice esa interpretación, ya que la confianza (o fe) es exactamente de lo que los discípulos carecen al momento. Bultmann y otros exegetas entienden el primer uso del verbo como indicativo, y el segundo como imperativo, lo cual le da al dicho el sentido de «tenéis fe en Dios, tened fe en mí». La mayoría de las traducciones entienden ambos verbos como imperativos: «creed en Dios, creed también en mí». Preferimos esta ultima opción, pues capta mejor el tema en el resto del discurso. Ante la flaqueza humana, y la inclinación a la falta de confianza, Jesús anima a los suyos diciéndoles que podrán superar las tribulaciones de la vida por medio de la fe. En las Escrituras, la fe es la actitud del creyente hacia su Soberano, de quien depende total e incondicionalmente para su sostén presente y futuro. En la cristología joanina, la fe en Jesús equivale a fe en Dios, y por tanto la fe en Jesús no es algo optativo. La fe en Dios es imposible si no se tiene fe en Jesús quien, como Revelación de Dios, el Verbo Encarnado y la Luz en las tinieblas, es el camino al Padre (v. 6).

Juan

En Juan 2.16, la frase «la casa de mi Padre» es el templo. En esta ocasión Jesús emplea la frase para referirse a las moradas eternas, al cielo que es la residencia del Soberano. La cosmología judía veía la creación como tres esferas, con el mundo habitable en el medio, el Hades (lugar de los muertos) debajo y los cielos por encima. En esta conceptualización, Dios reside en las alturas, los cielos. Aunque el verbo comúnmente traducido «habitar, morar, permanecer» (*meno*) es frecuente en Juan (véase Jn 15), el sustantivo (*mone*) ocurre solamente dos veces en el Nuevo Testamento (14.2, 23). La traducción tradicional, «mansión», procede de la Vulgata *mansiones multae*, «albergues, estaciones en el camino». Originalmente la palabra se refería a las estaciones en que el viajero o peregrino podía descansar. Claro que ese no es el sentido que Juan, ni Jerónimo en su traducción latina, la Vulgata, quieren presentar. En este contexto la idea es más bien el destino final, el lugar que el viajero anhela con todo esfuerzo y determinación. Estas palabras de Jesús les aseguran a los discípulos, pasados y presentes, que en el cielo hay moradas suficientes para todos (muchas moradas hay) y consecuentemente hay lugar para cada uno de ellos.

Asegurándoles de la existencia de moradas para ellos en la casa del Padre («si así no fuera, yo os lo hubiera dicho»), Jesús continúa añadiendo que va a preparar lugar para los suyos. Esto ha sido tema debatido por estudiantes del Evangelio por siglos. No es que Jesús suba al cielo para poner en pie un proyecto de construcción de moradas para todos los creyentes. La partida de Jesús es el método que Dios utiliza para la preparación de las moradas de los discípulos. Los eventos que pronto se narrarán (la pasión, muerte en cruz, resurrección de entre los muertos) son el único proyecto de construcción necesario para asegurarnos de nuestras moradas en el cielo. Con gran gozo recuerdo una vez cuando en una clase sobre este Evangelio para un grupo de pastores y sus cónyuges, pregunté sobre el significado de este versículo y oí varias teorías, incluso acerca del tipo de construcción que se emplearía en el cielo. Una hermana que diariamente se sentaba atrás y nunca hablaba levantó la mano y dijo: «Jesús esta hablando de la crucifixión, esa es la manera que él preparó lugar para mí». Todavía brotan lágrimas de mis ojos cuando recuerdo sus palabras, pues ilustran la profundidad y la sencillez de la Palabra de Dios.

Discursos de despedida (13.1–17.26)

Jesús refuerza su promesa de moradas celestes con la única referencia directa a su retorno que él hace en este Evangelio: «vendré otra vez y os tomaré a mí mismo». En los Sinópticos Jesús habla de su retorno en la tercera persona: «el Hijo del Hombre». En Mateo 24.29-31 ese retorno se anuncia en un contexto de juicio sobre toda la creación. Consecuentemente este juicio concluye en condenación contra la humanidad incrédula. Juan 14.3 no contradice la versión sinóptica, ejemplarizada por Mateo 24, y es fácil armonizar las dos versiones, pero no cabe duda alguna de que la versión joanina carece de elementos judiciales (ya que el juicio se efectuó en la vida de Jesús) y no se refiere al fin de la creación tal como la conocemos. Más bien Juan enfatiza que el propósito de este retorno es buscar a quienes confiesan a Jesús como el Enviado de Dios para que estén siempre con su Señor. Por tanto, en Juan notamos un énfasis mas positivo y menos violento que en la versión sinóptica. Esta perspectiva del retorno del Señor Jesús encaja muy bien con la escatología realizada, evidente en este Evangelio.

Según las palabras del Maestro, los discípulos saben adónde va (14.4), a pesar de la pregunta de Tomás en el versículo 5. Según otros dichos en este mismo Evangelio, Jesús parte para regresar al Padre, quien lo envió. Ahora el Señor declara que ese conocimiento ha de estar fijo en la memoria de los discípulos. Tomás, representando la inseguridad del grupo, expresa su ansiedad al insistir que es imposible que ellos sepan el camino cuando ni siquiera saben el destino de Jesús. Su pregunta no refleja incredulidad acerca del origen de Jesús (el Enviado del Dios), sino su incapacidad de reconciliar lo que los discípulos afirman y esperan de Jesús con la idea de que él partirá de su presencia sin llevar a cabo lo que ellos esperaban. La concepción mesiánica que domina la perspectiva del grupo discipular no deja lugar para un mesías sufriente quien será vencido por los poderes de este mundo y morirá en una cruz. Aun con su limitado entendimiento, Tomás y los discípulos están dispuestos a seguir a Jesús, si solamente él les muestra el camino que han de seguir.

En su respuesta Jesús pronuncia uno de los dichos más importantes de nuestro Evangelio. El camino que los seguidores han de tomar no es uno de mapas y direcciones explícitas que lleven al viajero hacia diferentes puntos de la brújula o a un lugar especifico. Lo que Jesús indica es que el camino es un compromiso personal con él mismo, un compromiso que no admite opciones o rutas alternas. El camino que los discípulos han de seguir el resto de sus vidas es, como veremos en el próximo capítulo, permanecer en Jesús.

La sexta afirmación de un «Yo soy», y la primera desde 11.25 («Yo soy la resurrección y la vida»), aparece en 14.6 y es una triple afirmación de la persona de Jesús y su relación con los discípulos: «Yo soy el camino, la verdad y la vida». La repetición del vocablo «camino» (vv. 4, 5 y 6) hace hincapié en su importancia. Tomás pide direcciones para ir a donde Jesús va, Jesús responde con una afirmación que requiere una entrega total a su persona («creed en mí»). Jesús no les muestra un camino a sus seguidores, sino que él mismo es el camino —esto es, quien nos redime para Dios Padre. El camino será tan claro como la afirmación de fe en Jesús. En otras palabras, la decisión de creer en Jesús (que implica seguirle) ya localiza al discípulo en el camino correcto. Este camino no conduce a un lugar, sino a una Persona —«nadie viene al Padre sino por mí». Ha de notarse la maravillosa característica de la fe cristiana, que no es una serie de tradiciones, doctrinas, ritos o fórmulas teológicas (aunque todo esto es de suma importancia y necesario). La fe cristiana es una relación con el Trino Dios (pues en breve Jesús hablará del papel del Espíritu Santo en esta obra salvífica). Esta aseveración es absoluta. Jesús declara que él es *el* camino, *la* verdad y *la* vida. Cada predicado tiene su propio artículo definido, lo cual implica que cada uno de los elementos ha de considerarse independientemente. En respuesta a Tomás, Jesús pudiera haber dicho sencillamente «Yo soy el camino, nadie viene al Padre sino por mí» sin perder mucho en cuanto a entendimiento cristológico. Además, en otros discursos de nuestro Evangelio Jesús declara que él es la verdad y la vida. Aquí, los predicados «verdad» y «vida» aclaran los beneficios del camino para los discípulos: el compromiso de seguir el camino resulta en verdad y vida. La «verdad» se refiera a todo lo que Jesús hace y dice («conoceréis la verdad y la verdad os hará libres»). El vocablo «vida» hace hincapié en la importancia de la vida que Jesús ofrece (vida eterna). Pocos intérpretes notan la ironía de esta declaración cristológica. Pronto Jesús será acusado y condenado por medio de mentiras (falsos testigos) y consecuentemente el camino a Dios es crucificado en las afueras de la ciudad, impotente ante el poder del imperialismo romano.

Discursos de despedida (13.1–17.26)

La promesa del retorno de Jesús por los suyos (14.3) va seguida de una amonestación (14.7). El uso del condicional («si me conocierais») insinúa que si los discípulos verdaderamente conocen a Jesús han conocido al Padre también. Sí, han conocido suficientemente de Jesús como para dejarlo todo y seguirle dondequiera que vaya. Pero todavía no han llegado a comprender todo lo que Jesús implica para ellos y para la humanidad. La implicación es, por tanto, que hasta ahora las señales y los dichos de Jesús son preparación para la verdadera revelación que está a punto de manifestarse. Todo cambiará desde este momento, y «desde ahora lo conocéis y lo habéis visto». Conocer a Jesús es conocer al Padre. En su prólogo, el evangelista declaró que «Nadie ha visto jamás a Dios; el unigénito . . . le ha dado a conocer». Después, en sus debates con los fariseos y otros líderes religiosos, Jesús afirma que él mismo es la presencia de Dios Padre (véase 8.19, 38, 58; 10.30,38). La advertencia contra la vacilación les promete a los discípulos que si ellos verdaderamente conocen a Jesús, conocen de veras a Dios. Por fin llegó la hora de la glorificación del Hijo y Dios será revelado a los suyos.

Advertidos de la partida de Jesús, los discípulos le dirigen una serie de preguntas. Anteriormente, Pedro (13.37) y Tomás (14.5), buscando mas información, preguntaron sobre el camino. Ahora Felipe, en busca de clarificación ya que Jesús se ha identificado a sí mismo como el camino, expresa la petición de todos: «muéstranos al Padre y nos basta». En realidad esta tercera pregunta no es muy diferente a las primeras tres. Pedro quiere que se le explique por qué no puede seguir al Señor ahora mismo. Por su parte, Tomás admite que no sabe adónde Jesús va, y por tanto, ¿cómo puede seguirle? A la pregunta de Tomás Jesús responde con la clarificación de que el fin es una Persona (Dios Padre) y que él (Jesús) es el único camino que conduce al Padre. Entonces Felipe hace su petición: muéstranos al Padre. En respuesta Jesús presenta uno de los temas esenciales en el Evangelio de Juan: la unión entre Dios Padre y Jesús el Hijo, y la intimidad que los discípulos gozarán cuando el Espíritu Santo (la tercera Persona del Trino Dios) venga y una a los discípulos con Jesús y entre sí. Tiernamente Jesús reprende a Felipe («¿cómo dices tú . . . ?» el verbo en singular va dirigido a Felipe) y continúa recordándoles a todos los discípulos (nótese ahora la forma plural) las veces que ya ha pronunciado algo muy semejante (Jn 12.45). El hecho de que «nadie ha visto a Dios» va apareado con la declaración que el Hijo le da a conocer, que se ha afirmado desde el comienzo del Evangelio (1.18). Los actores en el drama del Evangelio (entre ellos los discípulos aquí reprendidos) han sido testigos de las señales y palabras de Jesús que indican quién es Jesús y la relación particular que tiene con el Padre (10.30). Por eso el Señor invita a sus discípulos a recordar esas señales. La frase «¿tanto tiempo hace que estoy con vosotros y no me has conocido?» Sirve de estímulo a la memoria colectiva de los discípulos, cuyas mentes inmediatamente deben responder recordando los dichos y obras de su Maestro. Abiertamente Jesús declara «el que me ha visto a mí [esto es los discípulos que ahora mismo están conmigo] ha visto al Padre». El Enviado del cielo vino para dar a conocer a Dios. En 14.6 Jesús asevera que él es el único camino al Padre, y ahora añade que al conocer a Jesús los discípulos conocen a Dios. «Conocer» ha de entenderse no simplemente como el acto fundamental de tener conocimiento de alguna materia escolar, sino en el sentido de reconocer y permitir que el conocimiento afecte la calidad de vida de quien afirma que conoce. Este conocimiento se puede obtener solamente por medio de la fe («¿no crees que yo soy en el Padre y el Padre en mí?») en el Enviado de Dios quien da a conocer a Dios Padre. La identificación de Jesús con el Padre se ve en las obras que el Padre hace a través del Hijo. Otra vez el evangelista aclara que el testimonio a favor de Jesús es verdadero, pues él no habla por sí mismo. En el capítulo 18 veremos que las fuerzas malignas usarán falsos testigos en sus esfuerzos de descalificar a Jesús como el Enviado de Dios. Aparte de la voz celeste que promete la glorificación del Hijo (12.27-30), el testimonio del Padre es evidente por las obras (señales) que *todos* observan, incluso los adversarios de Jesús.

La frase «de cierto, de cierto os digo» sugiere que la respuesta a Felipe ha concluido, aunque el tema central sigue siendo la partida inminente del Señor. Estas palabras de Jesús han creado mucha discusión a través de la historia del cristianismo. ¿Cómo puede ser que quienes creen en Jesús superen las obras del Maestro? Esta superación no debe entenderse en términos de cantidad de obras en el sentido que haremos muchas más obras que Jesús porque el ministerio terrenal de Jesús duró poco tiempo. Tampoco ha de entenderse en

Discursos de despedida (13.1–17.26)

términos de la calidad de la obras, en el sentido de que los seguidores de Jesús harán obras más espectaculares que él. La mejor opción es comprender esta declaración como una promesa que el Señor les hace a sus seguidores. Ellos (y nosotros mismos) harán obras semejantes y mejores porque la obra de redención se ha cumplido y predicamos lo que ya ha acontecido. Por la gracia de Dios, y por la presencia del Paracleto que en breve será anunciado, la iglesia puede asegurar que la redención de la humanidad y de toda la creación será una realidad. Aquí me refiero a la obra que la iglesia realiza diariamente al predicar y vivir los principios del evangelio, lo cual da como resultado vidas reconciliadas con Dios, vidas rectificadas y una sociedad que refleja el amor de Dios.

El pacto mosaico expresa el concepto bíblico y teológico de que quienes aman a Dios guardan sus mandamientos (Ex 20.6). Jesús toma ese concepto y lo aplica a su relación con sus discípulos. En el capítulo 13, Jesús introdujo un nuevo mandamiento (el amor de los discípulos entre sí) y es interesante que aquí no repita esa enseñanza. Es interesante porque la adición del vocablo «mis mandamientos» hace eco al gran mandamiento de amar a Dios con toda la esencia de nuestro ser y al prójimo como a nosotros mismos (dicho que no aparece en la tradición joanina). Ha de notarse que aquí el amar a Dios es reemplazado por «si *me* amáis», dando a entender que el amor a Jesús equivale al amor a Dios. Es imposible, por tanto, desentenderse de Jesús y amar a Dios, como muchos pretenden.

La promesa del Consolador o Paracleto proviene de la oración de Jesús al Padre, y es consecuente al amor expresado en obediencia por parte de los discípulos (15.16). La frase «otro consolador» implica que Jesús mismo es un consolador para los suyos y que su partida no resultará en un vacío. Aunque en breve el primer consolador (Jesús) partirá, este otro permanecerá para siempre. Más adelante (capítulo 17) Jesús explicará con más detalles el ministerio de este Consejero o Paracleto. No es sorprendente que el mundo no pueda recibir, ni aun ver ni conocer, a este Consolador, pues el mundo no conoce ni recibe al Hijo (1.10). Al contrario, los discípulos conocerán el Consolador, no porque lo vean, sino porque vive en ellos y estará con ellos. Esto es, la manifestación del Espíritu Santo en la vida de los creyentes es toda la evidencia que ellos necesitan para afirmar la presencia del

Consolador o Paracleto. He aquí una maravillosa promesa para cada creyente de cualquier rango eclesiástico, político y social. En su propio ser experimentará la presencia del Espíritu para confirmar la verdad y dar seguridad de salvación.

La promesa del Consolador asegura a los discípulos que no quedarán huérfanos, sino que siempre tendrán consigo la Presencia Divina. Regresando directamente al tema de su partida, Jesús reitera que se irá, pero que pronto volverá y solamente los suyos lo verán. Esta es una referencia a la resurrección, que solamente quienes creen en Jesús como el Enviado de Dios podrán experimentar. Al conocer el retorno de Jesús de entre los muertos, los discípulos conocerán que Jesús está con el Padre. Pero Jesús añade otra maravillosa promesa: los discípulos estarán con él y él en ellos. Aunque todavía no con toda claridad, los discípulos han de entender que la presencia del Consolador implica la presencia del Hijo de Dios.

La cuarta interrogante es planteada por Judas —no el traidor, sino el otro discípulo del mismo nombre. Tomando como punto de partida la promesa de Jesús que se manifestará en las vidas de los discípulos, Judas pregunta sobre la particularidad de esa manifestación. Jesús responde que esta manifestación es interna y por tanto invisible, pues toma lugar en la vida espiritual del creyente. La presencia del Espíritu en el creyente le fortalece para que ame a Jesús y guarde sus preceptos —cosa imposible para quien no depende de la gracia de Dios. Este amar y obedecer muestra que el amor del Padre reside en la persona y que Dios mora en ella. En nuestro Evangelio la distinción entre quien confiesa a Jesús como su Señor y quienes le rechazan es tajante, pues no hay alternativa intermedia. Quien no ama al Hijo no guarda los mandamientos y por tanto no es hijo o hija de Dios.

El Consolador o Paracleto, aquí identificado explícitamente como el Espíritu Santo, enseñará a los discípulos y les ayudará a recordar las palabras de Jesús. Como Jesús, el Espíritu Santo es enviado por el Padre, pero «en mi nombre» —esto es, como respuesta a la rogativa de Jesús (14.16). El uso del pronombre «él» (con referencia al Espíritu Santo) identifica al Consolador como equivalente al «yo» en la frase «todo lo que yo os he dicho». El Espíritu Santo no es una fuerza inconsciente, sin personalidad, sino que es una persona, la Tercera Persona de la Trinidad. El uso de estos pronombres enfatiza

Discursos de despedida (13.1–17.26)

la obra de Dios a favor de la humanidad necesitada de redención: «*él* os enseñará todas las cosas y os recordará todo lo que *yo* os he dicho». Consecuentemente, los fieles afirman que el Espíritu Santo enseña a través de quienes hoy se identifican con el Señor Jesús. Otra ventaja de la partida de Jesús y el advenimiento del Espíritu Santo es que el ministerio de enseñanza del Consolador no tiene límites —él ensenará *todas* las cosas. Finalmente Jesús agrega que el Consolador les recordará todas las cosas que Jesús hizo y dijo. Esto es de gran consolación para el evangelista y para sus lectores, pues nos asegura que a pesar de la comprensión limitada de los discípulos durante el ministerio público de Jesús, tenemos testimonio fidedigno de quién es Jesús y cuáles son sus enseñanzas.

Este capítulo comienza con una exhortación a no estar turbado. Jesús regresa al tema de los corazones turbados, pero con una solución que ofrecer: la paz que él ofrece a los suyos. Esta paz, «mi paz», procede de la íntima relación entre Dios Padre y el Hijo de Dios; una intimidad que no admite temor. Al recibir la paz que el Maestro ofrece, los discípulos gozan de esa unión, que será explicada más adelante en el evangelio, de tal manera que no temen quedar excluidos de la presencia del Señor. Repitiendo la realidad de su partida y de su regreso, Jesús esta vez hace hincapié sobre el anuncio de su partida y regreso e indica que el acto predictivo aumentará la fe de los discípulos. Acercándose el tiempo de su muerte, el príncipe de este mundo, el diablo, ejerce su autoridad momentánea, y por tanto Jesús no puede hablar más. Sin embargo Jesús y Dios Padre serán glorificados en la crucifixión y resurrección y por fin reconocerán que él es el Enviado de Dios.

Curiosamente Jesús concluye esta porción de su discurso indicando que tienen que salir de donde están (supuestamente el lugar donde celebraron la cena del capítulo 13), aunque no está claro por qué. Es difícil interpretar esto, pues el discurso continúa sin interrupción en el capítulo 15. Algunos sugieren que originalmente lo que venía inmediatamente después de 14.31 era el capítulo 18, y que un redactor insertó los capítulos 15 al 17. Otros sugieren que Jesús y sus discípulos se levantan de la cena y parten hacia el Getsemaní, y que por tanto el resto del discurso tiene lugar en el camino.

3. La vid verdadera (15.1-17)

En el capítulo anterior Jesús promete a los suyos que, aunque pronto partirá, no los dejará huérfanos. En su exhortación enfatiza la prioridad de la fe: «creed en Dios, en mí también creed». Uno de los elementos esenciales de la fe es confianza en Dios que produce la certidumbre que Dios hará según promete. Esta confianza produce en el creyente firmeza y permanencia, que son los temas sobresalientes del presente capítulo.

Otra vez vemos que la división en capítulos desorienta al lector moderno. La mayoría de los comentaristas agrupa temáticamente 16.1-4 con el capítulo 15 ya que 16.1-4 concluye el tema del odio que el mundo manifestará contra los discípulos, que se introduce en 15.18. El tema principal de toda esa sección es la permanencia de los discípulos (expresada con el verbo griego *menein*, utilizado catorce veces en el Evangelio, once de ellas en el capítulo 15). El «permanecer» se encuentra al centro mismo de la metáfora de la vid y los pámpanos (sarmientos). No cabe duda que la metáfora de la viña atrae la atención, pero su uso aquí es secundario a la idea de permanecer en la vid. No piense el lector que quiero echar al lado otras dimensiones de la metáfora. ¡No! Pero debemos comprender su verdadero valor en el discurso que sigue. Observamos el mismo fenómeno de énfasis mal aplicado en la parábola de los terrenos, común y erróneamente conocida como la parábola de las semillas (Mc 4 y paralelos). En esa parábola lo esencial para comprender el mensaje del Maestro es las diferencias en la calidad de terreno donde cae la semilla. La semilla es la misma en todos los casos, pero el terreno cambia; y esto es fundamental para entender el mensaje. De igual modo aquí la vid es constante y el labrador actúa como buen labrador en cada caso; pero unos permanecen y otros no.

En 15.12-17 Jesús retorna al tema del mandamiento del amor entre los discípulos. Este amor es necesario si verdaderamente los discípulos están conectados con la vid. El amor expresado en la comunidad de fe no es correspondido por el mundo, que reacciona con odio (15.18-16.4). Por tanto la verdadera experiencia cristiana se presenta en este breve discurso: hay que permanecer en Jesús (15.1-11), amarse mutuamente como Jesús ama a los suyos (15.12-17) y ser odiados por el mundo —por quienes odian a Dios (15.18–16.4).

Discursos de despedida (13.1–17.26)

La sección 15.1-11 ha de dividirse en tres partes, 1-5, 5b-8 y 9-11. La primera subdivisión trata sobre el permanecer en Jesús; la segunda considera las consecuencias de permanecer o no permanecer en Jesús; y la última trata sobre permanecer en el amor de Jesús.

Las viñas eran comunes en la horticultura de Palestina (véase Jer 2.21; Ez 19.10-14; Sal 80.18-19; Isa 27.2-6). Consecuentemente, la vid llego a ser una metáfora común en el Antiguo Testamento para describir la fecundidad esperada de Israel y la triste realidad de su fracaso. En Isaías 5, el más destacado de los pasajes que identifican la vid con Israel, el profeta canta la triste canción del labrador que trabaja arduamente en su viña, fertilizando el terreno, podando y cercándola. Llegado el tiempo de la cosecha, el labrador espera buen fruto, pero encuentra uvas agrias. Según el historiador judío Josefo, una de las puertas del Templo estaba decorada con una inmensa vid dorada. En Mateo 20.1-8 Jesús cuenta la parábola de los labradores en la viña y los oidores comprenden claramente que Jesús habla de ellos como Israelitas.

Lo importante en este pasaje es la identificación de la vid con Jesús. Resulta claro que la vid era símbolo de Israel, y que en cuanto al uso metafórico de la viña, todo judío suponía que la viña es el pueblo de Israel y que individualmente cada judío se consideraba parte de esa viña. Jesús pone patas arriba este uso común de la metáfora al declarar «Yo soy la vid verdadera». Este es el último «Yo soy» del Evangelio, y es también la única ocasión en que uno de esos dichos va acompañado de un complemento: «mi Padre es el labrador». El adjetivo «verdadero» implícitamente distingue el papel de Jesús como viña verdadera del de Israel, como viña falsa. Es falsa por las razones que el mismo Antiguo Testamento enseña: no dan fruto digno del llamado que tienen y por tanto muestran que no tienen parte con Dios —aunque, en su propia opinión, sí la tienen. El ser parte de la viña de Dios producía en muchos israelitas la falsa seguridad de que eran hijos e hijas de Dios aun cuando sus obras no concordaran con sus confesiones ni obedecieran a su Dios. La ya mencionada canción de la viña (Is 5) expresa claramente el desánimo al notar las faltas del pueblo, que no produce frutos dignos de la obra de Dios en su medio. Jeremías 7 expresa el mismo sentimiento, pero sin usar la metáfora de la viña. El pueblo se congrega en el templo para adorar, pero para ellos el templo es una cueva de ladrones —el escondite que protege la vida del ladrón después de llevar a cabo sus fechorías.

Jesús presenta al Padre como el labrador cuya labor es decisiva para la fecundidad de la viña, pues asegura que dé fruto. Dios Padre, el labrador, destruye aquellos sarmientos que no dan fruto y limpia (podándolos) a los que dan fruto para que den aun más fruto. Claramente la canción de la viña (Is 5; véase también Sal 80) es el trasfondo bíblico, literario y cultural de esta imagen. No hay duda alguna que los pámpanos que dan fruto son los verdaderos discípulos de Jesús, pues están conectados a la *verdadera* vid. Pero la identificación de los pámpanos que son cortados es ambigua. ¿Serán discípulos cuyas obras no testifican su lealtad y por tanto son cortados? ¿O serán esos individuos que se consideran a sí mismos como discípulos pero en realidad nunca fueron llamados por el Señor? La tradición joanina ilumina este pasaje al decir en Primera de Juan que algunos salieron de «entre nosotros» pero en realidad nunca fueron parte de la iglesia. ¿Cuál es la señal que indica que se es realmente discípulo? Aquí Jesús se refiere al fruto como señal indiscutible. En la tradición evangélica es común identificar el fruto con la labor evangelizadora de «ganar almas para el Señor». No quiero echar a menos esa labor, pero repetidamente en los escritos joaninos, vemos que es el Señor quien atrae a los suyos por medio del fruto que sus verdaderos discípulos muestran en su diario vivir. Más adelante en su discurso, Jesús identificará este fruto con el amor que demanda en el capítulo 13. Aunque Jesús es la vid vivificadora, es el Padre quien provoca la fecundidad del pámpano. Aparte del amor evidente en el discípulo (y este amor es de suma importancia en la vida cristiana), este permanece «pasivo» en toda la metáfora. Todo depende de la obra de Dios, quien estimula el crecimiento en nosotros.

Aunque los versículos 1-2 parecen dirigirse a una audiencia general, lo que sigue son palabras dirigidas directamente a los discípulos. El lavacro de los pies (Juan 13.10) ha mostrado que los discípulos están limpios, y por tanto listos para llevar fruto. Pero esa limpieza no es suficiente, pues necesitan permanecer en Jesús. El anuncio de la traición de Judas Iscariote y la negación de Pedro ha turbado los corazones del grupo. ¿Cómo han de ser fieles si ya al menos dos de ellos fallarán? Advertidos por el anuncio, los discípulos reciben ahora

Discursos de despedida (13.1–17.26)

palabras de consuelo y confianza: basta con que permanezcan en Jesús, y él permanecerá en ellos. El permanecer implica que estar cerca de Jesús y oír sus palabras es suficiente para el creyente. La metáfora continúa con la clarificación de este permanecer: ningún pámpano puede dar fruto si está separado de la viña. Por tanto ningún discípulo puede dar fruto (amarse unos a otros) si está separado del Maestro.

El pasaje aclara el resultado de esta permanencia. Quienes permanecen en Jesús producen mucho fruto, pero aparte de él nada pueden hacer. Los esfuerzos humanos sin el poder vivificador del Señor producen fruto sin calidad ni permanencia. Quien se mantiene firme en el Señor puede amar al prójimo (aun al enemigo) porque el Espíritu de Dios produce este amor. Nuevamente Jesús repite la amonestación: separados de él no pueden dar fruto, y serán usados como leña para la hoguera. El valor de permanecer se aclara aun más cuando Jesús promete «pedid todo lo que queráis y os será dado».

Estas palabras han sido muy mal aplicadas por quienes ven en ellas una promesa de que todas las peticiones personales de los creyentes serán concedidas. No negamos la verdad de estas promesas en otros pasajes bíblicos (aunque no debemos imaginar siquiera por un momento que el Señor promete complacernos en todo). Pero el contexto del presente pasaje nos obliga a entender que lo que el discípulo ha de pedir es la capacidad de amar como Jesús ama a los suyos. El discípulo que permanece en el Señor reconoce su debilidad e incapacidad para obedecer el mandamiento de amar. Sabe muy bien que el fruto de amor es necesario, y viendo su fallo clama al Señor pidiendo el poder necesario para amar. Solamente el poder de Dios en nosotros nos capacita para amar como Jesús amó. El amor mutuo que los discípulos manifiestan resulta en la glorificación del Padre.

En nuestro Evangelio el propósito de Jesús es la glorificación del Padre, quien le envió. El Padre ama al Hijo incondicionalmente. Jesús añade que él ama a sus discípulos de la misma manera que Dios Padre ama al Hijo. Ese amor del Hijo hacia el discípulo es lo que asegura que el discípulo permanecerá en el amor de Cristo. Por ello repite que de ese modo ellos pueden guardar los mandamientos. El plural aquí expande la responsabilidad del creyente a otros mandamientos, pero todos brotan del mandamiento principal, el de amarse unos a otros. Entonces el gozo del Señor, anunciado y prometido en toda la tradición bíblica, particularmente en los Salmos, se manifestará a plenitud en los discípulos.

Reiterando el mandamiento del amor mutuo basado en su amor por ellos, Jesús presenta el amor supremo. Ese amor supremo se manifiesta cuando quien ama da su vida por el bien del amado. Hay dos puntos notables en estos versículos: Primero, Jesús claramente afirma que entregará su vida por los discípulos —con lo cual les recuerda que pronto partirá de su presencia por medio de la muerte. Pero, esta muerte es una decisión de él mismo, pues nadie tiene autoridad sobre Jesús. Segundo, los seguidores de Jesús, los discípulos que permanecen en él, son declarados «amigos» del Maestro y no ya siervos. El siervo recibe solamente la información necesaria para llevar a cabo sus tareas en la casa del amo. El llamarles «amigos» implica que los discípulos están al tanto del plan de Dios, y hasta participan íntimamente en él, de un modo que resultaría imposible para el siervo. Tienen acceso al conocimiento del plan divino que Jesús mismo ha recibido del Padre, pues Jesús ya les ha enseñando lo esencial del plan de Dios. Este conocimiento incluye el conocimiento de Jesús como el Hijo de Dios, Enviado para redimir a un pueblo para Dios. Esta perspectiva divina incluye la entrega del Hijo para la salvación de los suyos (Jn 3.16). Uno de los doce es traidor, otro negará al Maestro, y sin embargo Jesús les anima al llamarles amigos. Se repite la amonestación que como señal de esta relación de amistad los discípulos han de obedecer los mandamientos. No dice que el ser considerados amigos de Jesús sea resultado de la obediencia a los mandamientos, sino que el ser amigos de Jesús produce amor a sus mandamientos, y lleva a cumplirlos. Como afirma el salmista (Sal 19 y 119, entre muchos), el verdadero discípulo ama la Ley (los mandamientos o preceptos) de Dios y los cumple con gozo. Entonces los mandamientos no son una carga, sino que son ligeros.

La elección es una doctrina que nos ofrece seguridad en cuanto a nuestra relación con el Salvador. Jesús les asegura a los suyos que fue él quien inició la relación con ellos, y que por tanto ellos irán y producirán fruto digno de esa elección. Es bueno aclarar que la elección divina no le ofrece al creyente un cheque en blanco para vivir una vida desenfrenada y sin principios religiosos y éticos. La Biblia es consecuente al afirmar que los escogidos de Dios reconocen su

Discursos de despedida (13.1–17.26)

elección y viven a partir de ella. Bien afirma el Apóstol Pablo que aquel que comenzó la buena obra en el creyente es fiel en cumplirla. Esto resulta en que cada creyente continúa en su vida como discípulo con la seguridad de que Jesús le eligió y le fortalecerá para que produzca fruto digno de su elección. Empero, esa elección también inspira la oposición del mundo.

4. Persecución (15.18-25)

La sección anterior enfatiza el amor del Señor por los suyos; ahora, en un sorprendente cambio, Jesús habla de la reacción del mundo al amor de Dios. Este pasaje señala una consecuencia de la elección. La afiliación con Jesús, el Enviado de Dios, resulta en el odio hacia los discípulos por parte de quienes odiaron al Señor. Este odio de parte del mundo es evidente en el evangelio, primeramente en el antagonismo contra Jesús evidente en los debates de los capítulos 5-10 que culminan en la decisión de matarle (capítulos 11 y 12). Por medio de una serie de oraciones condicionales, Jesús explica lo que los discípulos han de esperar del mundo. «Si el mundo os odia» quiere decir que el mundo los odiará, pues odió primero al Enviado de Dios. Utilizando una frase condicional contraria a la realidad («Si fuerais del mundo», aunque en realidad no sois del mundo) Jesús explica que los discípulos no han de esperar amor por parte del mundo, pues fueron electos por el Señor para separarlos del mundo. La presencia del Espíritu Santo en la vida del creyente resulta en recelos entre los no electos. Por tanto la exhortación de amarse los unos a los otros es de suma importancia: el discípulo se encuentra en enemistad con el mundo y necesita el calor y apoyo de otros creyentes para vivir en medio de ese odio.

La verdad declarada en 13.16 en referencia al lavacro de los pies de los discípulos, «el siervo no es mayor a su señor», ahora se reitera con otra aplicación. No siendo mayores que el Señor, los discípulos han de esperar tratamiento semejante al que él recibió. Los debates y conflictos narrados en los capítulos 5-10 ahora se describen como una forma de persecución. Los judíos, por no aceptar la identidad de Jesús como el Enviado de Dios, le «persiguen» al buscar el modo de desacreditarlo y por fin decidir matarlo. Los discípulos han de esperar el mismo tratamiento. En contraste con esa persecución, los discípulos encontrarán algunos que aceptarán la palabra de Jesús y guardarán sus mandamientos, y, por tanto, guardaran las palabras de los discípulos. La idea que se expresa aquí es que, al ser fieles en la predicación de la Palabra y amarse los unos a los otros, los discípulos encontrarán que quienes son miembros del redil de Jesús se afiliarán con ellos y obedecerán sus enseñanzas. La lógica del argumento es como sigue: Cuando algunos rechacen el mensaje apostólico, será porque se oponen a Jesús; y se oponen a Jesús porque no conocen al Padre. Por tanto la recepción del mensaje anunciado por los discípulos no depende de su elocuencia o habilidad comunicativa, sino depende de la recepción del Enviado de Dios. He aquí una maravillosa promesa para quienes son llamados a ser discípulos: encontrarán amigos afines quienes se unirán y con respeto mutuo obedecerán las palabras de quienes han sido llamados a ser pastores y maestros. Retornando al grupo de incrédulos, Jesús reitera que todo esto acontecerá por causa de su nombre. ¿Por qué? Porque no conocen al que envió a Jesús, esto es a Dios. La base del odio dirigido primero a Jesús y luego a sus discípulos es que quienes les odian no conocena Dios. La identificación del rechazo de la palabra anunciada por el emisario de Dios con el rechazo de Dios mismo es un concepto que viene en la tradición profética (1 S 8.7; Ez 3.7). Lo alarmante, como veremos, es que quienes no creen piensan que sí conocen a Dios, y que el odio que expresan contra Jesús y sus seguidores es para ellos un acto de adoración. Hoy esta realidad se manifiesta en quienes, profesando amor a Dios, desprecian a aquel o a aquella que es diferente a ellos, quizás por su cultura, profesión de fe, o partido político.

El discurso continúa con otra oración condicional contraria a la realidad: «Si yo no hubiera venido, ni les hubiera hablado, no tendrían pecado; pero ahora no tienen excusa por su pecado». Positivamente, la oración declara que ahora que Jesús vino y les habló, ellos son culpables de pecado. Este dicho subraya la culpabilidad de quienes han escuchado el mensaje de Jesús (incluso las palabras de los discípulos) y observado las señales (tanto de Jesús como de sus seguidores) y no creen en el Enviado de Dios. En Jesús se revela la máxima expresión del amor de Dios hacia la humanidad (Jn 3.16) y al mismo tiempo encontramos el máximo rechazo de Dios por parte de la humanidad.

Discursos de despedida (13.1–17.26)

En Jesús cada ser humano decide de una vez por siempre si acepta a Dios o no. Por tanto no tienen excusa, pues rechazan a Jesús y al Padre («el que me odia ... al Padre odia») aunque han visto milagros sin par en toda la historia humana. Antes, Jesús dijo que si no creen en sus palabras, por lo menos han de creer por sus obras. Pero estas personas ni siquiera reconocen las señales o milagros sino que los atribuyen a poderes satánicos. La palabra «odio» muestra que el rechazo del mensaje salvífico no es cuestión de mera incertidumbre o inseguridad, sino que se fundamenta en la voluntad, en una decisión hecha a base de ver al Señor Jesús y evaluar su mensaje e identidad desde la perspectiva meramente humana, sin depender de la revelación del Espíritu (véase 2 Co 5.16ss.). Además, la palabra «odio» señala nuevamente la perspectiva joanina, que no admite neutralidad en cuanto a Jesús: hay que decidirse por él o contra él. En el mundo joanino no hay lugar para la ambigüedad e incertidumbre. Citando el Salmo 35.19 (o quizás 69.4, por sus tonos mesiánicos), Jesús pronuncia que este odio no debe asombrar a los discípulos, ya que David también sufrió odio sin causa. (Es interesante notar que la frase que introduce la cita es la más larga frase de tal índole en toda la Biblia: «Pero esto es para que se cumpla la palabra que está escrita en su Ley». La «Ley» se refiere a toda las Escrituras Hebreas.

5. La obra del Espíritu Santo (15.26–16.15)

La vindicación del mensaje de Jesús, y el de sus discípulos, llegará con el Paracleto (el Consolador), quien testificará a favor de Jesús. La función del Paracleto se clarifica con la designación «el Espíritu de verdad», lo que implica que en él no hay decepción alguna. El capítulo comenzó con la declaración de Jesús de que él es la vid *verdadera*. Concluye esta sección con la vindicación del Hijo en el ministerio de la tercera Persona de la Santa Trinidad. Pero, en otra maravillosa promesa, Jesús dice que los discípulos también testificarán acerca de Jesús.

El odio a los seguidores de Jesús culmina en la expulsión de las sinagogas —esto es la excomunión del pueblo de Israel. En la curación del hombre nacido ciego (Jn 9), la amenaza de ser excluidos de la sinagoga resulta en la falta de apoyo de sus padres. La amenaza ahora será una realidad: «os expulsarán». Así como el rechazo de Jesús resulta en la decisión de matarle, el rechazo de los discípulos resultará en su excomunión. En la perspectiva judía del día, esta expulsión implicaba un aislamiento o separación de todo lo familiar y reconocido. El excomulgado se enfrentaba solo a las amenazas del mundo no judío y su vid peligraba. Es una realidad difícil de entender hoy, cuando fácilmente cambiamos nuestra afiliación eclesiástica, y hasta religiosa, por otra. En su extrema expresión, la expulsión puede resultar en la muerte de los seguidores en manos de quienes piensan que esto es servicio grato a Dios. La palabra «servicio» incluye la idea de adoración. Cuando perseguía a los cristianos, Saulo pensaba que con ello le rendía culto a Dios.

Todo esto Jesús lo dice antes de que suceda para que los discípulos no queden perplejos y tropiecen —esto es, se aparten del Señor. Esto implica que el odio y las persecuciones que confrontarán al grupo de discípulos, a través de la historia del cristianismo, son parte del plan divino para los hijos e hijas de Dios.

En el capítulo anterior Jesús les promete a los suyos que, aunque pronto él partirá, no los dejará huérfanos. En su exhortación, Jesús enfatiza la prioridad de la fe: «creed en Dios, en mí también creed». Uno de los elementos esenciales de la fe es confianza en Dios, que produce la certidumbre de que él hará según promete. Esta confianza produce en el creyente firmeza y permanencia, los temas principales del presente capítulo.

En respuesta a la pregunta de uno de los discípulos en 14.22, Jesús responde, sin interrupción, con el discurso de la vid verdadera, culminando con el anuncio del odio que los discípulos han de esperar de parte del mundo. Ahora, apenas, Jesús declara la persecución que sus seguidores van a encontrar cuando les presenta los recursos disponibles para sobrevivir. El discurso que sigue se distingue del que precede en cuanto amplía el papel del Espíritu Santo (el Paracleto) al añadir la función de fiscal a las actividades de ayudador y abogado, mencionadas anteriormente (14.16-17, 26 y 15.26-27). Además encontramos que los discípulos interrumpen con preguntas (16.17-18) y con su propia evaluación y afirmación (16.29-30). El discurso que continúa trata sobre las consecuencias de la partida del Señor, y ha de dividirse en cinco subsecciones: 5-11, 12-15, 16-20, 21-24 y 25-33.

Discursos de despedida (13.1–17.26)

En 16.5-11 el adversativo «pero» ayuda en la transición entre el discurso sobre la persecución futura y la presente realidad de la partida de Jesús. Ya hemos visto que el anuncio de la partida resulta en confusión entre los discípulos (14.1), quienes no pueden entender el beneficio o propósito de esa separación. En numerosas ocasiones hemos notado que la misión primordial de Jesús se define en este Evangelio con la designación «el Enviado de Dios». Nuevamente Jesús reitera su misión con una alusión al Padre Celestial y conduce a los discípulos a considerar su partida.

La declaración de Jesús («ninguno de vosotros me pregunta . . .») parece contradecir lo que se acaba de contar cuando los discípulos expresan sus preocupaciones. En 13.36 Pedro pregunta «Señor, ¿adónde vas?». Esta aparente contradicción es el principal argumento de los comentaristas que opinan que Juan 13-17 es una compilación de varios discursos de Jesús que algún redactor reunió en un solo discurso. Pero hay dos razones importantes para defender la presente estructura del discurso tal como lo encontramos en el evangelio: Primero, Jesús ha estado hablando sin interrupción alguna por un tiempo indeterminado. Junto a muchos otros comentaristas y estudiosos, opino que discursos bíblicos como este son resúmenes que recogen los detalles sobresalientes, y no el discurso en su totalidad. El ejemplo clásico de esta conclusión está en las palabras de Jesús en Marcos 1.15-16: «Jesús vino a Galilea predicando el evangelio de Dios y diciendo: El tiempo se ha cumplido, y el reino de Dios se ha acercado. ¡Arrepentíos y creed el evangelio!» Nadie se imagina que el evangelista Marcos pretenda que su cita represente la totalidad del mensaje de Jesús. Al contrario, comprendemos que Marcos 1.15 es un resumen de toda la predicación de Jesús. Lo mismo sucede aquí. Es posible que haya pasado bastante tiempo desde que Pedro planteó su pregunta en Juan 13.36. Por tanto, en esta declaración Jesús llama la atención de los discípulos al tema principal (la partida del Enviado de Dios) después de la aclaración que precede.

Segundo, la pregunta de Pedro en 13.36 refleja inquietudes diferentes de las que Jesús aborda en el presente capítulo. En 13.36 el interés de Pedro está en la razón por la cual *él* (Pedro) no puede seguir a Jesús ahora mismo. Tiene un sentido egocéntrico, pues vemos que Pedro con juramento declara su intención de seguir a Jesús, aunque no sabe adónde va. Ahora en el 16.5 notamos que Jesús dirige los pensamientos de los discípulos hacia el *destino* de su partida, esto es, a la morada de quien lo envió, Dios mismo. Antes, Jesús aclaró que él es el camino al Padre, y que parte para preparar moradas para los suyos; para que ellos estén siempre con él. Esas aclaraciones debían de estimular a los discípulos a indagar sobre el lugar a donde va su Maestro. Sin embargo no lo hacen. ¿Por qué no? Por la sencilla razón de que están tan desanimados por la separación anunciada y que no ven los resultados positivos que tal partida podría ofrecerles. Para los discípulos, la expectativa de la muerte del Maestro y el anuncio de persecución venidera eran las únicas consecuencias imaginables como resultado de la partida. Consecuentemente, las palabras de Jesús en cuanto a la falta de curiosidad de los discípulos implican que debían considerar los beneficios de la separación de Jesús e ir más allá de los sentimientos pasajeros («tristeza ha llenado vuestro corazón») que hacen olvidar la perspectiva eterna y roban al discípulo del gozo de la vida en abundancia. La base de esta tristeza es «estas cosas» que el Señor ha anunciado: es su partida y la persecución venidera. Es irónico que en 15.11 Jesús emplee la misma frase, «os he dicho estas cosas», como base del gozo completo que ellos han de tener. Más adelante Jesús clarificará que primero viene la tristeza, y después el gozo (16.20-22).

Jesús continúa con su explicación, asegurando a los oyentes que, aunque al presente ellos no lo entiendan, les conviene a ellos que él parta. Por alguna razón que nos es imposible saber, Jesús declara que el Paracleto o Consolador prometido solo puede venir después de la glorificación del Hijo. Empleando primero una fórmula negativa, «porque si no me voy, el Consolador no vendrá a vosotros», y luego otra afirmativa, «si me voy, os lo *enviaré*» Jesús reitera que no los dejará huérfanos. La decisión de recibir el apoyo y sostén del Paracleto no depende de ellos. Cuando Jesús haya regresado al Padre, él enviará al Consolador.

Los vv. 8-11 expresan el punto culminante en la obra del Consolador. Confirmando la venida del Paracleto, Jesús continúa con la declaración «cuando él venga, convencerá al mundo de pecado, de justicia y de juicio». Cada uno de estos elementos (pecado, justicia y juicio) se reitera en 9-11: «de *pecado*, por cuanto no creen en mí;

Discursos de despedida (13.1–17.26)

de *justicia*, por cuanto voy al Padre y no me veréis más; y de *juicio*, por cuanto el príncipe de este mundo ha sido ya juzgado». Aunque la promesa del Espíritu Santo es para los seguidores de Jesús, este pasaje asevera el efecto del Espíritu en el mundo, a través de los discípulos (v. 8; véase también 15.26-27). El pasaje nos recuerda el tono de un fiscal en su labor de convencer al tribunal. El verbo que aquí se traduce como «convencerá» (*elenco*) se usa en Juan 8.46 con el sentido «hallar culpable» y es así que se emplea aquí en relación con la tríada de «pecado, justicia y juicio». No es tanto que el Espíritu, por medio del testimonio de los discípulos, convencerá al mundo del pecado, y por tanto creerán en el Enviado de Dios, sino que juzgará al mundo porque no cree en Jesús. En Juan 9.41 y 15.22, Jesús abiertamente declara que su presencia, incluso su testimonio en palabras y señales, sirve para condenar al mundo, ya que en Jesús Dios juzga el pecado. Consecuentemente, no creer en Jesús implica que la persona permanece en su pecado. Aquí, como ya hemos visto a través del evangelio, el pecado no se define como una falta moral ni como un fallo ceremonial (en lo que se refiere a la Ley) sino como rechazar a Jesús, el Enviado de Dios.

A diferencia del pecado, la «justicia» y el «juicio» no se pueden juzgar en el mismo sentido de la incredulidad. «Juzgar» en este caso tiene el sentido de censurar, desmentir la visión del mundo en cuanto a la justicia y el juicio. El término *diakaiosune* (justicia) es común en la literatura paulina, pero no en los escritos joaninos (en este Evangelio aparece solo aquí) y tiene el sentido de «justificación». Luego, lo que aquí se afirma es que el Espíritu juzgará al mundo sobre la base de los hechos de Jesús, y no de los de sus adversarios. Al regresar al Padre, quien lo envió, la crucifixión-resurrección-ascensión del Hijo («voy al Padre y no veréis») reivindican a Jesús como el Mesías, el Enviado de Dios para la redención de la humanidad. El concepto de juicio sí es común en Juan, ya que en Jesús Dios juzga al príncipe de este mundo, esto es al enemigo de la humanidad. En la teología joanina, Dios juzga al mundo a través de la muerte del Hijo de Dios en la cruz del Calvario. Dios es glorificado cuando el Hijo es crucificado, pues la pena del pecado queda eliminada por la muerte vicaria del Hijo. Estos tres términos, pecado, justicia y juicio, eran comunes en el judaísmo contemporáneo, pero ahora reciben una redefinición cristocéntrica:

el pecado es rechazar a Jesús, la justicia es lo que Dios hizo en Jesús, y el juicio es lo que Jesús cumple con su muerte en la cruz.

Hay que subrayar lo que este pasaje afirma: que en Cristo Jesús el pecado de la humanidad ya ha sido juzgado y por tanto el príncipe de este mundo, nuestro enemigo, no tiene derecho a nuestra vida. En Cristo Jesús todos recibimos perdón por nuestros pecados. Pero —y este «pero» se les hace difícil a muchos— al mismo tiempo el texto asevera que la incredulidad es lo único que separa a la humanidad de Dios de la redención eterna.

En su última referencia a la obra del Paracleto, Jesús les advierte que hay mucho que quisiera decirles a los discípulos, pero que al momento no pueden «sobrellevar» el conocimiento. La razón no está clara, pero aparentemente es la ausencia del Espíritu en la vida de los discípulos. La presencia del Espíritu en los discípulos aliviará la situación, pues ellos serán guiados a «toda la verdad». La frase «toda la verdad» no ha de entenderse en el sentido de conocimiento total, como si el Espíritu confiriera conocimiento científico, filosófico, etc. Contextualmente «todo» define el conocimiento fundamental y necesario en cuanto a la misión de la iglesia a través de las edades. Los discípulos que acompañan a Jesús y escuchan por primera vez estas palabras están entristecidos por el anuncio de la partida del Señor. Con mentes turbadas, no pueden comprender lo que el futuro tiene para ellos —pero sí escuchan que el odio y la persecución son parte de ese futuro. ¿Cómo podrían soportar más el saber sobre persecuciones futuras a través de todo el imperio romano? ¿Entenderían la necesidad de martirios?

El Consolador ofrecerá toda la información necesaria («las cosas que han de venir») para la misión de la iglesia pues, como Jesús, el Consolador dirá todo cuanto oye de parte de Dios Padre. En su ministerio terrenal, el Hijo glorifica a Dios en todo lo que hace. De igual modo, el Espíritu de Verdad glorifica al Hijo.

6. Algunas dificultades y soluciones

La promesa de «las cosas que han de venir» marca el comienzo del fin del discurso de despedida y con palabras de tono misterioso Jesús revela que «todavía un poco y no me veréis, y de nuevo un poco y me

Discursos de despedida (13.1–17.26)

veréis, porque yo voy al Padre». La frase «un poco y no me veréis ... y de nuevo un poco y me veréis» es una referencia a la crucifixión (Jesús muere y los discípulos no lo verán) y a la resurrección (en tres días lo verán). Pero, para aquellos primeros discípulos que se encuentran ante el Verbo Encarnado, la referencia no parece tener sentido. ¿Por qué? Porque en ellos todavía no cabe la realidad de muerte y resurrección. Permanecen en la perspectiva meramente humana y terrenal, y no ven otra alternativa que la muerte. Las enigmáticas referencias a la muerte y la crucifixión les confunden, y por fin, interrumpen el discurso más extenso de Jesús en todo el Evangelio (14.23–16.16) para expresar su falta de conocimiento.

La repetición de las palabras de Jesús indica la gran confusión en la mente de los discípulos. Situados en medio de la historia de la salvación, ante los hechos de máxima importancia en esa historia — la crucifixión y resurrección del Salvador— no es sorprendente el que no entiendan todo lo que se les dice. Pero lo que sí me sorprende es su ignorancia expresa en cuanto al retorno al Padre. Repetidamente Jesús ha enseñado que él es el Enviado de Dios y que los suyos han de confesarle como tal. Ya hemos notado que, en Juan, la incredulidad consiste en negar quién es Jesús. Aparentemente, la confusión en la mente de los discípulos es tal que necesitan clarificación.

Utilizando nuevamente la formula de certeza «de cierto, de cierto os digo», Jesús añade palabras que, aunque todavía un poco enigmáticas, deben ayudarles a entender, pues toman como punto de partida elementos de la tradición bíblica. En breve, los discípulos llorarán y lamentarán cuando vean a su Maestro sufriendo la agonía de la cruz y su cuerpo puesto en una tumba. Los verbos «llorar» (*klaio*, que es común en Juan:11.31, 33; 20.11, 13 y 15) y «lamentar» (*lupeo*, que aparece solamente aquí y en 21.17, donde significa sentir dolor) se encuentran con frecuencia en el Antiguo Testamento para expresar el cambio que el Señor efectuará en los suyos cuando regresen a él (Jer 31.13; Isa 61.2-3). La realidad expresada en la tradición bíblica —incluso en estas palabras de Jesús— es que en el mundo, los hijos e hijas de Dios experimentarán llanto y lamento, pero Dios tornará su llanto en gozo. Mientras que los discípulos lamentan, el mundo — esto es los adversarios de Jesús— se goza, pues por fin ha silenciado al Señor. Los adversarios parecen haber logrado una gran victoria;

pero solamente por poco tiempo. Es notable que la tristeza de los discípulos se convertirá en gozo cuando el Señor *regrese* a ellos («pero os volveré a ver y se gozará vuestro corazón»). Otra vez observamos que todo, incluso el cambio de llanto a canto, depende de la iniciativa divina, y no de nosotros.

La imagen de la mujer que está de parto es común en las Escrituras (Isa 13.8, 21.13, 26.17-18, 42.14, 66.7; Jer 4.31, 6.24, 13.21, 22.23, 30.6) como un modo de describir la inminencia de la salvación aun en medio del dolor. Es interesante que el Señor Jesús utilice esta metáfora para explicar la salvación. La crucifixión es como el alumbramiento que, aunque doloroso para la mujer, resulta en el gran gozo de una nueva vida. Con el recién nacido en sus manos, la mujer se olvida de las horas de parto al ver el fruto de su vientre. (Aquí hablo en ignorancia pues, como varón, no puedo hablar de partos si no es por la experiencia de mi querida esposa Cathy). La nueva vida que surge al mundo es la vida eterna. La agonía del parto es la cruz que Jesús sufrirá para que tengamos vida, y vida en abundancia.

La historia de la interpretación del Cuarto Evangelio no carece de proponentes que ven aquí una actitud gnóstica que niega el valor de la materia, particularmente en este mundo físico donde residimos. La metáfora de la mujer de parto presenta el nacimiento de un ser humano como acaecimiento de un gozo tal, que las agonías del alumbramiento pronto se olvidan. Claro está que para el Señor Jesús, y para el autor del evangelio, el estar en este mundo no es malo en sí mismo. No admite la actitud gnóstica que ve el mundo como cárcel para las almas.

La resurrección será tan extraordinaria que los atónitos discípulos quedarán mudos: «En aquel día no me preguntareis nada». Veremos en 21.12b que ellos, ante Jesús resucitado, no pueden hablar pues su gozo es tan profundo que les impide articular sus sentimientos. No pueden expresar sus sentimientos.

El pasaje cierra con la reiteración de una promesa: todo lo que pidan al Padre en el nombre de Jesús lo recibirán. En este contexto la petición que Jesús tiene en mente es el gozo que los discípulos han de tener aun en medio de las persecuciones y dificultades que el mundo les ofrecerá.

Discursos de despedida (13.1–17.26)

El discurso concluye en los vv. 25-28, que afirman el sentido enigmático de lo dicho («os he hablado en alegorías») pero con la promesa que pronto no habrá que hablar ocultamente. Cuando la crucifixión y la resurrección corran su curso y los discípulos hayan pasado de la tristeza al gozo, no habrá necesidad de hablar en alegorías. Los discípulos comprenderán por fin que en la crucifixión y resurrección Dios definitivamente revela la redención de la humanidad, y que por tanto la cruz anuncia claramente el amor de Dios hacia la humanidad. En la cruz Jesús sufre la muerte en lugar del pecador, quien es reconciliado con Dios. Esta reconciliación implica que los redimidos ya no necesitan mediador entre ellos y Dios Padre. Por medio de la oración tienen acceso al Padre. Todo esto es posible por la fe en Jesús que los discípulos manifiestan.

Por fin (vv. 29-33), los discípulos claramente entienden las palabras del Señor y proclaman que Jesús ha venido del Padre, esto es que es el Enviado de Dios. Por su parte, Jesús permanece escéptico ante esta demostración de fe, y les dice que, no obstante su confesión, los discípulos serán esparcidos. Sin duda estas palabras se refieren a lo sucedido en el arresto y la crucifixión, cuando los discípulos, temiendo por sus vidas, dejarán a Jesús solo con la guardia del templo. Sin embargo, aunque los discípulos le abandonen, el Padre está con él y por tanto no estará solo.

La crucifixión y la deserción de los discípulos no han de sorprender a los discípulos, pues se les han anunciado de antemano. En vez de confusión y aflicción han de tener paz y gozo, pues Jesús ha vencido al mundo.

7. La oración pastoral (o sacerdotal) (17.1-26)

Concluido el discurso, Jesús pronuncia una larga oración dirigida a Dios como «Padre» (versículos 1, 5, 11, 21, 24 y 25). Habiendo ya confesado que Jesús es el Enviado de Dios (16.30), los discípulos serán esparcidos sobre la faz de la tierra y por tanto necesitan protección divina y unidad entre ellos y con Dios para poder hacerles frente a las artimañas del enemigo y de quienes que se alinean con él. La oración es una de triunfo, pues el Señor ha vencido al mundo (16.33) y por tanto, no hay un sentido de abatimiento. Por el contrario, la oración presenta una mirada de esperanza y una actitud de gozo resultante de la glorificación del Padre.

La oración que continúa es reconocida por todos los comentaristas como una intercesión sacerdotal de Jesús por los suyos, y algunos entre esos comentaristas elevan la solemnidad de la plegaria al nivel de la oración del sumo sacerdote. Esta valoración se debe a dos factores, ninguno de ellos obvio en el texto ante nosotros. Primero, según Juan 19.23, la túnica de Jesús era semejante a las vestiduras del sumo sacerdote judío —esto es, sin costura. Muchos opinan que la referencia al vestuario de Jesús es una referencia velada al oficio sacerdotal de Jesús. Segundo, en la epístola a los Hebreos el desconocido autor identifica a Jesús como el sumo sacerdote de nuestra confesión, quien intercede por sus discípulos. No obstante estos factores, los Evangelios canónicos no apoyan la identificación de Jesús como un sacerdote según la orden aarónica. De que el texto ante nosotros es una oración no cabe duda alguna, pero no podemos ir más allá de esta declaración.

Todos concuerdan en que la oración sirve para concluir y cerrar el discurso de despedida, pero no existe consenso entre los estudiosos y comentaristas en cuanto a la función de la oración como parte del discurso. Algunos opinan que es una oración de consagración, mientras otros la ven como oración intercesora. La primera opción enfatiza la solemne consagración del Señor Jesús para glorificar al Padre en los eventos que pronto realizará. La segunda, ve en la oración un acto intercesor de parte de Jesús por los suyos, en vista de las dificultades a que se enfrentarán al partir el Maestro. Creemos que las dos funciones son parte de la oración. La consagración prepara al Dios-Hombre para la obra salvífica que glorificará a Dios; luego, Jesús se torna a la necesidad de sus seguidores, ya que su propia consagración resultará en su partida de la presencia de ellos, y necesitarán bendición divina para cumplir con la misión que se les encargará.

La unidad de la oración (17.1-26) no se pone en duda, y no es difícil subdividir el discurso en sus componentes temáticos. Primero, Jesús ora por su glorificación (1-5); luego intercede por los discípulos (6-19) y concluye con una maravillosa intercesión por aquellos que llegarán a creer en Jesús mediante el testimonio de los apóstoles. Sin embargo, si aceptamos las indicaciones formales de la oración (v. 1,

Discursos de despedida (13.1–17.26)

«levantó los ojos»; v. 9, «ruego por ellos»; v. 20, «no ruego solo por estos») como señal de divisiones en el texto, la estructura será un poco diferente. En los versículos 6-8 Jesús no ora tanto por sus discípulos, sino declara que ha realizado su obra ante los discípulos. Preferimos esta segunda opción ya que es fiel al texto bíblico y los vv. 6-8 tienen más en común con el tema de la glorificación del Hijo (1-5) que con su intercesión por los discípulos (9-19).

Basándose en la realización de la tarea encomendada por el Padre, Jesús comienza la oración intercediendo por la glorificación del Hijo y del Padre. Anteriormente el narrador ha subrayado que la hora de la glorificación del Hijo quedaba todavía por delante. Por ejemplo, en Juan 2.4 Jesús mismo declaró «Todavía no ha llegado mi hora». En 13.1, al comienzo del discurso de despedida, Jesús anunció que la hora de la glorificación del Hijo se acercaba, ahora ya no habría más espera. La «hora ha llegado» indica, pues, que el propósito de la encarnación del Hijo de Dios está a punto de realizarse—apenas quedan horas para su glorificación en la cruenta cruz del Calvario.

«Las cosas» de que Jesús habla se refieren al contenido de 14.1–16.33. Tomando la postura de un judío piadoso, «levantando los ojos al cielo», Jesús comienza su intercesión. En sus oraciones, los judíos alzaban los ojos y en voz audible pronunciaban sus oraciones. Los discípulos están presentes durante la oración aunque no encontramos indicación alguna de ello. Esa presencia se ve en el pasaje que precede (16.29ss.) y lo que sigue en 18.1, lo cual nos lleva a pensar que sí están presentes. Están atentos a la oración del Maestro, quizás no entendiendo toda la oración pero conscientes de que el Maestro les deja y les ha prometido que no estarán solos —él les acompañará hasta el fin del siglo, es decir, hasta el fin de los tiempos.

Como ya hemos notado, Jesús intercede primeramente por sí mismo: él fue enviado por el Padre para dar vida eterna a aquellos quienes el Padre, en su soberanía, ha dado al Hijo. Nuevamente, Jesús afirma el tema central del evangelio de Dios: conocimiento de Dios Padre, el único Dios verdadero, y conocimiento de Jesús como el Enviado de Dios. Es interesante que aquí Jesús explícitamente se refiera a sí mismo como «Jesucristo», y no con el título típico «Enviado de Dios». Otra vez observamos la igualdad insinuada por el paralelismo. Conocer a Jesús es conocer a Dios; por tanto Jesús es Dios en la carne.

La glorificación del Hijo incluye no solamente la crucifixión, sino también la resurrección y la ascensión, aquí mencionada en forma indirecta. Aludiendo a su existencia antes de la encarnación, Jesús pide que la gloria que le acompañaba antes de su encarnación regrese a él. En el versículo 1, Jesús pide por su glorificación con el propósito de que Dios sea igualmente glorificado. En los versículos 4-5, esta secuencia (glorificación del Hijo primero, luego la glorificación del Padre) se invierte. Dios es glorificado para que entonces el Hijo sea glorificado. Existe una mutua y necesaria glorificación en la deidad: Dios no puede ser glorificado sin el Hijo, y el Hijo no puede ser glorificado sin la glorificación del Padre.

En los versículos 6-8, Jesús ofrece un brevísimo resumen de su interacción con los discípulos. Ellos «han guardado tu palabra . . . han conocido que todas las cosas que me has dado proceden de ti, . . . y han creído que tú me enviaste». Desde el principio del evangelio, Juan ha declarado que Jesús vino para revelar la gloria de Dios, esto es, para dar a conocer a Dios (1.18). En el transcurso del tiempo los discípulos han escuchado las palabras de Jesús y han observado su gloria revelada en las señales. En el capítulo 6 los discípulos, junto a la multitud, reciben instrucciones sobre Jesús, el pan de vida, y esto es causa para que muchos —incluso algunos discípulos— se aparten del Señor, pues es enseñanza dura y difícil. Aunque muchos que antes se consideraban discípulos se aparten de Jesús, los verdaderamente discípulos permanecen, aun en medio de su falta de comprensión. En representación de todos los discípulos, Pedro pronuncia: «Señor ¿a quién iremos? Tú tienes palabra de vida eterna» (6.68). O sea, Pedro admite que él no entiende todo al momento, pero sí está seguro que en Jesús hay vida eterna, y no se apartará de él, no obstante la dificultad de la enseñanza. Luego, en el capítulo 16, los discípulos expresan que por fin entienden, ya que Jesús no habla más en parábolas (16.29-30). A pesar de estas confesiones por parte de los discípulos, la presente pronunciación de Jesús revela un tono de seguridad y esperanza previamente no evidente en la narración joanina. Antes observamos que de los doce que acompañan a Jesús, uno le traicionará y otro le negará; el resto abandonará al Señor al ser arrestado en Getsemaní. ¿Cómo, pues, puede Jesús decir con certeza que ellos han conocido todas las cosas? La respuesta está en que han

Discursos de despedida (13.1–17.26)

reconocido que Jesús es el Hijo de Dios, el Enviado de Dios (17.8), y esa confesión es más que suficiente para incluirlos entre los escogidos de Dios. Es obvio que «todas las cosas» no se usa en sentido absoluto, aun en el campo de la doctrina cristiana, sino que se refiere a todo lo necesario para perseverar en la relación con Dios, que Jesús les ofrece a sus seguidores.

La larga sección que comienza en el versículo 9 contiene el corazón de la oración por los discípulos. Hasta ahora ellos se habían beneficiado fuertemente gracias a la presencia visible y el apoyo directo del Señor, pero esa presencia ahora va a terminar. Tienen la promesa del Espíritu que en breve les será enviado, y aunque Jesús ya ha declarado que el sostén y la revelación que el Espíritu proveerá serán más que suficientes para el bienestar de sus seguidores, la realidad es que la partida del Maestro les entristece y debilita. Consecuentemente, Jesús ahora intercede por ellos, pidiéndole a Dios Padre que cuide de ellos.

En su oración, Jesús hace distinción entre sus discípulos y «el mundo». El vocablo «el mundo» retiene aquí el peso negativo evidente en otras partes del evangelio. La teología joanina no admite la posibilidad de neutralidad. La raza humana se divide en dos grupos: quienes creen que Jesús es el Hijo de Dios, el Enviado (es decir los discípulos), y quienes, aun siendo testigos de las señales hechas por Jesús, no le aceptan como el Enviado de Dios. Estos últimos se identifican en el Evangelio de Juan con el nombre general de «el mundo» —o en otros lugares «los judíos». El hecho que Jesús no ore por el mundo no implica que Dios no ame al mundo. Este evangelio afirma repetidamente el amor de Dios por el mundo (3.16) e invita a todos a mirar al Hijo levantado sobre la faz de la tierra para su salvación. Más adelante en esta misma oración, Jesús intercede por el futuro ministerio de los seguidores: que muchos oigan su mensaje y se tornen a él. Por tanto, Jesús vino para una misión en el mundo: rescatar al mundo del pecado. Mas, aunque a los suyos vino, los suyos no le recibieron. Consecuentemente ahora, en el momento decisivo de su misión, Jesús intercede solamente por aquellos que se han separado del mundo y se alinean con él. Como él, estos sufrirán el rechazo del mundo y sufrirán persecuciones y martirios, pero —también como su maestro— persistirán en su testimonio y vencerán. Estos recipientes de la rogativa de Cristo son como él, pues son del Padre, y le pertenecen a Jesús porque son del Padre y Jesús es glorificado en ellos.

En una declaración que aparenta ser pronunciada después de la muerte y resurrección, «ya no estoy en el mundo», Jesús afirma que sus seguidores sí se quedan en el mundo, y por tanto le pide a Dios que los guarde en su nombre. El valor de los discípulos se describe en relación con la acción divina —«los que me has dado, guárdalos». La íntima y única relación entre Jesús, como Hijo de Dios, y Dios Padre se subraya de nuevo con la frase «todo lo mío es tuyo y lo tuyo, mío». La primera parte es una declaración que todo ser humano puede hacer, pues todo lo que poseemos proviene de Dios y es don de Dios. Pero, absolutamente nadie puede decir que lo que es de Dios es suyo. Solamente Jesús, el Hijo de Dios, puede hacer tal declaración sin blasfemar pues el Cuarto Evangelio presenta al Salvador como el Soberano, Dios en la carne.

Hasta este momento, la intercesión de Jesús por los suyos ha sido declarada en términos generales; mas ahora, utilizando la construcción infrecuente «Padre santo», Jesús especifica su petición. «Guárdalos en tu nombre» ha de entenderse como «guárdalos en tu poder con el propósito de que demuestren, o sea testifiquen, que son uno». Hemos observado que desde el comienzo de este discurso de despedida (13.1 ss.), Jesús ha exhortado a los discípulos a que se amen mutuamente. Este mutuo amor ha de resultar en la unidad del grupo de creyentes, esto es, la iglesia. La unidad de los seguidores de Jesús ha de ser semejante a la unidad de Dios Padre con Dios el Hijo, «así como nosotros».

Durante la lucha espiritual de los últimos tres años, el encarnado Hijo de Dios ha preservado la vida de sus seguidores en el nombre del Padre —excepto la del «hijo de perdición». La identificación del «hijo de perdición» con Judas Iscariote es la interpretación de la gran mayoría de los estudiantes del Cuarto Evangelio. Sin embargo, el otro uso de la frase «hijo de perdición» (en 2Ts 2.3) indica más la referencia al espíritu del anticristo que al bien conocido traidor de la tradición evangélica (Judas Iscariote). En el trascurso de la narrativa del Cuarto Evangelio, hemos visto suficientes referencias al rechazo de Jesús por parte de la humanidad para dejar claro que Judas Iscariote no es el único incrédulo entre los oyentes del evangelio (véase, por ejemplo,

Discursos de despedida (13.1–17.26)

1.11: «a los suyos vino, mas los suyos no le recibieron»; 9.41 «si fuerais ciegos, no tendríais pecado; pero . . . vuestro pecado permanece»). Por tanto, mi opinión es que aquí la referencia es a todos los que rechazan a Jesús, ya que todos y cada uno de ellos refleja con su actitud incrédula su alineamiento en el campo del enemigo de Dios—el hijo de perdición. Más adelante en las epístolas de San Juan encontramos que este espíritu de incredulidad continúa a fines del primer siglo. No cabe duda de que este espíritu de incredulidad, que trata de destruir toda buena obra de Dios, continúa a través de la historia y hasta el día de hoy.

La vida futura de los seguidores del Maestro asimilará al Señor Jesús en tres aspectos importantísimos. Primero, puesto que tienen la palabra de Dios ellos, como Jesús, no son del mundo. La implicación aquí es que así como el mundo no recibe a Jesús, sino que se opone a él, los discípulos han de esperar oposición por parte del mundo. Ante la futura realidad de esta oposición, Jesús no pide que sean librados de ella, sino que ruega por su santificación. Esta santificación es la segunda manera en que los discípulos se asimilan al Señor. Antes él oró por su consagración (una forma de ser santificado para la obra de Dios). Aquí, la oración insinúa que la vida del discípulo ha de igualar la del Maestro—ha de estar presto para entregar su vida para la glorificación de Dios. Finalmente, los discípulos, como Jesús, han de ir al mundo como enviados de Dios: «Así como tú me enviaste al mundo, también yo los he enviado al mundo».

20-26 El círculo de los beneficiados por la oración de Jesús se expande más allá de quienes se sientan a la mesa con él, e incluye el fruto de la actividad misionera de los discípulos. El Evangelio de Juan se diferencia de los sinópticos en que no narra la comisión y actividad misionera de los discípulos durante sus días con el Señor (aunque 4.35ss. sí sugiere la misión de los discípulos). La misión del Hijo de Dios encarnado es dar a conocer a Dios al mundo (y este propósito se realiza cuando Jesús es reconocido como el Enviado de Dios). Por tanto Jesús ora para que la obra comisionada a los discípulos tenga el mismo éxito que la suya. La unión entre los discípulos será el factor determinante del éxito de esta misión. Esta unión de los creyentes es análoga a la unión de Dios Padre con Jesús, y depende absolutamente de la unión de los creyentes en Cristo Jesús («así como tú, oh Padre, en mí y yo en ti... ellos en nosotros»). Esta oración establece de una vez para siempre la necesidad de la unidad cristiana. Aunque no podemos imaginar que hubiera diferencias entre el grupo discipular en sus primeros días —diferencias debidas al carácter de cada individuo— las diferencias entre los creyentes serán más pronunciadas y evidentes cuando el mensaje de los apóstoles llegue a otras comunidades y centros culturales. Barreras de tradiciones culturales, lingüísticas, socio-económicas —por mencionar solamente unas entre muchas— han de retar la unión de la comunidad de fe, la iglesia cristiana. Y, ¿no es esa la realidad hoy día? Aparentemente la falta de armonía y unidad reina entre el cristianismo al presente. Pero, puesto que la petición de Jesús es por la unidad entre sus seguidores, nosotros por nuestra parte hemos de obedecer ese deseo manifestando unión entre nosotros, sin permitir que las diferencias nos roben la bendición de ser uno en Cristo Jesús. Nuestra unión servirá para el avance del evangelio y para que el mundo crea que Jesús es el Enviado de Dios.

5
La crucifixión (18.1–19.42)

1. El arresto (18.1-12)

La oración sacerdotal culmina el ministerio de Jesús con y para sus discípulos, y ahora regresamos a la narración (18.1). Las tinieblas avanzan; pero la Luz resplandecerá en las tinieblas. No hay duda alguna de que el clímax del relato de todos los Evangelios es la pasión y resurrección del Señor Jesucristo. El Cuarto Evangelio no es una excepción. Aunque la narración que sigue difiere de los Sinópticos en muchos detalles, siempre se mantiene en armonía en cuanto a lo esencial. Básicamente los cuatros Evangelios presentan el mismo esquema en el relato de la pasión: (1) Jesús sale de Jerusalén a un lugar frecuentado con sus discípulos; (2) Judas llega con una multitud para arrestar a Jesús; (3) Jesús es interrogado por un sumo sacerdote; (4) Jesús es interrogado por el gobernador romano; (5) el gobernador admite la inocencia de Jesús; (6) la multitud expresa su preferencia por Barrabás sobre Jesús; (7) Pilato ordena la muerte de Jesús; (8) Jesús es crucificado con dos criminales; (9) los soldados distribuyen sus ropas entre ellos; (10) le dan vino para beber; (11) Jesús muere en la cruz; y (12) José de Arimatea pide el cuerpo para sepultarlo.

Es notable que el relato joanino dé muestras de basar su narración en la evidencia de un testigo ocular. Solamente el cuarto evangelista preserva los siguientes datos de la pasión:

4. El nombre del siervo (Malco) cuya oreja es cortada.
5. La identificación de Pedro como el culpable de herir a Malco.

6. La investigación jurídica ante Anás, el suegro del sumo sacerdote Caifás.

7. El dialogo con Pilato en cuanto a la «verdad».

8. La discusión entre Pilato y los judíos sobre la inscripción en la cruz.

9. Las mujeres al pie de la cruz.

10. La túnica de Jesús.

11. Nicodemo como participante con José de Arimatea en darle sepultura a Jesús.

La singularidad de nuestro Evangelio es igualmente notable por los datos que omite que son importantes en los relatos de los sinópticos:

1. La agonía de Getsemaní.

2. El beso de Judas.

3. La imposición sobre Simón de Cirene de cargar la cruz de Jesús.

4. La burla de los espectadores.

5. La confesión del centurión.

6. La ruptura del velo del Templo al morir Jesús.

Sobre todo, el relato joanino presenta a Jesús en control de todo el proceso de la pasión («Pero Jesús, sabiendo todas las cosas que le habían de acontecer...» 18.4). El papel de Judas en el arresto de Jesús se limita a llevar a los oficiales al huerto y Jesús es quien se identifica a sí mismo para ser prendido por los guardias. Luego «sabiendo Jesús que ya todo se había consumado... dijo Tengo sed».

Esta combinación de relatos únicos, la omisión de datos sinópticos y el sentido de orquestación sirven para presentar un relato que concuerda con la perspectiva joanina en cuanto a quién es Jesús (vea 1.1-18) y cuál es su misión como el Enviado de Dios. Es con razón que la pasión joanina sea la más utilizada durante la liturgia de la Semana Santa.

Juan inicia y cierra su narración de la pasión en un huerto (18.1, 19.41).

El presente capítulo (18) prepara la escena para el evento culminante estableciendo la autoridad, el poder y el control de Jesús aun en su arresto (18.1-11), en la interrogación ante Anás y Caifás (12-14, 19-24) y en el primer juicio ante Pilato (28-40). La negación de Pedro se narra en dos partes: 15-18 y 25-27.

La crucifixión (18.1–19.42)

En los versículos 1-11, la frase «habiendo dicho estas cosas» alerta al lector que el discurso de despedida ha concluido y que ahora el evangelista continuará con la narración, interrumpida por ese extenso discurso. Las «cosas» se refiere a toda la enseñanza desde 13.1 hasta 17.26. Junto con sus discípulos, Jesús parte del aposento alto, cruza «el torrente de Cedrón» hasta llegar a un huerto. «Torrente» (griego, *cheimarrios*) es un término que describe una depresión que se inunda durante la temporada de lluvias pero la mayoría del tiempo es seca y por tanto se describe como una ruptura en el terreno —lo que en algunos de nuestros países se llama una «cañada». El cruce del Cedrón localiza el huerto al este del Monte de Sión, donde se encuentra el Templo. Algunos comentaristas ven en el cruce de la depresión del Cedrón una alusión a la huida del rey David al entrar a Jerusalén su hijo Absalón como usurpador del trono (2 S 15.23), pero las circunstancias en la vida de David son demasiado diferentes para sugerir tal alusión. Huyendo de su hijo quien intenta usurpar el trono, David llora mientras cruza el Cedrón. En Juan, no encontramos agonía ni lágrimas en Jesús mientras cruza la depresión y resulta claro que él no huye de nadie, sino que se entrega a sus adversarios. El huerto (*kepos*) es típicamente un jardín amurallado —nótese que Jesús y los discípulos «»entran en el huerto— donde se cultivan plantas aromáticas, vegetales, frutas, flores, etc. Jesús frecuentaba el huerto con sus discípulos y quizás uno de los seguidores del Señor era el propietario del jardín. Como miembro prominente del grupo discipular (el tesorero del grupo) Judas sabe muy bien que al concluir la cena (Jn 13) Jesús reposará durante la noche bajo la protección del huerto. Según la Ley y las tradiciones de los judíos, durante la Pascua todo israelita había de alojarse en la ciudad de Jerusalén o sus alrededores.

Judas se presenta en medio de los adversarios de Jesús: una compañía de soldados y de guardias de los principales sacerdotes y de los fariseos —quienes desde el capítulo 5 han estado buscando la forma de silenciar la voz del Maestro. Judas aquí les ofrece la mejor oportunidad para llevar a cabo sus planes.

Es irónico que quienes simbólicamente prefieren las tinieblas a la Luz del Mundo (Jesús) ahora se acercan al Señor con linternas y antorchas. Aun así la luz que ofrecen las linternas y antorchas es insuficiente para conducirles a Jesús, pues necesitan un guía (Judas), y éste pronto desaparece de la escena para no aparecer más en el relato joanino. La compañía dependerá de la acción del propio Jesús —quien se les da a conocer espontáneamente— para poder identificar a la persona que desean arrestar. Una «compañía» de soldados típicamente consistía de más de quinientos de ellos —dato que conduce a muchos intérpretes a concluir que el relato no es histórico. Sin embargo, repetidamente el evangelista narra los esfuerzos de los adversarios contra Jesús y el temor que le tienen a la multitud que continuamente se encuentra con Jesús. Temiendo disturbios durante la fiesta de la Pascua, es muy probable que los principales sacerdotes y los fariseos, en su deseo de evitar motines, enviaran suficientes soldados para asegurarse que ningún problema surgiera al arrestar a Jesús. La composición del grupo que intenta arrestar a Jesús consiste de una compañía de soldados —esto es, miembros del ejército romano— y guardias de los sacerdotes y de los fariseos. La presencia de la compañía romana es necesaria ya que los guardias de los sacerdotes y de los fariseos previamente han fracasado en sus esfuerzos de prender a Jesús (7.45-49). Queriendo evitar otro fracaso, los líderes religiosos acuden al ejército romano. Debemos evitar el error de pensar que una compañía de soldados implique que todos los soldados sean romanos. La designación «compañía» simplemente indica que son miembros del ejército romano, el cual incluía reclutas tanto de entre los gentiles como de entre los judíos. No obstante sus intenciones y la presencia de un traidor y guía, Jesús está al tanto de todo y no pretende escapar de ellos (con una compañía tan grande, claro está que Jesús y los discípulos les oirían antes de llegar), sino que toma control de la situación, saliendo del huerto para facilitar el encuentro con sus adversarios y, por tanto, entregar su vida.

Al encontrase con la multitud, Jesús toma la iniciativa y pregunta «¿A quién buscáis?» Estas palabras nos recuerdan la pregunta semejante dirigida a los primeros discípulos en 1.38, y anticipan la pregunta que Jesús le dirigirá a María en 20.35. Jesús sabe muy bien a quién buscan. La respuesta es que buscan a Jesús el Nazareno. La importancia de esta designación para describir a Jesús es evidente en la inscripción despectiva que identificará al Jesús crucificado. Ellos dependen de Judas como guía, y seguramente la oscuridad de la noche oculta la

La crucifixión (18.1-19.42)

identidad de Jesús de aquellos entre el grupo familiarizados ya con la apariencia física del Señor. La delegación llega lista para arrestar a Jesús, y aparentemente esperan resistencia, ya que traen armas. Sin embargo no están listos para la descripción de sí mismo que Jesús ofrece: «Yo soy». La respuesta de Jesús es idéntica a los «Yo soy» esparcidos en la primera parte del Evangelio (véase el comentario sobre 8.58). En 8.58 los presentes reaccionan a la declaración de Jesús tomando piedras para matarle. En 18.6 la multitud reacciona retrocediendo y cayendo por tierra —obviamente, no es esta la reacción que se esperaría de una compañía de soldados armados que vienen a arrestar a un sospechoso. La razón de tal reacción no está clara. Algunos comentaristas opinan que al decir «Yo Soy» Jesús se identifica a sí mismo como Yahvé, y por tanto atónita la compañía se echa atrás y cae a tierra dando a entender que esto no era lo que ellos esperaban. Pero una ojeada a declaraciones semejantes a lo largo del Cuarto Evangelio muestra que, si bien los presentes se sorprenden al oír tales palabras de Jesús, su reacción no les incapacita para actuar, sino que toman piedras para matarle. Otros opinan que el echarse atrás y caer a tierra describe solamente la reacción de Judas el traidor quien por fin entiende lo que ha hecho. Pero no hay apoyo gramatical ni escriturario para esta sugerencia. Judas simplemente está con el grupo, y no toma parte alguna en el resto del evangelio. Mejor es ver aquí una sincera respuesta de sorpresa, ya que la compañía no esperaba que localizar y arrestar al Nazareno fuese tan fácil. Al oír la auto-identificación de Jesús, que en efecto es un acto de entregarse sin resistencia alguna, el grupo que está físicamente más cerca de Jesús se echa hacia atrás, resultando en una serie de empujones que causa que caigan por tierra.

De nuevo Jesús repite su pregunta y al recibir la misma respuesta, aunque sin la reacción ya mencionada, añade a su identificación una petición: «si me buscáis a mí, dejad ir a estos». Como buen pastor, Jesús da su vida por sus ovejas, y se asegura de que solamente él sea arrestado.

La compañía que viene para arrestar a Jesús se sorprende cuando Jesús se entrega sin resistencia. En los cuatro Evangelios canónicos uno de los discípulos extrae una espada escondida y ataca a uno de los presentes, el siervo del sumo sacerdote. Solamente Juan identifica al discípulo y a su víctima. Pedro, deseando aparentemente cumplir su promesa de que daría su vida por el Maestro (13.37), corta la oreja derecha de Malco, el siervo del sumo sacerdote. El uso del artículo, «*al* siervo del Sumo sacerdote», revela que el episodio, incluso el nombre y posición del herido, es bien conocido por el lector original. Las palabras de Jesús al comandante de la compañía libran a los discípulos, incluso a Pedro, de ser arrestado. Este último ha olvidado que el buen pastor (Jesús) cuida de sus ovejas, y pretende ser el protector del pastor.

Si Pedro intentaba incitar al resto del grupo a sacar sus propias espadas, si es que las tenían, no está claro, pues Jesús de inmediato ordena que cesen las hostilidades. Mandándole a Pedro que devuelva su espada a la vaina, Jesús declara que lo que va a suceder de ahora en adelante es parte del plan de Dios Padre, «la copa que el Padre me ha dado». Y Jesús, como Hijo obediente, ¿no la ha de beber? La reprimenda de Pedro sirve para enfatizar la entrega voluntaria por parte de Jesús. Desde la perspectiva meramente humana —esto es, observando los eventos del huerto desde el punto de vista del comandante o aun de Judas, el traidor— parece que las fuerzas de la noche, las tinieblas, están en control y que su victoria es evidente. Sin embargo, Jesús está en control de la situación y simplemente sigue el plan trazado por el Padre. Pedro regresa la espada a su lugar y con el resto de los discípulos desaparece de la escena para luego, acompañado por otro discípulo, seguir a Jesús hasta la casa del sumo sacerdote. La compañía se desentiende de la acción de Pedro y arresta a Jesús.

2. El juicio judío y los rechazos (18.13-27)

a. Jesús ante Anás (18.13-14)

Solamente el Cuarto Evangelio narra la interrogación ante Anás el suegro de Caifás, quien era el sumo sacerdote de aquel año. De acuerdo al historiador judío Josefo, Anás fue asignado sumo sacerdote por Quirinio cuando este era el gobernador de la región en el año 6 de nuestra era. Luego fue depuesto de su posición por otro gobernador, quien nombró a otro sumo sacerdote (Josefo, *Antigüedades* 18.2.2, 34). En la tradición judía, el sumo sacerdote servía en su oficio de por vida.

La crucifixión (18.1-19.42)

Pero las autoridades romanas intencionadamente los reemplazaban para así asumir control de la nación. Por su parte, Anás continuó ejerciendo autoridad ya que, aparte de su yerno Caifás, cinco de sus hijos también ocuparon la posición de sumo sacerdote (*Antigüedades* 20.9.1, 197-98). El narrador trae a la memoria del lector el consejo que Caifás ofreció a sus colegas en el Concilio: que convenía que un hombre muriese por el pueblo. La involuntaria profecía del sumo sacerdote está a punto de realizarse.

b. Pedro: primer rechazo (18.15-18)

El relato de la negación de Pedro se narra alternativamente, intercalando la narración del juicio ante el sumo sacerdote entre las negaciones de Pedro. La narración sinóptica presenta las negaciones de Pedro seguidas, una detrás de la otra. Pero el relato lucano aclara que trascurrió tiempo entre cada una de las negaciones (Lc 22.58-59). El relato de Juan presenta a Pedro bajo interrogación, temiendo por su propia vida mientras Jesús, igualmente interrogado, no teme dar su vida por los suyos.

Reprendido por su enfrentamiento con Malco, Pedro escapa del huerto con los otros discípulos. Su huida no es de desesperación, pues sigue a la trulla que conduce a Jesús a la casa del sumo sacerdote, no queriendo abandonar por completo a su Maestro. Le acompaña otro discípulo, quien no se identifica, aunque sí se nos dice que es conocido del sumo sacerdote. A través de la historia, la mayoría de los estudiantes opinan que Juan hijo de Zebedeo es el compañero de Pedro. Tal identificación localiza al autor del Evangelio cerca de los eventos culminantes del Enviado de Dios y explicaría por qué el narrador da evidencias de ser testigo ocular. Pero, ¿cómo es posible que un Galileo, hijo de Zebedeo, ocupara una posición tan eminente para considerarse conocido del sumo sacerdote? Otros opinan que este discípulo desconocido puede ser José de Arimatea o Nicodemo —ambos personas de influencia en Jerusalén. Las sugerencias son interesantes, pero es imposible identificar con certitud al discípulo anónimo. Lo que queda claro es que su relación con el sumo sacerdote le permite entrar en los atrios de la casa del sacerdote y hasta lograr que Pedro pueda entrar con él al patio.

Por alguna razón no mencionada por el evangelista, una criada sospecha que Pedro es uno de los discípulos de Jesús. Interesantemente no tiene la misma sospecha del compañero de Pedro. Si consideramos la versión sinóptica, los presentes reconocen que Pedro es galileo. Pero esto no se menciona en el Cuarto Evangelio. Cuando Jesús anunció que Pedro negaría a su Señor, el discípulo declaró que daría su vida por su Maestro. La triste realidad para Pedro es que ahora, sin el temor de perder su vida, de inmediato niega su relación con el Maestro. La promesa de lealtad queda fácilmente olvidada. Pedro busca el calor de la fogata que los soldados, los que arrestaron a Jesús, habían encendido para calentarse, y se coloca junto a ellos. En una manera que refleja la actitud de Judas, quien se une a la compañía de soldados al arrestar a Jesús, indicando así su alianza con ellos, Pedro también momentáneamente se alinea con los soldados. Pero este no es el fin de su historia. La última referencia a Judas en Juan lo deja en compañía de malhechores. Abajo veremos que Jesús no abandonará a su discípulo Pedro en las tinieblas, sino que pronto lo restituirá.

c. *Jesús es examinado ante Anás (18.19-24)*

Mientras que la fidelidad de Pedro es cuidadosamente examinada por los que están en pie alrededor de la fogata, Jesús es interrogado por el sumo sacerdote en cuanto a sus discípulos. La identidad de este sacerdote está bajo escrutinio, ya que en todo este Evangelio solamente Caifás es designado «sumo sacerdote» (11.49, 51; 18.13) pero en 18.12-14, Jesús es interrogado por Anás, suegro de Caifás, quien también en una ocasión sirvió como sumo sacerdote. Más adelante, en los vv. 18.24, el evangelista le notifica al lector que Anás envió a Jesús a Caifás. Además la designación «sumo sacerdote» para describir a Anás depende de Lucas 3.2 y de los datos históricos preservados por Josefo. El Cuarto Evangelio es el único que incluye a Anás en este episodio. La referencia en Lucas 3.2 se incluye para fechar los acontecimientos del evangelio, no para informar sobre Anás. Algunos manuscritos cambian el orden de texto, colocando 18.24 entre los versículos 13 y 14, y así dando a entender que Jesús ya se encuentra frente a Caifás en 18.19. Estas alteraciones al texto probablemente les parecieron necesarias a algunos copistas, pues constituyen el único juicio ante Caifás en Juan. Los Evangelios Sinópticos incluyen un juicio dirigido

La crucifixión (18.1–19.42)

por Caifás sin mención alguna de Anás. Algunas versiones antiguas traducen 18.24 de tal manera que da la impresión que ya Jesús había sido enviado a Caifás. Estos cambios, que identifican a Caifás como el sacerdote que preside sobre el juicio de Jesús, darían como resultado la mención de un breve interrogatorio con Anás sin detalle o propósito alguno. La realidad es que la intercalación de la primera negación de Pedro, 18.15-18, separa la visita a Anás del resto de la narración, y por tanto queda inexplicada.

La interrogación acerca de los discípulos y la doctrina de Jesús muestran que el cargo básico contra Jesús es ser un falso profeta —ofensa digna de pena de muerte según la ley judía. Además muestra que los líderes religiosos temían una insurrección.

En su respuesta, Jesús primeramente indica que ha enseñado en lugares públicos («públicamente... en la sinagoga... en el Templo») donde toda la población, incluso los líderes religiosos, tenían acceso al mensaje pronunciado. En otras palabras, no hay por qué hacerle esta pregunta en secreto cuando todos saben lo que Jesús enseña y fácilmente se pueden encontrar personas que puedan testificar en cuanto a sus enseñanzas. En segundo lugar, la respuesta de Jesús advierte a los oyentes que él conoce bien el proceso judicial que no permitía que se interrogara al acusado. El proceso requería que los acusadores encontrasen testigos (en plural) que presentaran testimonio contra el acusado. Si los testigos concordaban, la persona era culpable.

No cabe duda de que la forma en la que el juicio se lleva a cabo no es legal. Se realiza apresuradamente, la visita ante Anás le provee tiempo a Caifás para convocar al Concilio, que es el único cuerpo judío autorizado para pronunciar sentencia de muerte. Además la hora del juicio, de madrugada, a las tres o las cuatro de la mañana, conlleva indicios de injusticia. (En el episodio de la negación de Pedro veremos que el gallo canta, dándole al lector una idea del tiempo trascurrido). En breve, en su respuesta Jesús no responde a la pregunta sobre sus discípulos e indirectamente acusa al sumo sacerdote de actuar en forma impropia.

Esto explica la reacción de uno de los presentes en la escena. Uno de los guardias, aparentemente ofendido por la acusación implícita en la respuesta de Jesús, le da una bofetada al Señor. A esta reacción Jesús responde pidiendo una explicación del mal que ha hecho.

d. *Pedro: segundo y tercer rechazo (18.25-27)*

El evangelista resume el relato de la negación de Pedro, repitiendo que este está calentándose ante una fogata con un grupo de quienes arrestaron a Jesús. De nuevo interrogan a Pedro, preguntando si es discípulo de Jesús, y este repite su previa respuesta: «No lo soy». La tercera, y última interrogación proviene de uno que no solamente participó en el arresto («¿no te vi yo en el huerto con él?») sino que es pariente de Malco quien recibió una herida de manos de Pedro. Curiosamente Pedro se ha acercado con otro discípulo para estar al tanto de lo que sucederá, pero teme ser reconocido por los presentes y ser igualmente arrestado. Lo que él menos espera es que lo reconocieran como quien sacó una espada e hirió a uno allí presente. Pero la situación es aún peor de lo que él se imaginaba, pues es un pariente de Malco quien le pregunta. Seguramente, piensa Pedro, este pariente busca venganza. De nuevo Pedro niega al Señor. ¡E inmediatamente el gallo canta! El relato joanino difiere de los sinópticos en dos detalles significantes. Primero, no se incluye el juramento de Pedro al negar al Señor. En Juan, Pedro simplemente dice, «no lo soy». Segundo, el remordimiento del discípulo tampoco se menciona en Juan. Su restauración se llevará a cabo bajo la iniciativa del Señor, quien invitará a Pedro a que se acerque ahora a otro fuego para que se caliente y coma con su Maestro. Luego el mismo Maestro le amonestará en cuanto a su amor por su Señor. Por ahora, el lector simplemente deja a Pedro calentándose en medio de un grupo de los adversarios del Señor. Y, ¿qué del otro discípulo? ¿Partió para otro lugar? Aunque no explícita, su silencio es una negación, y, como los otros nueve, se esconde para no enfrentarse con preguntas como las que ahora van dirigidas a Pedro.

3. El juicio romano (18.28– 9.16)

El juicio ante el gobernador romano, Poncio Pilato, domina la escena desde 18.28 hasta 19.16, cuando el gobernador entrega a Jesús para que sea crucificado. El traslado de Jesús al pretorio no solamente cambia el local de la interrogación, sino que implica también un cambio de un eje judío a otro gentil. Este cambio de local en vísperas de la Pascua

La crucifixión (18.1–19.42)

introduce elementos de escrúpulos entre los líderes judíos, quienes por razones religiosas rehúsan entrar en la residencia del gobernador gentil mientras se desentienden de la injusticia evidente en el juicio de Jesús y hasta declaran que solo César es su rey. El juicio romano abarca siete secciones que presentan al gobernador sujetándose a los escrúpulos de los judíos presentes, entrando y saliendo de su propia residencia para así mantener la pureza ritual de los judíos: (1) Pilato sale y habla con los judíos, 18.29-32; (2) Pilato entra al pretorio e interroga a Jesús por primera vez, 18.33-38ª; (3) Pilato sale y declara por primera vez la inocencia de Jesús, 18.38b-40; (4) Pilato regresa a donde está Jesús, en el pretorio, y lo azota, 19.1-3; (5) Pilato sale con Jesús, 19.4-7; (6) Pilato entra al pretorio y nuevamente interroga a Jesús, 19.8-11; y (7) Pilato lleva a Jesús afuera y declara, «¡He aquí vuestro Rey!» 19.12-15.

a. Jesús ante Pilato (18.28-32)

Sin transición, el foco de la narración pasa de Pedro a Jesús, quien ahora será sometido a una interrogación por el gobernador romano, Poncio Pilato. Este se presenta como figura ya familiar al lector, sin explicaciones acerca de quién es. En la mayoría de los casos, los oficiales romanos solían llevar a cabo sus funciones legales por la mañana y dedicar el resto del día a otros quehaceres. Por tanto la delegación aparece en la residencia del gobernador temprano por la mañana. Los judíos deciden no entrar al pretorio ya que desean comer la Pascua al anochecer. El que la Pascua esté por celebrarse confirma nuestra opinión, presentada al comentar el capítulo 13: que la cena que Jesús come con sus discípulos no es una cena pascual. Pilato se acomoda a los deseos de los acusadores y sale a recibir a la delegación con su prisionero, preguntándoles qué acusación traen contra Jesús. La respuesta ofrecida, «Si este no fuera malhechor, no te lo habríamos entregado», sugiere que no están seguros de un cargo en particular, pues simplemente sugieren que Jesús es un malhechor. Es notable que el evangelista no está al tanto de la versión sinóptica. En Lucas 23.2 encontramos la triple acusación de ser agitador de la nación, no pagar tributos (impuestos) y pretender ser rey. La pregunta de Pilato, en Juan 18.33, muestra que el Pilato joanino sabe de la acusación de pretender ser rey. La omisión que hace Juan de estos cargos pinta a los acusadores como personas sin escrúpulos que sobre todo quieren eliminar a Jesús más por envidia que por alguna otra razón. No es fácil reconciliar la versión lucana con la joanina en este particular. Lo único que podemos sugerir es que para Juan, y para los mismos judíos de la narración, las acusaciones mencionadas por Lucas son imposibles de probar (los judíos no han llegado a un cargo específico) y por tanto no son dignas de ser repetidas. Al mismo tiempo la respuesta sirve como una petición al gobernador: este es un malhechor, tienes que encontrarle culpable.

La escasez de cargos específicos alerta a Pilato de que seguramente el caso tenía que ver con las leyes y costumbres judías y por tanto ordena que ellos (los judíos presentes) juzguen a Jesús según su ley. No obstante la respuesta que dan, la realidad es que ellos sí podían haber juzgado a Jesús según la Ley y conseguido los resultados que apetecían. Más adelante ellos mismos explican que «nosotros tenemos una ley, y según nuestra ley él debe morir, porque se hizo a sí mismo Hijo de Dios», (19.7). Por consiguiente, su respuesta, que sugiere que no tienen ley que pueda resultar en sentencia de muerte para el acusado, es simplemente un esfuerzo de librarse de la responsabilidad de pronunciar tal sentencia contra Jesús. Es importante notar que aunque se acercan a Pilato sin cargos en particular, ya han pronunciado el veredicto. La pronunciación por parte de los judíos da a entender la muerte que Jesús iba a morir. La crucifixión era una sentencia que el gobierno romano reservaba para sí, mientras que los judíos apedreaban y estrangulaban a los reos de muerte.

b. Jesús examinado ante Pilato (18.33-40)

Pilato entra al pretorio y continúa su interrogación preguntando: «¿Eres tú el Rey de los judíos?» La pregunta es sorprendente ya que los acusadores solamente indican que Jesús es un malhechor. Entre los Evangelios canónicos, solamente Lucas incluye en el proceso judicial la acusación de pretender ser rey, aunque los cuatro evangelios ponen la misma pregunta en los labios de Pilato. Sin embargo el lector del Evangelio está al tanto de esta posibilidad desde 1.49, cuando Natanael se encuentra con Jesús por primera vez. Más adelante en la narración, la multitud trata de pronunciarlo rey (6.15) y al entrar en Jerusalén

La crucifixión (18.1–19.42)

le proclaman rey (12.13). Por tanto no es ningún secreto que algunas aspiraciones al reinado se asociaban con Jesús.

En los Sinópticos Jesús responde enigmáticamente—«Tú lo dices»—a la pregunta de Pilato y asume una postura de silencio en el resto del juicio. Juan amplía la respuesta para incluir un breve diálogo entre Pilato y el Maestro. Jesús le pregunta a Pilato por la génesis de su pregunta; esto es, ¿basa Pilato la pregunta en su propia opinión, o sencillamente repite la opinión de otros?

La respuesta de Pilato, «¿Soy yo acaso judío?» es una pregunta retórica que trata de evadir la responsabilidad por los eventos que se están desarrollando. La nación y los principales sacerdotes son los responsables de la condición de Jesús en esos momentos. Todavía Pilato está ajeno a los cargos lanzados por el Concilio contra Jesús.

Jesús conoce muy bien quiénes le entregaron a las autoridades romanas, y de manera tácita admite que sí es rey, pero aclara que su reino no es de este mundo; o sea, que la manera de ejercer su dominio, o su reinado, difiere mucho de la que siguen los llamados reinos de este mundo. Eso explica la razón por la que Jesús es entregado a sus enemigos sin oposición alguna. La frase «mi reino no es de este mundo» no significa que el reino de Jesús sea «espiritual» en el sentido de que él reina en los corazones de los suyos. Su reino no es de aquí, sino que es del Cielo, en donde Dios reina y de donde él procede. Jesús reina en el mismo sentido en que Dios reina, como el Soberano de la creación. Al presente, su reino no es de aquí. Pilato no comprende bien ese tipo de rey y pide que Jesús le aclare su afirmación. Para aclarar lo que quiere decir, Jesús hace referencia al propósito de su venida—para dar testimonio de la verdad. La repetición de la frase «para esto» en su respuesta señala la importancia de las palabras de Jesús, pues sucinta y concretamente de a conocer su misión. Jesús concluye su breve explicación extendiéndole una invitación a Pilato. «Todo aquel que es de la verdad, oye mi voz». ¿Eres tú de la verdad? La referencia a la verdad lleva al lector a la declaración pronunciada en 14.6, «Yo soy el camino, la verdad y la vida, nadie viene al Padre si no es por mí». El lector sabe muy bien que la «verdad» es Jesús, y conocer la verdad implica creer que Jesús es el Enviado de Dios. Al preguntar, «¿Qué es la verdad?», Pilato muestra su frustración. Como funcionario del imperio más poderoso de su día, él conocía las sutilezas de las palabras, particularmente de las que tratan de asuntos religiosos y filosóficos. Quizás su experiencia en la provincia de Judá le ha endurecido tanto que ya no tiene deseos de dialogar más sobre «la verdad». Por eso, abandona su diálogo con Jesús y nuevamente sale para dialogar con quienes le trajeron a Jesús.

Careciendo de detalles en cuanto a los cargos contra Jesús y comprendiendo que el reinado que Jesús profesa no merece su atención, Pilato declara enfáticamente que no halló ningún delito en Jesús. Quizás los judíos puedan encontrarle culpable, pero él no. Pilato trata de apaciguar una situación delicada y al mismo tiempo les extiende una oportunidad a los líderes judíos para abandonar sus acusaciones sin perder prestigio alguno. El pueblo judío tenía la costumbre de soltar a un preso en la Pascua. Pilato les pregunta si quieren que les suelte al Rey de los Judíos. Es obvio que ahora Pilato emplea el titulo «rey» irónicamente, burlándose de ambos grupos ante él, los judíos con sus acusaciones sin base, Jesús por su delirio (en su opinión) de creerse rey. Ellos se deciden por un ladrón llamado Barrabás.

El capítulo 19 continúa y concluye la narración de la pasión de Jesús. La primera sección concluye el juicio de Jesús ante las autoridades romanas (19.1-15) e inmediatamente Jesús es entregado para ser crucificado. El resto del capítulo, los versículos 16-42, traza los acontecimientos en el monte Calvario—la crucifixión del Hijo de Dios. En esta segunda parte, el evangelista presenta ocho relatos en torno a la crucifixión: (1) Jesús carga su propia cruz al Calvario, donde es crucificado, 17-18; (2) La inscripción romana informando que el crucificado es el Rey de los judíos, 19-22; (3) La ropa de Jesús se divide entre los soldados, quienes echan suertes por la túnica del Maestro, 23-25a; (4) María y el discípulo amado, 25b-27; (5) la muerte de Jesús, 28-29; (6) el costado de Jesús traspasado por una lanza, 31-34; (7) el testimonio del autor y de las escrituras, 35-37; y (8) Jesús es sepultado, 38-42.

c. He aquí el hombre (19.1-5)

Pilato regresa al interior del pretorio donde se encuentra a Jesús atado y acompañado por algunos de los soldados romanos. El gobernador continúa su burla de los judíos. Para Pilato la idea de que este insignificante pueblo en un rincón del mundo tuviese un rey, y

La crucifixión (18.1-19.42)

además que el mismo pueblo tuviese conflictos internos en cuanto a quién es su rey, parece absolutamente absurdo. Desde 18.33, Pilato ha concentrado su investigación en lo que cree ser el imaginario reinado de Jesús. Quizás las actividades burlonas son parte de sus esfuerzos por librar a Jesús. Es imposible imaginarnos que los soldados romanos se comportaran como estos versículos detallan sin la autorización del gobernador. Recordemos que traen a Jesús para ser sometido a juicio y así legalizar el castigo —preferiblemente la muerte, como ya hemos notado. Seguramente los soldados no tocarían al acusado a menos que recibieran orden de hacerlo. Además, la elaborada y sarcástica coronación es producto de las instrucciones específicas del gobernador. Viéndole los judíos en un estado de tanta humillación— azotado, coronado con espinas, con un manto de púrpura—llegarían a la misma conclusión: Jesús no es amenaza alguna.

Juan no dice por qué Pilato azota a Jesús. Lucas pone en los labios de Pilato las palabras «después de castigarle, le soltaré», dando a entender que el gobernador intenta infligir un severo castigo para satisfacer a los acusadores. El cuarto evangelista pasa eso por alto y simplemente informa que Jesús es azotado. Ese castigo era brutal. El látigo que utilizaban consistía de varias correas incrustadas con pedazos de huesos o metal. Los soldados seleccionados para llevar a cabo el castigo se turnaban para reservar las fuerzas y azotar con más vigor. Al concluir el castigo, dejaban la espalda del afligido en trizas. El historiador judío Josefo narra la historia de uno así azotado y concluye «le despellejaron vivo dándole latigazos» (*Guerra de los Judíos*, 6.304). Al terminar con los azotes, la apariencia de Jesús no sería muy diferente al infeliz mencionado por Josefo. Pero la humillación y castigo no terminan, ya que la crueldad humana no se cansa de afligir a los que desprecia.

Los soldados entrelazan una corona de espinas y, poniéndola sobre la cabeza de Jesús, le arropan con un manto de púrpura, ambos símbolos reales, de modo que burlonamente coronan a Jesús. Al mismo tiempo el sarcasmo de la coronación sirve para agitar a los judíos allí presentes. En el calendario cristiano, el año eclesiástico culmina con la fiesta de Cristo Rey. Por tanto, la iglesia universal celebra la coronación de Cristo como Rey y Señor y lo visualizamos en esplendor y gloria, sentado en toda su magnificencia en su trono celestial. La coronación del Hijo de Dios encarnado ocurre en los atrios de un gobernador romano, rodeado de burladores y enemigos, y en breve, el Rey ascenderá a su trono—la cruz del Calvario.

En los Evangelios Sinópticos la burla se lleva a cabo en presencia de toda la compañía (Mt 27.27) y solamente después de la entrega a la crucifixión. En Juan, Pilato entrega a Jesús después de la burla (19.16). La mejor forma de reconciliar la supuesta discrepancia sugiere que la sentencia a muerte ocurre antes de la burla, pero Juan no la incluye. Después de la sentencia a muerte, Pilato autoriza a sus soldados a deshonrar al sentenciado ante su presencia y luego lo entrega para ser crucificado.

En la pasión joanina, esta elaborada burla no es simplemente para el entretenimiento de Pilato y quienes no temen contaminación ritual —recordemos que los escrúpulos religiosos de los judíos los han detenido al exterior del pretorio. Ahora, en forma exagerada, Pilato nuevamente sale y avisa a los reunidos frente al pretorio: «Mirad, os lo traigo fuera para que entendáis que ningún delito hallo en él». Esta declaración alerta a los judíos que en breve se enfrentarán al acusado, pero no como ellos lo esperaban ver. Aparentemente lo que Pilato piensa es que al ver a Jesús físicamente agotado, sangrando y coronado ridículamente con espinas ellos llegarían a la misma conclusión, que Jesús no solamente es inocente sino que no amenaza a nadie. La frase «¡Este es el hombre!» dirige la vista y los pensamientos de los reunidos hacia Jesús. Como Caifás, quien sin saber profetizó la muerte de uno (Jesús) en lugar del pueblo, Pilato dice más de lo que él se imagina o intenta. Con la frase ¡Este es el hombre!, el evangelista presenta a Jesús como el Hijo del Hombre (el segundo Adán en la teología paulina) quien efectuará la redención del resto de la humanidad.

d. La decisión final de Pilato (19.6-16)

Desentendiéndose de la opinión profesional del gobernador romano, los congregados no están dispuestos a cambiar sus planes. Ellos llevaron a Jesús ante Pilato, no en busca de justicia, sino con fines de eliminarlo, hacerle morir. No obstante la sentencia del juez, «ningún delito hallo en él», ellos insisten que Jesús ha de ser ejecutado, y con fuertes voces lo demandan. Normalmente la crucifixión se reservaba para quienes se rebelaban contra el gobierno de Roma. Josefo describe la crucifixión como la muerte más horrible (*Guerra*,

La crucifixión (18.1–19.42)

7.203), que servía como un espectáculo público no solamente para aumentar el sufrimiento y humillación de la víctima, sino también para desalentar rebeliones futuras. El espectáculo era atestiguado por todos los que pasaban, y la humillación y sufrimiento del reo quedaban grabados en sus mentes. La crucifixión era tan horrenda que muchos autores romanos escribían en contra de la práctica como inhumana y, consecuentemente, no era permitido crucificar a un ciudadano romano. Este tipo de muerte debía reservarse para los peores malhechores.

Los judíos opinan que Jesús es uno de esos peores malhechores, y por eso demandan que sea crucificado como rebelde contra Roma y su autoridad. Y esto aun cuando Pilato por tercera vez pronuncia su declaración de inocencia.

Por fin, los acusadores pronuncian su acusación: este se hizo a sí mismo Hijo de Dios. Desde la primera fiesta de fecha desconocida, los principales sacerdotes han buscado la forma de matarle pues Jesús clama que Dios es su Padre, haciéndose igual a Dios (5.18). Luego, en la fiesta de la Dedicación, Jesús nuevamente reclama que es el Hijo de Dios (10.33). La estrategia que sus enemigos se habían trazado era acusar a Jesús de pretender usurpar el poder de Roma (dice que es rey). Pero ahora tienen que abandonar esa estrategia y sus pretensiones; admiten que sí tienen una ley que condena a un hombre a la muerte y por tanto contradicen lo dicho antes. La ley mosaica demandaba la muerte en casos de blasfemia, particularmente en casos como este cuando un individuo reclama ser Hijo de Dios. Ahora los acusadores declaran abiertamente lo que en verdad les molesta de Jesús, que se hace igual a Dios.

La afrenta que sienten los principales sacerdotes es difícil de captar para los modernos —y hasta para muchos en la iglesia. Hoy, la deidad de Jesús es fácilmente descartada como un mito creado por los apóstoles, particularmente por el apóstol Pablo, y hay quien considera que Jesús era un insurgente frustrado que trató de librar a su pueblo del yugo romano. Si los datos preservados en los evangelios son históricos —y no tengo duda que lo son—, Jesús reclamó igualdad con Dios. Si él no fuese verdaderamente el Hijo de Dios, tal como dice, los principales sacerdotes hubieran hecho bien en buscar su muerte, pues entonces era un blasfemo.

Juan

Pilato, al enterarse de lo que Jesús reclama, procede con cautela y con más temor. La sociedad grecorromana propagaba historias de visitas de los dioses entre los humanos. Uno de los mitos más populares involucraba relatos de «hombres divinos» —normalmente seres humanos que tenían poderes divinos o eran descendientes de la unión de los dioses con seres humanos. El más famoso entre estos es la leyenda de Hércules, supuestamente hijo de Zeus y de una mortal. El temor de Pilato se debe a lo que Jesús reclama, y no a los judíos. Piensa que quizás se encuentra ante él uno de estos hombres divinos y teme, pues ya hizo azotar a Jesús. Por tanto procede con mucho cuidado, indagando sobre la identidad de Jesús como antes no lo había hecho. La mayoría de los funcionarios del Imperio no eran muy religiosos, sino escépticos y cínicos, pero también eran muy supersticiosos. Con la pregunta «¿De dónde eres tú?» Pilato busca una aclaración de parte de Jesús en cuanto a su origen.

El lector del Evangelio reconoce inmediatamente que la pregunta de Pilato sucintamente presenta el meollo del Evangelio mismo. Los judíos han indagado desde el principio acerca del origen de Jesús, y nunca reciben respuesta que les satisfaga —aunque repetidamente Jesús declara ser el Enviado de Dios. Si los principales sacerdotes y los maestros de Israel (Nicodemo) no pudieron entender la respuesta de Jesús en cuanto a su origen, ¿podrá acaso Pilato comprender en tan breve tiempo? Al no recibir respuesta, Pilato se jacta del poder que tiene sobre Jesús. Si tomamos en serio esta aseveración de Pilato, concluimos que él podía declarar la inocencia de Jesús. Pero aunque teme la posibilidad que Jesús sea un hombre divino, teme aun más las repercusiones políticas que puedan causar su ruina tanto profesional como personal. Una afrenta religiosa que no fuese debidamente corregida y que les diera causa de queja a los judíos podría considerarse una falta administrativa en el gobernador.

La respuesta de Jesús, «ninguna autoridad tendrías contra mí si no te fuera dada de arriba; por tanto, el que a ti me ha entregado, mayor pecado tiene» brevemente presenta la perspectiva bíblica en cuanto al poder y la autoridad. Las personas como Pilato se comportan como si el poder o la autoridad que ejercen proviniera totalmente de sus habilidades innatas. La persona teocéntrica reconoce que la posición que posee, sea electa o heredada, proviene de arriba, pues

La crucifixión (18.1–19.42)

Dios es soberano. Sin embargo, esta realidad no libera a la persona de la responsabilidad, y por tanto, quien lo sabe y no actúa sobre esa base tiene mayor pecado que Pilato.

Por alguna razón que el narrador no explica, la respuesta de Jesús causa que Pilato reconsidere su decisión («Desde entonces procuraba Pilato soltarlo»). Pero la enemistad contra Jesús continúa manifestándose, ahora amenazando a Pilato con repercusiones políticas.

Desde los días del emperador Vespasiano (69-71 d.C.), la frase «amigo de César» era un título oficial entre los funcionarios del Imperio. Lo normal era que uno que ya era «amigo de Cesar» le confiriera el titulo a otro bajo su patrocinio. Posiblemente Pilato había recibido su designación como amigo de César de su patrón y mentor Sejano. En el año 31 Sejano fue ejecutado por el emperador Tiberio. Consecuentemente, la relación entre Pilato y Sejano podía dar lugar a sospechas en cuanto a la lealtad del gobernador. Con este temor sobre su carrera y vida, podemos imaginar lo fácil que les es a los judíos manipular a Pilato en este caso. La jactancia pronunciada breves minutos antes, de tener poder, no era real, pues aunque quiere soltar a Jesús, finalmente se rinde ante la presión de los enemigos del Maestro.

En 5.22, Jesús declara que el Padre (Dios) a nadie juzga sino que da todo juicio al Hijo. Ahora quien juzgará a todo el mundo recibe sentencia oficial de parte de un funcionario romano. Al sentarse en el tribunal, Pilato notifica a los presentes que pronunciará sentencia en el caso discutido. El *b ma*, (tribunal) era elevado para que todos pudiesen observar y oír la sentencia pronunciada.

Las palabras de Pilato, «¡Aquí tenéis a vuestro rey!», implican que la supuesta sedición contra la nación y el Imperio romano es la base para la sentencia de muerte que ha de pronunciarse. La forma en que Pilato pronuncia la sentencia insinúa que el gobernador se burla de la idea de que Jesús sea un rey, y de que sea una amenaza al César. Los presentes demandan que Jesús sea crucificado aun cuando Pilato burlonamente se refiera a Jesús como «vuestro rey». Pilato continuará su burla con la inscripción en la cruz. De una vez por todas, los principales pronuncian su lealtad, declarando que no tienen más rey que César. Tal es su desprecio por Jesús, que se olvidan de su previa declaración: que nunca habían servido a otro, sino que son libres. La escena cierra cuando Jesús es entregado para ser crucificado.

4. La ejecución (19.17-42)

En comparación con los Evangelios Sinópticos, la pasión joanina (19.17-42) es concisa, aunque incluye algunos detalles que no se encuentran en los Sinópticos. El sentido de desamparo, claramente evidente en San Marcos, no tiene lugar en Juan. Jesús muestra que es él quien entrega su vida y dirige los acontecimientos.

a. Jesús crucificado (19.17-22)

El condenado a morir crucificado cargaba su cruz hasta el lugar de su ejecución.

El Cuarto Evangelio afirma que Jesús salió cargando él mismo la cruz. En los Sinópticos notamos que Simón de Cirene cargó la cruz de Jesús parte del camino. Marcos y Lucas dicen en sus Evangelios que Simón venía del campo cuando le obligaron a cargar la cruz de Jesús. Poco después de la sentencia, Jesús sale de la casa del gobernador cargando la cruz. En el camino, físicamente agotado por los acontecimientos de las últimas veinticuatro horas, incluso azotes y golpes, Jesús no puede cargar con el madero. Encontrándose con Simón de Cirene, los soldados le obligan a cargar la cruz de Jesús. Juan nos informa el nombre del lugar de la crucifixión tanto en griego y latín como en arameo, Gólgota, que quiere decir la Calavera, pero no sabemos por qué se le dio ese nombre. Con Jesús crucifican a otros dos, uno a cada lado de él.

Los principales sacerdotes insistieron en que Pilato condenara a Jesús a muerte, aun cuando este declaraba repetidamente que no encontraba cargo digno de muerte en Jesús. Ahora Pilato ejerce cierta venganza. Ellos insistieron en que Jesús era una amenaza para todos, acusándole de hacerse pasar por rey. Se acostumbraba que una inscripción anunciara el delito del condenado a muerte. Por tanto Pilato ordena que se escriba un letrero con una inscripción en tres idiomas, latín, griego y arameo, para que todos la lean: «Jesús Nazareno, Rey de los judíos». De esta forma Pilato logra una pequeña victoria sobre los principales del pueblo, burlándose de ellos.

La crucifixión (18.1–19.42)

El lugar de la crucifixión era cerca de la ciudad, y ahora los líderes judíos se ofenden al leer la inscripción. Van adonde Pilato y le sugieren una alteración a la inscripción que aclare que Jesús *decía ser* rey de los judíos. Mas Pilato rehúsa cambiar la inscripción.

b. División de la ropa de Jesús (19.23-25a)

Los soldados encargados de llevar a cabo la ejecución de Jesús reparten sus ropas entre sí. Esto era como una recompensa, un bono por el servicio ofrecido. Las cuatro partes implica que la patrulla de soldados ha sido drásticamente disminuida desde la noche anterior, pues ahora solamente cuatro soldados reciben la innoble tarea. La túnica interior era de una sola pieza y por tanto de valor especial. Los soldados deciden echar suertes por la túnica para que se cumpliesen las escrituras (Sal 22.18).

¿Por qué enfatiza Juan que la túnica es de una sola costura y que es importante que no sea destruida? En el comentario sobre el capítulo 17, rechazamos la idea de que la importancia de la túnica se basa en su identificación con las vestiduras del sumo sacerdote. Pero es obvio que la túnica es importante para el narrador. El valor de la túnica es simbólico ya que representa la unidad del cuerpo de discípulos. En 17.20-26, Jesús ruega al Padre que preserve la unidad de los discípulos, no como un fin en sí mismo, sino para anunciar al mundo que Dios ha enviado a su Hijo y que Dios ama al mundo tal como ama a su Hijo. Cuando sus acusadores le interrogaron, Jesús contestó que si querían conocer su enseñanza debían preguntarles a quienes la habían recibido, es decir, a los que quedaron libres cuando arrestaron a Jesús. La túnica es símbolo de aquellos que han oído y creído las palabras de Jesús por lo que no puede ser fraccionada aun cuando cae en manos de los enemigos.

c. Jesús y María (19.25b-27)

El sentido comunitario y simbólico continúa en la descripción de la escena al pie de la cruz. Jesús ha sido levantado sobre la tierra según él mismo había anunciado (Jn 8.28). Juan nos informa que mientras los cuatro soldados dividen las vestiduras entre sí, hay cuatro mujeres cerca del crucificado. El texto no es muy claro en cuanto a cuántas mujeres se encuentran al pie de la cruz. La mayoría opina que son cuatro: su madre, la hermana de su madre, María esposa de Cleofas y María Magdalena. La madre de Jesús no es identificada por nombre en el Cuarto Evangelio. En este Evangelio la madre de Jesús es la primera en comprometerse con su palabra (Jn 2.5: «haced lo que él os diga») y representa, junto al discípulo amado, la unidad del grupo discipular. Jesús nota la presencia de su madre y la del discípulo amado al pie de la cruz. Inesperadamente, el narrador nos informa de la presencia del discípulo amado en el Calvario. La última referencia a este fue durante la interrogación de Jesús, cuando se encontraba en la casa del sumo sacerdote, enmudecido ante las negaciones de Pedro. Aparentemente no todos los discípulos han huido. Algunos (como Pedro, el discípulo amado, y las cuatro mujeres aquí mencionadas) se han mantenido al tanto de todos los acontecimientos.

Jesús mira a su madre y le dice «Mujer, he ahí (literalmente *mira tu hijo*) tu hijo». Al discípulo amado le dice «He ahí tu madre». Desde esa hora, el discípulo recibe a la madre en su casa. Las otras referencias a «la hora» en el Cuarto Evangelio dan a entender la alusión al momento culminante del ministerio de Jesús, cuando Dios será glorificado en el Hijo, y el Hijo en el Padre. Esto implica que su uso en el versículo 27 representa la totalidad de la obra salvífica; esto es, que la incorporación de la madre y del discípulo en una sola familia comienza en la hora de la glorificación. En la historia de la interpretación de este pasaje se han hecho exageradas afirmaciones mariológicas, mas los abusos no deben desviarnos del hecho que a causa de la cruz Jesús ha creado una familia nueva. La iglesia de Cristo ha de manifestar su unidad y amarse unos a otros incondicionalmente. Este amor y unidad son evidentes en la nueva familia creada al pie de la cruz.

d. La muerte de Jesús (19.28-30)

El narrador nuevamente advierte al lector que Jesús continúa en control de la situación y reconoce que ya todo está consumado. Después de un indefinido tiempo de agonía en la cruz, Jesús reconoce que el fin se acerca. Pero en estos últimos momentos que le quedan, fija sus esfuerzos en cumplir toda la Escritura. La descripción da a entender que para Jesús lo más importante es la realización o perfección de su misión, aun cuando la muerte está a la puerta. El

La crucifixión (18.1–19.42)

Salmo 69 es un lamento de un justo que sin causa sufre las artimañas de sus enemigos. Entre sus muchas quejas el salmista escribe «y para mi sed me dieron a beber vinagre» para pintar un cuadro de abuso sobre abuso en la hora de necesidad.

Este «vinagre» era en realidad un tipo de vino barato que era común para las masas y está allí para aliviar la sed de los soldados en su tarea. Los soldados toman una esponja, ya que sería imposible darle una copa al crucificado, la empapan con el vinagre y con una vara de hisopo se la acercan a la boca. La referencia al hisopo inmediatamente trae a la mente el uso de esta planta durante la fiesta de la Pascua (Ex 12.22-23). Los israelitas salpican los dinteles de su casa con hisopo para impedir que el ángel de la muerte entre en sus casas. En Juan 19, se le ofrece a Jesús el hisopo en el momento que ha de pasar por la muerte.

El vino-vinagre revitaliza por un breve momento al crucificado, y puede hablar en alta voz. En la pasión sinóptica, particularmente en Mateo y Marcos, observamos que Jesús ofrece un grito aparentemente inaudible antes de morir (Mc 15.37). Este grito inaudible en Juan es una declaración de cumplimiento, perfección y victoria. La misión encomendada al Hijo de Dios ha sido consumada, perfeccionada. Jesús ha bebido en total obediencia y fielmente la copa que el Padre preparó para el Hijo. Desde el principio, Jesús ha declarado que vino para cumplir la misión de Dios (4.34) y en 17.4 informa que ha acabado la obra que se le encomendó. Según los Evangelios Sinópticos esta obra involucra la entrega de la vida de uno como rescate de muchos (Mc 10.45). En Juan 3.14ss., el evangelista describe el levantamiento del Hijo de Dios sobre la faz de la tierra para que todo aquel que cree en él tenga vida eterna. La teología tras estas declaraciones (Mc 10.45 y paralelos y Juan 3.14) se encuentra en una interpretación de la crucifixión de Jesús como un acto de victoria a pesar del aparente triunfo de las tinieblas. Jesús, sabiendo todas las cosas, incluso los puntos teológicos aludidos arriba, pronuncia su acto victorioso —¡consumado es!— en el momento más bajo de su existencia terrenal, muriendo en una cruz.

Jesús fue sentenciado y entregado para ser crucificado en la hora sexta en la víspera de la Pascua, cuando los corderos pascuales comienzan a ser sacrificados en el Templo. Ha estado en la cruz por varias horas y muere al atardecer ese mismo viernes. Consumada la obra, Jesús inclina su cabeza, no en derrota, sino demostrando control de su vida, de su espíritu, y se entrega a la muerte.

e. El costado de Jesús atravesado (19.31-37)

En los Evangelios Sinópticos, a la muerte de Jesús siguen unos episodios acerca de la reacción de los presentes. Además del testamento del centurión, Mateo y Marcos narran el desgarre de la cortina del Templo. Juan cambia la escena y presenta a los principales sacerdotes deseosos de deshacer de una vez por todas la influencia de Jesús sobre el pueblo. Sus escrúpulos religiosos les prohíben dejar cuerpos en la cruz durante el sábado, particularmente en un sábado de gran solemnidad. En su deseo de obedecer la Ley, le piden a Pilato que se quebranten las piernas de los crucificados para así adelantar su muerte y quitarlos de los maderos. Normalmente los romanos dejaban que los crucificados permanecieran en su agonía por días, muriendo lentamente y a la merced de las aves de rapiña que devoraban el cuerpo. Los judíos, en deferencia a Dt 21.22-23, no queriendo contaminar la tierra, no permitían que se prolongara la ejecución de un día para otro. La preocupación por la pureza ritual continúa aun cuando ya han ganado la victoria sobre Jesús. Para acelerar el proceso de muerte, utilizaban un mazo de hierro para quebrantar las canillas de los crucificados. Con las piernas en pedazos era imposible para el crucificado usar sus piernas para levantar el cuerpo y así poder respirar y por tanto prolongar la vida. Algunas excavaciones arqueológicas han descubierto cuerpos de crucificados con las piernas quebrantadas. Como sabemos, el instinto de sobrevivir es tan fuerte en el ser humano, que aun en agonía de muerte busca la forma de seguir viviendo. Al contrario de este instinto de sobrevivir, Jesús inclina la cabeza y entrega su espíritu. Cuando llega el soldado con el mazo a mano, encuentra que Jesús ya está muerto y no hay necesidad de quebrantar sus piernas.

La interpretación simbólica de la crucifixión continúa en la escena de la lanza que abre el costado de Jesús. A primera vista parece ser otro acto vil de parte de uno de los soldados que viene a Jesús y, al ver que está muerto, procede a perforar el cuerpo del muerto con una lanza. Algunos comentaristas opinan que el soldado buscaba

La crucifixión (18.1–19.42)

asegurarse de que Jesús verdaderamente estuviera muerto pues, de estar vivo, era seguro que el cuerpo reaccionaría involuntariamente al ser perforado. En tal caso, el quebrantamiento de las piernas daría el mismo resultado. Otros opinan que el soldado busca perforar el corazón de Jesús para así matarle. Pero, ¿no era eso el propósito de quebrantar las piernas? En realidad no podemos hablar con certeza acerca de este acto, sino simplemente verlo como una acción vil y sin sentido que busca difamar aun más al crucificado.

Del costado perforado brota sangre y agua. La importancia simbólica de esta mezcla es evidente por la forma en que el narrador enfatiza que «el que lo vio da testimonio, y su testimonio es verdadero; y él sabe que dice verdad, para que vosotros también creáis». ¿Cuál, pues, es el significado de la sangre y del agua? Primero, confirma que la declaración de Jesús «sed tengo» se pronuncia más para el bien de los oyentes, a fin de que se cumpliesen las Escrituras, que por necesidad personal. Jesús, como la fuente del agua que da vida eterna, tiene en su ser agua suficiente (4.14). En 7.38 Jesús declaró que «el que cree en mí ríos de agua viva correrán de su interior», y aquí vemos que del interior de Jesús brota el agua, aun cuando su cuerpo está muerto. Segundo, y quizás mucho más importante para la teología joanina, el agua va acompañada con sangre. En 6.53-56, Jesús crípticamente declaró que «si no bebéis la sangre del Hijo del Hombre, no tenéis vida en vosotros». En esta escena comprendemos que el agua de la vida eterna procede solamente acompañada con la sangre derramada en la cruz del Calvario para salvar a la humanidad. Por eso el narrador explica por qué inserta este relato: «para que vosotros también creáis».

f. El entierro (19.38-42)

José de Arimatea aparece por primera vez en el Cuarto Evangelio. También se le encuentra en los cuatro Evangelios canónicos. Marcos le identifica como un prominente miembro del Concilio quien «esperaba el reino de Dios» esto es, era discípulo de Jesús (Mc 15.43, vea también Mt 27.57 y Lc 23.50-51). Juan identifica a José como discípulo de Jesús, pero en secreto por miedo a los judíos. La frase «por miedo a los judíos» trae a la memoria Jn 7.13, donde encontramos a muchos judíos dialogando sobre Jesús, pero en secreto por miedo a los judíos —es decir, a otros judíos. En 12.42 Juan informa que muchos de los líderes creían en Jesús, aunque en secreto. No debemos pensar que la designación «en secreto por miedo de los judíos» es peyorativa. En el siguiente capítulo encontraremos al grupo de discípulos, diez de los apóstoles, escondidos por miedo de los judíos. Parece que personajes tales como José de Arimatea no eran escasos en el creciente grupo de discípulos. Ahora le llega la hora de declarar abiertamente su alianza con Jesús. Se acerca a Pilato, y hace una petición muy semejante a la de 19.31. Al ver que Jesús ya está muerto, lo dejan en la cruz sin quebrarle las piernas, esperando que los otros dos mueran. José pide el cuerpo de Jesús y Pilato se lo concede.

Con José viene Nicodemo, aquel que antes había visitado a Jesús de noche (Jn 3). La conversación de Jesús con Nicodemo en aquel otro capítulo no explica claramente si Nicodemo se añade al grupo de discípulos. Mas aquí notamos que se cuenta entre ellos. José y Nicodemo vienen con una gran cantidad de un compuesto de mirra y de áloe. La gran cantidad sugiere que llegan con la intención de preparar el cuerpo de un rey para el sepulcro. Toman el cuerpo de Jesús, lo envuelven en lienzos con especias aromáticas, según la costumbre judía. Esta es la única referencia que encontramos en los evangelios al proceso de embalsamar el cuerpo de Jesús. En los otros evangelios, José simplemente baja el cuerpo de Jesús de la cruz, lo envuelve en una sábana y lo entierra. Los Sinópticos asignan el deseo de embalsamar el cuerpo a las mujeres, mientras Juan informa que por lo menos dos hombres participaron en el proceso. Además, en los Sinópticos las mujeres no llegan a embalsamar a Jesús, pues la tumba está vacía.

Completado el proceso de preparación para el sepulcro, ponen el cuerpo de Jesús en un sepulcro nuevo; es decir, donde nadie ha sido sepultado hasta ahora.

6

La resurrección (20.1-29)

El relato bíblico de la creación cuenta que Dios creó los cielos y la tierra en seis días y al concluir su obra creadora declaró que todo era bueno en gran manera (Gn 1.31). Dios entonces descansa el séptimo día. En el sexto día de la semana, en la víspera de la Pascua, el Hijo de Dios declara victoriosamente, «!Consumado es!», muere y «descansa» el séptimo día. El primer día de la semana entrante todo comenzará de nuevo y el mundo jamás será igual que antes. Absolutamente no hay duda alguna que la resurrección de Jesús es el evento más importante en la historia de la salvación, pues la resurrección es la vindicación y la exaltación del Hijo de Dios. Empero, esta aseveración de la historicidad de la resurrección de Jesús es uno de los eventos más debatidos en los estudios bíblicos. Los detractores dependen de la aparente discrepancia en los relatos bíblicos acerca de la resurrección y sobre todo de la imposibilidad del evento. En cuanto a la imposibilidad de un acontecimiento tal, afirmamos que efectivamente es único y no vemos tales cosas en el diario vivir; pero si aceptamos el principio bíblico de un Dios soberano y todopoderoso que se involucra en la historia de la humanidad, entonces no hay nada imposible para Dios. En cuanto a los relatos bíblicos y la supuesta incompatibilidad entre ellos, un vistazo al cuadro de las apariciones de Jesús muestra sin duda alguna que los Evangelios concuerdan en lo esencial: el primer día de la semana los discípulos encuentran la tumba vacía y sospechan un acto sobrenatural. Todos están de acuerdo en que ese primer día de la semana Jesús apareció corporalmente a varios de sus discípulos, aunque los Evangelios no narran las mismas historias de estas apariciones. Sin embargo, un estudio cuidadoso revela que aunque les evangelistas no concuerdan en cuanto a las historias que narran, no hay contradicción entre los relatos de la resurrección. En otras palabras, no es muy difícil reconciliar o armonizar los episodios narrados en los Evangelios. Tal armonización daría por resultado una historia con más detalle y veracidad. En cuanto a la resurrección de Jesús en el Cuarto Evangelio, el cuadro gráfico muestra que aunque el Evangelio de Juan es considerado el más teológico de los cuatro, en este particular contiene más información sobre la resurrección que los Sinópticos, ya que sus narraciones son más detalladas. Empero, la historicidad joanina siempre tiene como compañeros el simbolismo y el significado teológico, y las historias de la resurrección siguen este patrón.

Apariciones de la Resurrección

Episodio	Tiempo	Mateo	Marcos	Lucas	Juan	Hechos	I Co.
La tumba vacía, afueras de Jerusalén	Domingo, madrugada	28.1-10	16.1-8	24.1-12	20.1-9		
A María Magdalena, cerca de la tumba	Domingo, madrugada		16.9-11		20.11-18		
A dos discípulos, camino a Emaús	Domingo, mediodía			24.13-32			
A Pedro	Domingo (¿?)			24.34			15.5
A los discípulos, ¿aposento alto?	Domingo, atardecer		16.14	24.36-43	20.19-25		
A los 11 apóstoles, aposento alto	Una semana después				20.26-31		15.5
A 7 discípulos, Mar de Galilea	Un día, de madrugada				21.1-23		

La resurrección (20.1-29)

Episodio	Tiempo	Mateo	Marcos	Lucas	Juan	Hechos	I Co.
A once discípulos, Monte en Galilea	Algún tiempo después	28.16-20	16.15-18				
A más de 500	Algún tiempo después						15.6
A Santiago	Algún tiempo después						15.7
La Ascensión, Monte de los Olivos	40 días después			24.44-49		1.3-8	

El presente capítulo consiste en cuatro apariciones de Jesús a varios de sus discípulos (1-29), seguidas por una declaración de propósito que aparentemente es la conclusión original del Evangelio. El simbolismo joanino es evidente en los cuatro episodios —las tinieblas arropan el sepulcro cuando se acerca María Magdalena y esta corre de la tumba hacia los discípulos (1-2); dos de los discípulos corren hacia la tumba; como resultado, uno de ellos tiene fe (3-10); María se encuentra con el Resucitado (11-18); Jesús aparece a los discípulos cuando estos están llenos de temor y buscando seguridad tras puertas cerradas (19-23); y Jesús aparece ante los once discípulos (24-29). En las cuatro escenas el narrador expande el conocimiento de los discípulos al mismo tiempo que afirma la fe y la capacitación de ellos para realizar la obra que les será encomendada.

1. La tumba vacía (20.1-10)

En concordancia con los Evangelios Sinópticos, Juan comienza su relato de la resurrección la madrugada del primer día de la semana. María Magdalena era una de las cuatro discípulas presentes durante la crucifixión. A diferencia de los otros evangelios, Juan no incluye la razón de su visita a la tumba a tan temprana hora. Los Sinópticos explican que las mujeres van al sepulcro para completar el proceso de embalsamar el cuerpo de Jesús. En la escena anterior (Juan 19.38-42), José de Arimatea y Nicodemo preparan el cuerpo para el sepulcro y lo depositan en una tumba nueva. Aparentemente, el hecho de que se acercaba la Pascua les impidió completar su obra y por tanto las mujeres se dirigen al sepulcro para hacerlo. En nuestro Evangelio, el lector ha de suponer que María va con el propósito de endechar cerca del sepulcro. Es obvio que todos los evangelios afirman que los discípulos no esperaban encontrar a Jesús resucitado tres días después—a pesar de las ocasiones en que Jesús les había dicho que iba a Jerusalén para morir a manos de sus enemigos, pero se levantaría el tercer día.

En el himno al Verbo-Luz, Juan declaró que la Luz (Jesús) resplandece en las tinieblas (el mundo) y las tinieblas no prevalecen sobre la Luz. Juan indica que María se acerca al sepulcro mientras las tinieblas reinan—todavía está oscuro. Llegando al sepulcro, María encuentra que la piedra que cubría la entrada al sepulcro ha sido quitada de su lugar. ¡La tumba está abierta! La dependencia de esta historia de las versiones sinópticas es evidente ya que en su narración del entierro de Jesús, Juan no incluye el detalle de la piedra que cierra la entrada. Sin embargo, aquí el narrador supone que el lector está al tanto de ese detalle.

María reacciona, no asomándose al sepulcro, sino corriendo hacia dos de los discípulos más sobresalientes del relato evangélico, Pedro y aquel a quien Jesús amaba. La referencia al otro discípulo revela que este es idéntico a aquel a quien Jesús amaba, identificado en la tradición cristiana como Juan, hijo de Zebedeo. Al encontrarse con los discípulos, María da voz a su sospecha: «Se han llevado del sepulcro al Señor y no sabemos dónde lo han puesto». Escondidos dentro de esta huida de María en busca de los discípulos, encontramos más detalles acerca de los eventos de esa mañana. Primero, las palabras de María confirman que ninguno de los discípulos, incluyendo a María, esperaba un milagro al llegar al sepulcro; todos esperaban encontrar un cadáver en la tumba. Segundo, la frase «se han llevado» indica que María sospecha que los adversarios de Jesús han escondido el cuerpo del Señor. Tercero, aunque María es la única persona identificada en la escena, aparte de los dos discípulos, el plural «no sabemos» sugiere que María no está sola, y es muy probable que con ella estén otras mujeres.

La resurrección (20.1-29)

El discípulo amado y Pedro reaccionan de la misma manera, pues corren juntos hacia el sepulcro. El énfasis sobre el sepulcro vacío es evidente en la frecuencia del vocablo «sepulcro» en 1-11 —un total de nueve veces. El otro discípulo corre más aprisa y llega primero al sepulcro. Asomándose desde la entrada, ve los lienzos puestos allí. La nota de los lienzos puestos allí es la segunda indicación (la piedra que no está en su lugar es la primera) de que algo fuera de lo ordinario ha acontecido. Al ver los lienzos, de inmediato los discípulos, y el lector, eliminan la posibilidad de que alguien haya robado el cuerpo. El robo de sepulcros era una actividad que, aunque no ocurría diariamente, no era fuera de lo común. Los ladrones se acercaban a sepulcros como el descrito en los evangelios—una cueva cavada en una montaña sugiere que el sepultado era rico. Si el robo o simplemente el interés de esconder el cadáver hubiera sido la razón por la que la tumba estaba vacía, seguro es que no hubieran dejado los lienzos allí.

Al llegar poco después, Pedro no se detiene a la entrada, sino que entra al sepulcro, ve los lienzos y —añade el narrador— «el sudario, que había estado sobre la cabeza de Jesús. . . enrollado en un lugar aparte». El sudario era una pieza que se ataba en la cabeza del cadáver para mantener la quijada en su lugar. Anteriormente, cuando Lázaro es resucitado, este sale de la tumba envuelto con un sudario. La posición y condición de los lienzos y del sudario sugieren que el cuerpo de Jesús fue extraído de ellos en una manera sobrenatural, tal como se sugiere al entrar Jesús en la casa cuando esta está cerrada (20.19-23). El notar que el sudario está aparte, enrollado, sugiere nuevamente que algo sobrenatural ha acontecido.

Por fin el discípulo que había llegado primero al sepulcro, siguió a Pedro, entró y «vio y creyó». Según la ley mosaica, el testimonio de dos personas es válido, por consiguiente, el que este discípulo vea los lienzos y el sudario después de Pedro asegura al lector que la evidencia es admisible ante el concilio. Exactamente qué es lo que el discípulo creyó, el narrador no nos dice. Pero a través de todo este Evangelio el verbo «creer» (*pisteuo*) se usa de una manera muy singular para describir la afirmación o confesión de que Jesús es el Hijo de Dios, el Enviado de Dios. Que este uso es un poco diferente de los otros ejemplos en Juan es evidente por la explicación ofrecida en el versículo 9: «pues aún no habían entendido la Escritura: que era necesario que él resucitara de entre los muertos». La diferencia es que el discípulo cree porque ve la evidencia física, o sea, cree por lo que ve y no por la evidencia de la Escritura. La evidencia bíblica (la Escritura) es mucho más valiosa que la apariencia física, pues es la palabra de Dios la que anuncia (profetiza) que era necesario que él resucitara de entre los muertos. La venida del Paracleto-Consolador infundirá este conocimiento en los discípulos.

2. Las apariciones (20.11-29)

a. A María (20.11-18)

Los dos discípulos regresan a su casa, mas María asume la postura que su cultura requiere: se detiene fuera de la tumba, llorando y lamentándose. Nuevamente observamos cómo los relatos profundizan cada vez más en su comprensión de los eventos de ese primer domingo de resurrección. Primero encuentran la tumba vacía, después llega el discípulo amado y ve los lienzos pero no entra en la tumba, entonces llega Pedro, entra a la tumba y ve los lienzos y el sudario, y por último, entra el primer discípulo al sepulcro, ve y cree. Ahora uno de los discípulos (María Magdalena) se encontrará cara a cara con el Señor resucitado.

María se inclina para mirar dentro del sepulcro y ve, no los lienzos y el sudario, sino a dos ángeles sentados en el lugar donde pusieron el cuerpo de Jesús. Están sentados precisamente en el lugar donde pusieron el cuerpo de Jesús para subrayar que el cuerpo no está allí. La interacción entre los ángeles y los humanos no es sorprendente para el lector familiarizado con las Escrituras, y de inmediato tal lector reconoce que estos ángeles vienen con un mensaje celestial. Mientras que en otras visitas terrenales, los ángeles típicamente amonestan a los humanos para que no teman, estos dos buscan reorientar el entendimiento de María y le preguntan: «Mujer, ¿por qué lloras?» «Mujer» es un apelativo usado por Jesús para dirigirse a su madre (Jn 2.4) y por tanto no debe considerarse como una reprimenda en los labios de los ángeles. La pregunta invita a María a considerar seriamente la evidencia ante ella —la misma evidencia que ya condujo a otro discípulo a creer. Absorta y consumida por su separación del Señor, María se ha dejado vencer por la pérdida de tal

La resurrección (20.1-29)

manera que permanece ciega a la evidencia que está ante sus ojos. En respuesta, hace eco de lo expresado a los discípulos: «se han llevado a mi Señor y no sé dónde lo han puesto». Todavía busca recuperar el cuerpo muerto del Señor.

El Jesús resucitado aparece cerca de ella, pero ella no le reconoce. Aunque no podemos especular sobre la naturaleza del cuerpo del Resucitado, es obvio que el cuerpo es el mismo, pero también diferente. Los lienzos y el sudario sugieren que el cuerpo fue extraído de los lienzos fúnebres. Más adelante veremos que puede trasladarse de un lugar a otro aun cuando las puertas están cerradas. En Lucas Jesús aparece y camina y platica con unos discípulos por varias horas, y estos no lo reconocen. María tiene la misma experiencia, pues ve al Señor y escucha su voz pero no le reconoce—todavía. Jesús repite la pregunta de los ángeles y añade «¿A quién buscas?» A esta hora de la mañana no se esperaría que alguien estuviera en el huerto, aparte de quienes, como María que vienen a llorar por sus pérdidas. Por tanto, quien ahora le interpelaba debía ser el jardinero, la persona que mantenía el huerto. Otra vez, María persiste en su separación del Maestro y piensa que quizás fue este jardinero quien retiró el cuerpo. Resulta irónico que María esté tan consumida en su dolor que le pregunta al Jesús resucitado que le muestre el cuerpo de su Señor para que *ella* (María) pueda llevárselo.

En el discurso del buen pastor, el Maestro dice que sus ovejas reconocen su voz y le siguen. La primera vez que Jesús se dirige a María, con las preguntas ya mencionadas, ella no reconoce a su Señor; pero cuando este le llama por nombre, de inmediato exclama su reconocimiento. El uso del término arameo, «Rabona», es otra evidencia de que nuestro Evangelio es producto de un testigo ocular.

El versículo 17 es críptico y ha resultado en varias interpretaciones. La RVR traduce la frase griega *me mou haptou* «no me toques», mientras que la RVA y varias versiones modernas, dicen «¡Suéltame!» La RVR implica que María todavía no ha tocado a Jesús. La RVA supone que ella ya le ha tocado y se aferra a él, y que por tanto él exige que le suelte. Literalmente el griego *me mou haptou* lee «dejad de agarrarme» dando a entender que no es tanto el toque sino la actividad de aferrarse (véase Flp 2.6). Al reconocer a Jesús, María se imagina que el que Jesús ha resucitado implica que regresarán a las relaciones que tenían antes de la muerte. Pero Jesús ya les anunció a los discípulos que lo mejor para ellos es que él se vaya, pues entonces recibirán al Paracleto-Consolador quien les revelará todas las cosas—incluso la realidad de la resurrección. Al aferrarse a Jesús, María desea continuar en el pasado, pero la glorificación del Hijo en la cruz del Calvario y su exaltación y vindicación en su resurrección significan una nueva creación, un nuevo comienzo para la humanidad redimida. De ahora en adelante, recibirán el Espíritu de Dios que morará con ellos para siempre. Pero el Espíritu será enviado cuando Jesús suba al Padre. Por tanto Jesús le encomienda un mensaje a María. Debe anunciar a los discípulos que Jesús sube a su Padre. En obediencia, María deja a Jesús y va a donde se encuentran los discípulos para declararles el mensaje.

b. A los diez (20.19-23)

El relato de ese primer domingo de resurrección continúa, pero ahora el lugar de la escena pasa del huerto a la casa—aparentemente la misma casa hacia donde corrió María Magdalena en el episodio anterior. Los discípulos temen por sus vidas. Ya concluida la fiesta de la Pascua, y el sábado solemne, quizás piensan que los principales sacerdotes continuarán con sus esfuerzos de silenciar la voz de Jesús y pronto vendrán por los discípulos. Se reúnen y cierran todas las puertas, dando a entender que nadie podría entrar donde están a menos que se les abra.

Sin preámbulo y sin explicaciones, Juan declara que, de repente, ¡Jesús llegó y está en pie ante ellos! El verbo traducido por «llegó» (griego, *erchomai*), común en el Nuevo Testamento, se emplea aquí desde la perspectiva del narrador, con el sentido de movimiento de un lugar a otro. Tal uso hace innecesarias las explicaciones de la manera de llegar. Lo importante es que Jesús *aparece* ante ellos.

Cuando el apóstol Pablo se refiere a este relato en Primera de Corintios, dice que el Señor se *apareció* (en griego *ophthe*, aoristo pasivo de *horao*, normalmente usado para describir lo que se percibe con los ojos) al grupo. El verbo «aparecer» es suficientemente fluido para incluir la posibilidad de que lo que se ve sea una visión, aun en el uso que se le da en Primera de Corintios. Pero el cuarto evangelista no usa ese verbo; él dice que Jesús *se sitúa* en medio de ellos. El verbo

La resurrección (20.1-29)

aparecer está en voz pasiva, dando a entender que se ve desde la perspectiva del narrador; el verbo «puesto» está en voz activa: Jesús mismo se presenta en pie frente a ellos. No hay posibilidad de que fuese una visión, sino que ellos ven el cuerpo de Jesús en medio de ellos. Pero el cuerpo que ven es un cuerpo ya glorificado, pues las puertas están cerradas y sin embargo Jesús está con ellos, lo pueden ver y palpar. El texto bíblico no da explicación alguna de cómo el Señor entró al lugar donde se encontraban los discípulos mientras las puertas permanecían cerradas. Jesús no llamó a la puerta, y nadie se la abrió. Solo Juan menciona este detalle, dando a entender que Jesús pasó por la puerta cerrada. Aparentemente, después de la resurrección, el cuerpo de Jesús no estaba sujeto a las leyes del cuerpo físico, pues no era visible ni tangible; sin embargo, él se hizo visible y tangible para convencer a los discípulos de la realidad de su resurrección. Antes de la crucifixión, era visible a menos que deseara ser invisible (Lc 4.30); pero después de la resurrección, es invisible a menos que desee manifestarse visiblemente (véase Lc. 24.31). El predicador moderno ha de evitar largas y elaboradas explicaciones, incluso sobre la naturaleza del cuerpo resucitado, ya que todas las explicaciones ofrecidas serían meramente especulaciones o teorías imposibles de verificar. Tales explicaciones tienden a ocultar el significado del relato: cuando los discípulos están decaídos, Jesús aparece en medio de ellos para fortalecerlos con el don del prometido Paracleto-Consolador.

Jesús es el único que habla en este episodio. En contraste con los episodios en los cuales Jesús dialoga con los presentes, los discípulos simplemente oyen su voz, reciben el mensaje y se regocijan. La comunicación se lleva a cabo en dos partes, ambas comenzando con la misma palabra, «paz» (griego *eirene*). Seguramente Jesús hablaba en arameo con sus discípulos, y por tanto la palabra empleada por él sería *Shalom*, palabra cotidiana que se utilizaba como salutación; pero también funciona, en este episodio, como una bendición, una rogativa por el bienestar de los presentes. Encontrándose encerrados en la casa, llenos de temor e inseguros del futuro, de repente los discípulos descubren que el Señor se encuentra con ellos y pronuncia palabras deseando que la paz esté con ellos. Anteriormente, el Señor advirtió a sus discípulos de las oposiciones a que se enfrentarían en el futuro, pero también les dijo que él vino para que los suyos tuvieran vida en abundancia, y que les daría de su paz. Ahora Jesús cumple su promesa.

La salutación-bendición va seguida de una comunicación sin palabras. Hasta esos momentos los discípulos no se han encontrado con Jesús resucitado. Al verle aquí por primera vez, sería dable imaginar que ellos piensan que es un fantasma o una visión, o quizás que sus facultades les están fallando y por eso creen que ven a Jesús. Para descartar esas dudas de una vez por todas, Jesús les muestra sus manos y su costado. Dos de ellos habían corrido a la tumba, encontrándola vacía, excepto por los lienzos y el sudario, pero todavía no se atreven a imaginar lo que ha ocurrido. Un vistazo al mensaje paralelo a este en el Evangelio de Lucas nos da la razón de su incredulidad. Las mujeres que visitaron la tumba esa madrugada comunicaron su experiencia al grupo de discípulos, anunciando que Jesús vive. Sin embargo, ellos piensan que las palabras de las mujeres son fábulas. Por tanto Jesús les muestra sus manos y su costado y sin palabras les dice: he aquí los huecos donde entraron los clavos, he aquí el hueco que dejó la lanza cuando me traspasó, ustedes están viendo al mismo Jesús que fue crucificado dos días antes. Entonces ellos se regocijan, cumpliendo las palabras anteriores de Jesús cuando les advirtió: «un poquito, y no me veréis, y de nuevo un poquito y me veréis...vosotros lloraréis y lamentaréis... pero vuestra angustia se convertirá en gozo» (16.19-20).

Habiendo ellos expresado gozo en la resurrección de su Señor, Jesús nuevamente se dirige a los suyos, encomendándoles a la obra de Dios. Repitiendo la salutación-bendición, Jesús pronuncia «Como me envió el Padre, así también yo os envío». Esta declaración es de suma importancia en el Evangelio de Juan, y para la historia de la iglesia a través de los siglos, hasta el día de hoy. En el Cuarto Evangelio Jesús se identifica a sí mismo como el Enviado de Dios, y los verdaderos discípulos creen que Jesús verdaderamente es el Enviado de Dios (véase la confesión de María y Marta en Juan 11). En contraste, los adversarios no creen que Jesús sea el Enviado de Dios. Ahora, el Jesús resucitado declara que sus seguidores son enviados de la misma manera que él fue enviado, esto es, con una misión para bendecir a un mundo que necesita conocer a Dios. La iglesia del siglo 21 tiene que recuperar este sentido de misión para poder vivir el propósito de

La resurrección (20.1-29)

su existencia como iglesia. Somos enviados como Jesús fue enviado y, como veremos en breve, ¡llenos del mismo Espíritu!

Jesús entonces sopla sobre el grupo de discípulos a fin de capacitarles para la obra para la que fueron comisionados—el Señor no llama sin darles poder a los suyos para la tarea que les encarga. Jesús sopla y notifica a los congregados que reciben el don del Espíritu Santo como comunidad de fe. Este es uno de los pasajes más controvertidos en el Cuarto Evangelio. Todo intérprete ha de analizar el significado teológico de la venida del Espíritu Santo en Juan 20, y la relación de este pasaje con el bautismo del Espíritu Santo, según Hechos 2.

Algunos comentaristas opinan que Juan 20.22 es meramente un símbolo, como las «señales» en la primera parte del Evangelio. Los apóstoles no recibieron el Espíritu en ese instante, sino que reciben un símbolo de lo que acontecerá cincuenta días después. Esta solución armoniza Juan 20.22 con Hechos 2 (la venida del Espíritu ocurre solamente en el día de Pentecostés) pero no ofrece explicación alguna de la unción con el Espíritu en la narración joanina. Otros intérpretes sugieren que Juan 20.22 representa una unción parcial; esto es, inmediatamente después de la resurrección los discípulos reciben parcialmente al Espíritu para así prepararles para recibir la totalidad del Espíritu en el futuro.

Mas el interprete ha de ser fiel al contexto literario-teológico de Juan y comprender el significado de este evento desde la perspectiva del cuarto evangelista. Ha de notarse que a lo largo del discurso de despedida y de la oración que culmina ese discurso (Jn 13-17), Jesús promete a sus discípulos un Paracleto-Consolador que les servirá como guía y mentor, dándoles a entender todas las cosas que Jesús les enseñó. Jesús añade que la venida de este Paracleto-Consolador supera la experiencia de estar cara a cara con el Hijo encarnado. En el contexto literario de Juan, es necesario que se realice esta promesa. Si no aceptamos que Juan 20.22 es el cumplimiento de esta promesa, el Evangelio quedaría incompleto. Es notable que en Lucas 24.49 el Resucitado promete que les *enviará*, en futuro, el Espíritu, y les ordena a los suyos que permanezcan en la ciudad hasta que reciban la promesa. En Juan, Jesús promete la venida del Espíritu antes de su crucifixión y resurrección, y el lector espera que se cumpla la promesa después de la glorificación del Hijo de Dios. Por tanto, aquí vemos la versión joanina de ese momento cuando los discípulos, pasados, presentes y por venir, reciben el poder del Espíritu Santo de Dios.

¿Cuál es la relación entre esta historia y Hechos 2? No creo que Juan 20.22 sea idéntico a Hechos 2. Tengamos en cuenta que la experiencia de Hechos 2 se repite a través del libro de los Hechos y por tanto no es única (véase Hechos 8.17; 11.15). Mientras que lo que se cuenta en Juan 20.22 no es repetible—de una vez para siempre, Jesús comunica el Espíritu Eterno para restaurar la verdadera imagen de Dios en la humanidad (véase Gn 2.7), capacitando a los suyos para ser representantes de Dios en el mundo.

La interpretación de lo que dice Jesús sobre pecados perdonados y no perdonados (Jn 20.23) ha causado división en la iglesia cristiana. ¿Da Jesús autoridad a toda la Iglesia para remitir o no remitir pecados, o se reserva esa autoridad solamente para los líderes, o apóstoles?

El grupo reunido incluía a los once, pero también a otros de sus seguidores, quizás incluso las mujeres (ver Lc. 24.33) y sostengo por tanto que la iglesia en su totalidad recibe esta autoridad, así como comprendemos que toda la Iglesia recibe el Espíritu. En el Cuarto Evangelio encontramos que Jesús envía al Espíritu para que permanezca con los discípulos (la iglesia universal) de ahora en adelante. Es la presencia del Espíritu que da vida a la iglesia lo que convence al mundo del pecado y dirige a la humanidad hacia la reconciliación con Dios. En particular, los discípulos de Cristo, a través de los siglos, reciben poder para perdonar y retener los pecados—esto es, el poder para declarar el mensaje de salvación a quienes creen y advertir a quienes insisten en su incredulidad que sus pecados permanecen.

c. A Tomás (20.24-29)

Nuevamente la escena cambia, no de lugar, sino de tiempo y orientación. Tomás («Dídimo») le fue presentado al lector en Juan 11.16, en la historia de la resurrección de Lázaro, donde melancólicamente anuncia que está dispuesto a morir con Jesús. Luego en 14.5, es Tomás quien confiesa que no sabe el camino que Jesús traza. En 20.23, se le identifica como uno de los doce, esto es uno de los líderes entre los discípulos, quien no estuvo presente con ellos ese primer domingo de resurrección cuando Jesús se presentó

La resurrección (20.1-29)

corporalmente ante los discípulos. Cuando escucha el testimonio de los discípulos, Tomás reacciona con incredulidad: «Si no veo en sus manos la señal de los clavos y meto mi dedo en el lugar de los clavos, y meto mi mano en su costado, no creeré». Este discípulo expresa en voz alta la incertidumbre de la humanidad, desde aquel día hasta el presente. Tomás es como muchos hoy día, quienes no pueden creer a menos que vean («no creeré jamás»).

Una semana después, se encuentra el grupo de discípulos dentro de la casa, y esta vez Tomás está con ellos. La escena del primer domingo se repite: estando las puertas cerradas (¿reina aún el miedo en ellos?), Jesús se presenta en medio de los discípulos. Apenas pronunciada la misma salutación del primer domingo, Jesús se dirige a Tomás, le invita a que lo toque y meta la mano en su costado, y le amonesta: «no seas incrédulo, sino creyente». La amonestación indica que la fe (creer significa tener fe) expulsa la incredulidad (la falta de fe). Ya hemos notado que en la teología joanina no existen medios tonos, sino que cada cual o bien está con Dios, o en contra de Dios. Tomás no se adelanta hacia Jesús para tocarle, en cambio, pronuncia una de las confesiones más explícitas de la deidad de Jesús: «!Señor mío y Dios mío!» En todo el Evangelio, muchos confiesan que Jesús es Señor, pero esta es la primera vez que alguien, aparte del narrador en Juan 1, asevera que Jesús es Dios. En labios de quien explícitamente admite su incredulidad, encontramos la más explícita declaración de la divinidad de Jesús. No obstante la confesión de Tomás, Jesús le ofrece una leve reprimenda: «Porque me has visto, Tomás, creíste; bienaventurados los que no vieron y creyeron». Esta declaración apunta hacia quienes creerán como resultado del testimonio de los apóstoles, incluso nosotros. Este dicho de Jesús nos ayuda a entender le credulidad parcial del discípulo amado en 20.8-9. El creer sobre la base de evidencias físicas (ver y tocar) no permanece, pues lo material es pasajero. La fe que el Espíritu Santo produce en el creyente a través de la Palabra de Dios permanece para siempre. La experiencia debe haber transformado permanentemente la vida de Tomás. Es interesante hacer notar que, según las leyendas apostólicas, de todos los discípulos, Tomás es quien más lejos viaja (hasta la India) para anunciar el evangelio de Jesucristo.

3. El propósito del Evangelio (20.30-31)

En un breve párrafo, que muchos comentaristas califican como la conclusión original del Cuarto Evangelio, el narrador explica el propósito de su escrito. Hiperbólicamente nos dice que Jesús hizo muchas señales además de las que se describen en este Evangelio — en otras palabras, confiesa su selectividad. Las señales incluidas en su Evangelio tienen el propósito de fortalecer o incrementar la fe de quienes creen que Jesús es el Cristo, el Hijo de Dios. Esta confesión resulta en fe que produce vida eterna.

7
Epílogo (21.1-25)

Por varias razones el último capítulo del Evangelio se considera un apéndice a la obra original. El pasaje que le precede inmediatamente (20.30-31) es un compendio que cierra la narración, declarando el propósito de la obra. En el relato que sigue, los discípulos no reconocen al Jesús resucitado, mientras que el capítulo 20 ofrece evidencias claras de que ya lo han reconocido. Dos relatos del presente capítulo, la restauración de Pedro y la referencia a la muerte del discípulo amado, invocan temas que parecen estar fuera de lugar. La narración sería más fluida si la restauración de Pedro estuviera en la narrativa anterior, antes de la venida del Espíritu. (Sin embargo en el capítulo 20 Jesús sopla el Espíritu sobre sus discípulos aun no estando Tomás presente. Por tanto, no debemos ponerle mucho peso a la secuencia de las historias). La avanzada edad del discípulo amado despierta la consciencia de la iglesia en cuanto a la venida del Señor, y aparentemente algunos opinan que la Segunda Venida ha de ocurrir en breve. El capítulo se añade para corregir este error y evitar la consiguiente desilusión en la iglesia.

Pero, aun a pesar de estos argumentos y otros que no he mencionado, hay evidencias que apoyan la unidad del capítulo 21 con el resto del libro. No hay evidencia textual alguna que apoye la separación de este capítulo del libro. En nuestra discusión del relato de la mujer adúltera (Jn 7.53-8.11), claramente presentamos la evidencia textual que apoya nuestra decisión de considerar que el relato, aunque fidedigno en su referencia a la vida y enseñanza de Jesús, no es parte original de este Evangelio. En el segundo Evangelio (Marcos) no hay duda alguna que los versículos 16.9-20 fueron añadidos a la narración original, pues la evidencia textual apoya esa conclusión. En el caso de Juan, no existe evidencia alguna. Es notable, en segundo lugar, que es difícil discernir cambios lingüísticos (esto es, de vocabulario), temáticos o estilísticos entre el capítulo 21 y todo lo que le precede. En tercero, si separamos totalmente el capítulo 21 del resto del libro, la negación de Pedro quedaría sin resolución. Al entretejer las negaciones de Pedro dentro de la pasión del Maestro, el Cuarto Evangelio eleva la falta de Pedro a tal nivel que se hace necesaria una resolución que justifique la alta reputación de que Pedro gozaba a fines del primer siglo. Aunque efectivamente hay algunas diferencias, podemos ver que estas se deben al tipo de historia que se narra, como sucede con la diferencia entre el discurso de despedida (14-17) y la pasión (18-19).

Por tanto, es difícil llegar a una conclusión que convenza a todos los estudiantes del Evangelio en cuanto a la naturaleza de este capítulo. Creo que Juan 21 es una añadidura al relato original y que el autor que lo compuso es el mismo quien escribió el resto del libro. Tiempo después de escribir su Evangelio, el autor percibe que la inminente muerte del discípulo amado puede desilusionar a la comunidad cristiana, y por tanto añade este relato.

1. La pesca milagrosa (21.1-14)

Cuando Jesús lavó los pies de sus discípulos les anunció que «después de esto» (griego, *meta tauta*) entenderían lo que él estaba haciendo. Empleando la misma expresión, «después de esto», el evangelista advierte al lector que la historia de Jesús continúa —esta vez con otro encuentro con el Resucitado que facilitará la comprensión de lo acaecido.

Estamos junto al Mar de Galilea (aquí llamado el Mar de Tiberias), lo cual relaciona la pesca milagrosa, y la consiguiente alimentación de los siete discípulos, con la alimentación de los cinco mil a orillas del mismo lago. En esta ocasión, Juan emplea el vocablo griego *faneroo* (manifestar, aparecer) que deja abierta la posibilidad de una visión (al contrario de lo que observamos en el capítulo anterior). Siete discípulos se encuentran con Simón Pedro. Tomás fue un personaje

La resurrección (20.1-29)

importante en el capítulo anterior. Natanael fue presentado en Juan 1.47 «como un verdadero Israelita en quien no hay engaño» y desaparece de la escena hasta que oímos de él aquí. Los hijos de Zebedeo, nunca mencionados por nombre en el Cuarto Evangelio, pero conocidos como Juan y Santiago en los sinópticos, y dos discípulos anónimos, completan el grupo de discípulos. A juzgar por la lista, concluimos que estos son discípulos que residen en los alrededores del Mar de Tiberias.

Aparte de este episodio, nuestro Evangelio no incluye referencia alguna a la actividad pescadora de los discípulos. Esta referencia sin preámbulos sugiere que el autor estima que su lector está familiarizado con la historia de Jesús tal como la encontramos en los Evangelios Sinópticos. Pedro expresa su deseo de regresar a su pasada manera de vivir («voy a pescar») y los otros discípulos expresan su acuerdo y le siguen. El verbo traducido como «voy» (*hypago*) se emplea en los labios de Jesús cuando declara, refiriéndose a la misión que será encomendada a los discípulos, que él eligió a sus seguidores para que «*vayáis* y llevéis fruto» (15.16). Pedro ha decido que hará lo que quiere, es decir, pescar, y no tomará en serio el llamado de su Señor. En 21.18 Jesús le dirá a Pedro que más adelante en su vida, él (Pedro) irá a donde no quiere. Por el momento Pedro se siente dueño de su vida y tiempo, y va a pescar junto a sus condiscípulos. Sin embargo, no pescaron nada. El escenario está listo para un cambio importante en cuanto a la pesca. Es interesante notar que, aunque los Evangelios describen a estos primeros discípulos como pescadores, en todo el relato evangélico no pescan a menos que el Señor intervenga.

El simbolismo tinieblas-luz presentado en el prólogo (la luz resplandece en las tinieblas) continúa en esta narración. Los discípulos intentaron pescar la noche entera (cuando reinan las tinieblas) y al amanecer se presenta la Luz del mundo (Jesús) en la playa, mas los discípulos, arropados por la noche, no le reconocen. La inhabilidad de reconocer al Jesús resucitado es tema común en todos los relatos de la resurrección. Ese reconocimiento llega cuando el Señor se lo permite a los suyos. La Luz toma la iniciativa y, utilizando una palabra cariñosa destinada al grupo y no solamente a Pedro («hijitos»), indaga sobre su fracaso: «¿tenéis algo de comer?» La expresión «algo de comer» traduce el vocablo griego *prosfagion* que literalmente significa «pescado para comer» y es el primero de tres sinónimos empleados por el autor para referirse a la pesca. A una, responde el grupo «¡No!» Sin Jesús no pueden realizar aun aquella actividad en la que se consideran profesionales.

Dirigidos por el Señor, los discípulos-pescadores echan la red a la derecha de la barca e inmediatamente sacan una gran cantidad (muchedumbre) de peces. (Según algunos comentaristas este episodio es la versión joanina de la pesca milagrosa de Lucas 5. No tenemos por qué discutir eso en este comentario). El término «muchedumbre» traduce la palabra griega *plethous*, que se usa solamente en otra ocasión en el Cuarto Evangelio. En esa otra ocasión se refiere a la multitud de enfermos y oprimidos que yacen junto al pozo en busca de sanidad. Si esta correlación es intencional —y pienso que lo es—, Jesús dirige a sus discípulos a pescar al lado de los enfermos y oprimidos de la sociedad, aquellos a quienes el mundo desprecia. Las últimas décadas del siglo veinte y las primeras del veintiuno se caracterizan por el declive de la iglesia en Norteamérica y Europa, mientras que vemos a las muchedumbres de mujeres y hombres que se añaden diariamente en América Latina, África y Asia. Supongo que quizás nosotros, en el norte, no estamos pescando a la derecha de la barca. Recordemos que quien sopla el poder del Espíritu sobre sus discípulos (20.19-23) dijo también: «el que cree en mí, él también hará las obras que yo hago, y mayores que estas hará». Por tanto no hay razón que justifique nuestra presente condición —excepto la falta de fe.

El sorprendente resultado abre los ojos de uno de los que están en la barca (el discípulo que Jesús amaba) y de inmediato reconoce quién es el extraño en la ribera. ¡Es el Señor! Pedro y este discípulo corrieron juntos a la tumba vacía y ante la misma evidencia física, el autor indica que solamente el discípulo amado creyó. Aquí encontramos el mismo fenómeno: todos los discípulos, tienen la misma experiencia con el Resucitado, pero el discípulo amado es el primero en reconocer a su Señor.

La pesca era una labor ardua. Para facilitarla, el pescador se despojaba de sus ropas exteriores. Aparentemente Pedro es el único de los pescadores-discípulos que se siente libre para hacer lo que desea. Al oír que el Señor está ante ellos se viste de nuevo y salta al mar. El resto del grupo se queda en la barca, arrastrando la red llena de peces.

La resurrección (20.1-29)

Los discípulos se acercan al extraño, quien les ha preparado una comida, viendo unas brasas con un pescado encima de ellas y pan —la comida típica de los residentes junto al lago. La referencia a las brasas (*anthrakia*) apunta a la escena de la negación de Pedro (Jn 18.18); solamente en ese otro pasaje del Nuevo Testamento se usa este vocablo. En los atrios de la casa del sumo sacerdote Pedro calienta su cuerpo al pararse cerca de las brasas de carbón, junto a los adversarios del Señor. Ahora vemos que el Señor le ofrece la oportunidad de aproximarse a otro fuego para consolar su espíritu. En su entusiasmo, los discípulos dejan la red con los peces a la orilla del lago. La restauración simbólica de Pedro continúa. El lector está familiarizado con la designación «pescadores de hombres y mujeres» para describir a los apóstoles. Consecuentemente todo lector de este episodio identifica los peces como figura de quienes reciben el mensaje de salvación. Pedro regresa y arrastra la red llena de peces y aun su enorme cantidad —153 de ellos— no rompe la red. En el proceso de restauración, vemos a Pedro simbólicamente llevando las multitudes a los pies de Jesús. Son muchos, pero la red no se rompe. El número 153 ha de entenderse sencillamente como representativo de una gran cantidad, superior a cualquier otra pesca en la experiencia de estos hombres que se ganaban la vida pescando.

Invitados a comer —pues han trabajado arduamente toda la noche y tienen hambre— se acercan para desayunar. Curiosamente ninguno se atreve a preguntarle «¿Tú quién eres?», pues sabían que era el Señor. El cuerpo resucitado del Señor aparentemente era el mismo, pero había sido transformado de tal manera que aunque todavía se le podía reconocer no admitía la familiaridad de antes. Además, el gozo inefable e indescriptible que los discípulos sienten en ese instante les impide vocalizar sus pensamientos adecuadamente. Siempre me he imaginado que si yo estuviera en esa escena, mis lágrimas de gozo me impedirían hablar.

2. Pedro restaurado (21.15-19)

Terminado su desayuno, Jesús con diligencia restaura a Pedro a su posición como líder entre los discípulos. Tres veces Jesús pregunta si Pedro le ama, y tres veces Pedro declara que sí ama a Jesús. El Señor responde a cada afirmación comisionando a Pedro a cuidar de sus ovejas. No hay duda alguna que el episodio está repleto de matices lingüísticos y de significado simbólico. Al igual que la gran cantidad de peces (vv. 7-14) las ovejas/corderos de este pasaje representan a los discípulos (presentes y futuros) del Señor. Como Buen Pastor, el Señor no solamente restaura, sino que provee para el cuidado de sus seguidores.

La identificación de «estos» en la frase «más que estos» no está muy clara. ¿Se refiere Jesús a la actividad de la pesca que les rodea? Pedro había decidido antes que iba a pescar y, así, regresa a su pasada manera de vivir. Quizás Jesús requiere que Pedro analice su propia vida para verificar si verdaderamente ama a Jesús más que su carrera, el compañerismo de sus colegas, y la aventura de la pesca. Otra posibilidad es que «estos» sea una referencia a los otros discípulos que les rodean. En tal caso, Jesús trae a la mente el breve intercambio con Pedro en el capítulo 13, cuando Jesús pronuncia el mandamiento de amarse los unos a los otros. Cuando Jesús dice que en breve se va y los discípulos no pueden seguirle, Pedro se adelanta declarando que él seguirá a Jesús hasta la muerte. En otras palabras, Pedro dice, «estos» quizás no te pueden seguir pues no te aman como yo te amo. Yo daría mi vida por ti. La segunda opción entre estos dos sentidos de las palabras es preferible y concuerda con el tema del capítulo 21. Aunque Pedro ama a Jesús profundamente, la experiencia de las negaciones ha revelado que el amor de Pedro no es tan diferente del de los demás discípulos, y que Pedro también necesita que el Señor le restituya por sus faltas.

El evangelista continúa en este relato su tendencia a usar sinónimos y nos será útil el notar este uso de sinónimos en el discurso:

(15) Jesús: ¿me amas (*agapao*)?Pedro: te amo (*fileo*)

(16) Jesús: ¿me amas (*agapao*)?Pedro: te amo (*fileo*)

(17) Jesús: ¿me amas (*fileo*)?Pedro: te amo (*fileo*)

El intérprete ha de decidir si el significado de estas dos palabras tiene una implicación diferente. Algunos opinan que *fileo* representa un amor inferior al *agape* que el Señor demanda. Los traductores de la RV95 toman esa posición y traducen la palabra *fileo* como querer. La dificultad que tiene esta interpretación es que, curiosamente, Pedro responde «!Sí!» a cada interrogación, y si aceptamos la diferencia en

La resurrección (20.1-29)

significado entre las palabras griegas debía haber respondido con un no. En respuesta a las primeras dos preguntas, Pedro hubiera dicho, «No, Señor, no te amo tan profundamente». Pero en sus respuestas Pedro declara que ama a Jesús tal como él lo requiere. En realidad, las dos palabras son sinónimas. La Septuaginta utiliza ambos verbos para describir el amor de Jacob/Israel por su hijo José (Gn 37.3-4). En Proverbios 8.17 ambas palabras se usan para traducir el mismo verbo hebreo. Estoy convencido que no hay diferencia de significado entre las dos palabras en Juan 21. Si las hay, entonces el uso de la palabra *fileo* en los labios de Jesús implica que el Señor desvaloriza su demanda de amor para ajustarla a un nivel aceptable para Pedro.

Tres veces Jesús comisiona a Pedro a cuidar de sus ovejas:
(15) Apacienta (*basko*) mis corderos (*arnion*)
(16) Pastorea (*poimaino*) mis ovejas (*probaton*)
(17) Apacienta (*basko*) mis ovejas (*probaton*).

Nuevamente observamos el uso de sinónimos en esta comisión. Pero no debemos buscar significado escondido en el uso de dos palabras diferentes para referirse a los seguidores del Señor y dos para referirse a su cuidado. Lo importante aquí es que Pedro recibe su cargo de ser copastor del Buen Pastor, cuidando de sus ovejas.

La tercera vez que Jesús le hace la misma pregunta, Pedro se entristece (reacción que no aparece en la versión joanina de las negaciones de Pedro) y declara: «Señor tú lo sabes todo» esto es, tú sabes que te amo aunque te he fallado.

En culminación de sus palabras, añade Jesús una amonestación y profecía final para Pedro y le invita a seguirle. Antes, Pedro podía hacer lo que quisiera; mas su decisión de seguir a Jesús hasta la muerte conducirá a una vida de servicio, al cuidado de las ovejas. De tal modo que cuando sea viejo morirá como el Señor, en una cruz. La expresión «extenderás tus manos y te ceñirá otro» era bien conocida para referirse a la crucifixión. Como el Señor Jesús, Pedro glorificará a Dios al morir en la cruz. Parado junto a un grupo de soldados y siervos, Pedro buscó el calor de las brasas y se acomodó al grupo, negando al Señor pues temía por su vida. Debidamente restituido al pueblo de Dios, Pedro ahora sin temor alguno dejará que le extiendan las manos y le crucifiquen, y jamás negara a su Señor y Salvador.

3. El discípulo amado (21.20-23

Pedro responde a Jesús, le sigue y nota que hay otro que igualmente le sigue —el constante compañero de Pedro, el discípulo amado, aquel que fue privilegiado al recostarse al lado del Señor durante la cena. Al verle, Pedro indaga, «¿y qué de este?» En otras palabras, yo moriré crucificado, ¿y este no? Jesús responde que no debe importarle a Pedro si el discípulo amado continuará viviendo en la tierra hasta que el Señor regrese. Aparentemente en los días de la composición del Cuarto Evangelio corría el rumor de que el discípulo amado no moriría. El autor trata de corregir este malentendido. Seguramente este discípulo ya está entrado en años, y por ello muchos piensan que el Señor ha de regresar en breve. La preocupación por saber exactamente la hora de la venida del Señor afectó a los creyentes del primer siglo de igual manera que a muchos de nosotros en el siglo veintiuno. Debemos enfocarnos en las palabras de Jesús, «¿qué a ti?». Tú fielmente sigue al Señor.

4. Autenticidad (21.24-25)

El Cuarto Evangelio concluye afirmando el testimonio del compositor de la obra y admitiendo que aun su obra no incluye todo lo que se pudiera escribir sobre las actividades del Señor en medio de su pueblo.

Bibliografía selecta

Ashton, John. *Understanding the Fourth Gospel.* Oxford: Clarendon, 1991.

Barreto, J. *La tradición del discípulo amado.* Madrid: Fundación Santa María, 1989.

Barrett, C.K. *The Gospel According to John.* 2nd Edition. Philadelphia: Westminster, 1978.

Baur, F.C. *The Church of the First Three Centuries.* 2 vols. Londres: Williams and Norgate, 1978-79.

Bieringer, Reimund, D. Pollefeyt y F. Vandecasteele-Vanneuville. *Anti-Judaism and the Fourth Gospel.* Louisville: Westminster John Knox, 2001.

Borchert, Gerald L. *John.* En *The New American Commentary.* Vols. 25A and 25B. Nashville: Broadman and Holman, 2001.

Brown, Raymond E. *The Anchor Bible: The Gospel According to John.* 2 vols. Garden City, NY: Doubleday, 1966 y 1970.

Burge, Gary. *John: The NIV Application Commentary.* Grand Rapids: Zondervan, 2000.

Carson, D.A. *The Gospel According to John.* Grand Rapids: Eerdmans, 1991.

Castro Sánchez, Secundino. *Evangelio de Juan. Comprensión exegético-existencial.* Madrid: Editorial Desclée, 2001.

Cortés-Fuentes, David. *Conozca su Biblia: Mateo.* Minneapolis: Augsburg Fortress, 2006.

Dodd, C.H. *The Interpretation of the Fourth Gospel.* Cambridge: University Press, 1953.
Erdman, Carlos. *El Evangelio de Juan.* Grand Rapids: TELL, 1974.
Harrison, Everett. *Juan: El Evangelio de la fe.* Terrassa: Portavoz Evangélico, 1981.
Hendriksen, William, Comentario al Nuevo Testamento: El Evangelio Según San Juan. Grand Rapids: Libros Desafio, 1999.
Kostenberger, Andreas. *John.* En *Baker Exegetical Commentary on the New Testament.* Grand Rapids: Baker, 2004.
Malina, Bruce y Rohrbaugh, Richard L. *Social Science Commentary on the Gospel of John.* Minneapolis: Fortress Press, 1998.
Mateos, J. y J. Barreto, *El Evangelio de Juan. Análisis lingüístico y comentario exegético.* 3ra Edicion. Madrid: Ediciones Cristiandad, 1992.
Michaels, J. Ramsey. *The Gospel of John.* Grand Rapids: Eerdmans, 2010.
Moloney, F.J. *El Evangelio de Juan.* Navarra: Editorial Verbo Divino, 2005.
Morris, Leon. *El Evangelio Según San Juan.* 2 Tomos. Colección Teologia Contemporanea: Estudios Biblicos. Madrid: Ediciones CLIE, 1998.
Padilla, Alvin. *Conozca su Biblia: Lucas.* Minneapolis: Augsburg Fortress, 2007.
Schroeder, L. Bonnet. *Juan y Hechos.* El Paso: Casa Bautista de Publicaciones, 1971.
Thielman, Frank. *Teología del Nuevo Testamento. Síntesis del canon del Nuevo Testamento.* Miami: Vida, 2006.

www.ingramcontent.com/pod-product-compliance
Lightning Source LLC
Chambersburg PA
CBHW071903290426
44110CB00013B/1266